古典文獻研究輯刊

二二編

潘美月・杜潔祥 主編

第14冊

清代散見戲曲史料彙編
（方志卷・初編）（下）

趙興勤、趙韡　編

國家圖書館出版品預行編目資料

清代散見戲曲史料彙編（方志卷·初編）（下）／趙興勤、趙韡
編 — 初版 — 新北市：花木蘭文化出版社，2016〔民105〕
目 58+164 面；19×26 公分
（古典文獻研究輯刊 二二編；第 14 冊）
ISBN 978-986-404-507-5（精裝）
1. 戲劇史 2. 史料 3. 清代
011.08　　　　　　　　　　　　　　　　　105001919

ISBN-978-986-404-507-5

9 789864 045075

古典文獻研究輯刊
二二編　第十四冊　　　　　　ISBN：978-986-404-507-5

清代散見戲曲史料彙編（方志卷·初編）（下）

編　　者　趙興勤、趙韡
主　　編　潘美月　杜潔祥
總 編 輯　杜潔祥
副總編輯　楊嘉樂
編　　輯　許郁翎
企劃出版　北京大學文化資源研究中心
出　　版　花木蘭文化出版社
社　　長　高小娟
聯絡地址　235 新北市中和區中安街七二號十三樓
　　　　　電話：02-2923-1455／傳眞：02-2923-1452
網　　址　http://www.huamulan.tw 信箱 hml 810518@gmail.com
印　　刷　普羅文化出版廣告事業
初　　版　2016 年 3 月
全書字數　上中下冊合計708 千字
定　　價　二二編 15 冊（精裝）新台幣 28,000 元

清代散見戲曲史料彙編

（方志卷·初編）（下）

趙興勤、趙韡　編

目

次

上　冊

附　圖

前　言 ……………………………………………… 1

說　明 ……………………………………………… 57

【北京】 ……………………………………………… 59

（康熙）良鄉縣志 ………………………………… 59

　　正月結綵演劇 ………………………………… 59

【天津】 ……………………………………………… 61

（光緒）重修天津府志 …………………………… 61

　　地方督撫豫備綵棚戲臺迎聖駕 …………………… 61

　　地方督撫備龍舟及戲劇雜伎迎聖駕 …………………… 61

　　津門皇會 ……………………………………… 61

　　津門迎神歌 …………………………………… 62

　　鹽山口號 ……………………………………… 62

　　教眾欲待演劇起事 …………………………… 63

【河北】 ·········· 65

（乾隆）束鹿縣志 ·········· 65
評話伴宿演劇侑喪 ·········· 65
城隍廟戲樓 ·········· 65
文昌宮城隍廟每歲演劇 ·········· 65

（光緒）樂亭縣志 ·········· 66
藥王廟戲樓 ·········· 66
大臣子弟觀劇群飲 ·········· 66
張燈邸第陳百戲 ·········· 67

（光緒）唐山縣志 ·········· 67
正月演劇 ·········· 67
張玘宗終世不視優戲 ·········· 67
宣務山祭賽演劇 ·········· 67
城隍廟戲樓 ·········· 68

（同治）元城縣志 ·········· 68
殷富之家喪事演劇 ·········· 68
燈節演扮雜劇以爲樂 ·········· 68
五月十三日張綵設劇祭武廟 ·········· 68
演劇酬神 ·········· 68
梨園雜劇日陳於庭 ·········· 69

（光緒）臨漳縣志 ·········· 69
崔士順木刻作樂圖 ·········· 69
演劇之需派費規約 ·········· 70
以會爲市陳百戲之鞪轄 ·········· 70

（光緒）保定府志 ·········· 70
世俗多稱洛陽橋之勝 ·········· 70
四月二十八日三皇廟期演劇拜祀 ·········· 70
三月十五日眞君誕辰演劇酬神 ·········· 70
寶泉寺演劇場 ·········· 70
孟良焦瓚播之優伶雜劇致婦人孺子皆能道之 ·········· 71

（同治）阜平縣志 ·········· 71
喪嫁集優伶演劇 ·········· 71
春祈秋報演劇祀神 ·········· 71
城隍廟戲樓 ·········· 71

（光緒）定興縣志 71
　　秋後報賽每招優人演劇 71
（乾隆）口北三廳志 72
　　伶人碩德閭製白翎雀曲 72
　　白翎雀歌 72
　　赤陵姐琵琶歌 72
（乾隆）任邱縣志 73
　　菊部鳴葭移玉饌 73
　　迎春陳諸歌部雜戲 73
　　高成齡嚴示賽會 73
　　得荣王者演劇以賀 74
（光緒）東光縣志 74
　　元宵張燈演雜劇 74
　　關帝廟戲樓 74
　　城隍廟戲樓 75
　　接佛寺兩壁範琉璃爲人作演劇狀 75
（康熙）文安縣志 75
　　集市演劇 75

【山西】 77
（光緒）補修徐溝縣志 77
　　捻軍擄優人演戲 77
　　二月初三日祀文昌帝君演劇 77
　　文昌閣戲樓基地 77
　　喬松年劾庚長當清江防堵時演戲讌客 77
（乾隆）大同府志 78
　　演劇酬神 78
　　大同節序與戲劇 78
　　張伎樂百戲酬神 79
（光緒）渾源州續志 79
　　栗大王廟演劇 79
（康熙）靈邱縣志 79
　　重建城隍廟賽樓 79
　　村謳雜劇 80

（光緒）左雲縣志 ·························· 80
　扮雜劇迎春 ·························· 80
　五月二十八日城隍誕辰演戲 ·············· 80
　六月演戲酬神 ························ 80
　六月初一獻戲賽神 ···················· 80
　改建風雨八蠟廟樂樓碑記 ················ 81

（光緒）平定州志 ······················ 81
　關帝廟戲樓 ·························· 81
　馬王廟戲樓 ·························· 81
　賽神演戲無月無之 ···················· 81
　上會 ······························ 81
　歲時演劇 ···························· 81
　演戲以娛尸 ·························· 82
　喬宇諫言禁優伶侍起居 ················· 82
　李溫妻呂氏不窺鄉社演劇 ··············· 82
　靈瞻王廟社火 ························ 82

（道光）壺關縣志 ······················ 83
　富室用梨園送殯 ······················ 83
　秋日報賽村中各演劇酬神 ··············· 83
　楊啓關爲繼母祝壽開筵演劇 ·············· 83

（雍正）澤州府志 ······················ 83
　澤潞里館歲昵淫祀而嬉優伶 ·············· 83
　春生之會陳百戲以賽祝 ················· 84
　鄉儕尤多傀儡忙 ······················ 84
　東嶽廟賽神曲五首 ···················· 84
　湖州出黃蘗 ·························· 85

（同治）高平縣志 ······················ 85
　春祈秋報必以劇事神 ··················· 85
　節省社廟演劇之資以爲束修 ·············· 85

（同治）陽城縣志 ······················ 86
　祭祀演劇 ···························· 86
　立春前一日迎芒神 ···················· 86
　上元範土肖人物形 ···················· 86
　裁演劇之繁以培耕稼元氣 ··············· 86
　鐵花之戲 ···························· 86

（光緒）遼州志 ……………………………………………87

　　春祈秋報演劇祀先嗇 ……………………………87

　　介昌禁夜劇 ………………………………………87

　　風神廟演劇臺 ……………………………………87

　　城隍廟戲房 ………………………………………87

　　荒年各報賽之處演劇俱停 ………………………88

　　演戲酬神 …………………………………………88

（嘉慶）介休縣志 …………………………………………88

　　淮南太守叱散家伶 ………………………………88

　　武廟演劇臺 ………………………………………88

（光緒）榆社縣志 …………………………………………89

　　慶賀演劇 …………………………………………89

　　鞭春演劇 …………………………………………89

　　賓興演劇 …………………………………………89

　　迎春作樂設百戲 …………………………………89

　　鬧元宵 ……………………………………………90

　　秋冬報賽演劇 ……………………………………90

（光緒）壽陽縣志 …………………………………………90

　　馬慶餘赴村中劇場半途而返 ……………………90

　　郭巍禁婦女豔妝觀劇 ……………………………90

　　趙碩俊凡張燈演劇事絕不寓目 …………………90

　　馬履端妻王氏禁子觀劇 …………………………90

　　正月演劇 …………………………………………91

　　三月一日起鄉賽演雜劇 …………………………91

（光緒）直隸絳州志 ………………………………………91

　　歲時社祭演劇 ……………………………………91

　　元宵鼓吹雜戲 ……………………………………91

　　婚葬減鼓吹說 ……………………………………91

　　戒扮演粉戲說 ……………………………………91

　　守居園池 …………………………………………92

（同治）稷山縣志 …………………………………………92

　　鄉里喪事扮劇愉尸 ………………………………92

　　行賓興禮演劇 ……………………………………92

（光緒）續修臨晉縣志 ……………………………………93

　　喪禮演戲 …………………………………………93

龍王廟演劇 …………………………………… 93

（光緒）平陸縣續志 …………………………… 93
　三聖廟演劇樓 ………………………………… 93
　同治八年六月雷電斃優伶三人 ……………… 94

（光緒）榮河縣志 ……………………………… 94
　親喪鼓吹雜陳 ………………………………… 94
　春秋社祭報賽多演劇爲樂 …………………… 94
　香火會演雜劇 ………………………………… 94
　元宵張燈毬扮社火 …………………………… 94
　七月七日扮牛女像 …………………………… 94

（光緒）絳縣志 ………………………………… 94
　陳禔嫣禁止村中演劇 ………………………… 94
　存孤記本事 …………………………………… 95

（光緒）忻州志 ………………………………… 95
　賓興演劇 ……………………………………… 95
　焦潛修負癱瘓母觀劇 ………………………… 95

（同治）河曲縣志 ……………………………… 96
　曉菴上人與鐵冠圖 …………………………… 96
　老胡工奏技 …………………………………… 96

（光緒）神池縣志 ……………………………… 97
　立春前里市各扮故事慶豐年 ………………… 97
　元宵前後軍民各扮秧歌道情等戲 …………… 97
　文昌帝君誕日紳士獻戲三天 ………………… 97
　四月十八日娘娘廟獻戲三天 ………………… 97
　五月五日城隍廟龍王廟各獻女戲三天 ……… 97
　四月中旬演劇場 ……………………………… 97
　紛紛雜劇出東郊 ……………………………… 97

（雍正）平陽府志 ……………………………… 98
　宜興知縣趙觀以署前兩壁繪優人下賤狀 …… 98
　伶工審音不得班於后夔 ……………………… 98
　婚禮演劇以爲常 ……………………………… 98
　喪禮百戲具陳 ………………………………… 98
　歲時社祭多演劇爲樂 ………………………… 98
　香火會演雜劇 ………………………………… 98
　元宵鼓吹雜戲 ………………………………… 98

俳優雜劇勞耗精神 98
玳筵歌兒舞袖長 99

（乾隆）臨汾縣志 99
歲時社祭多演劇爲樂 99
張金泊擅幻術 99

（道光）直隸霍州志 99
富家婚娶演劇 99
社祭夏秋兩舉率多演劇爲樂 100
元宵辦雜劇 100
河東公祠戲樓 100
有觀劇而忽生愧悔者 100
韓侯廟戲樓 100

（道光）趙城縣志 101
富家治喪延僧道誦經演佛劇 101
享賽必演劇 101

（光緒）浮山縣志 101
歲時社祭率多演劇 101
鄉鎮演劇 101
優人演春 101
元月二十九日火星聖誕演劇 101
三月二十日聖母廟演劇 102
歲正月二十九日火星廟獻牲演劇放火 102

（光緒）汾西縣志 102
春祈秋報率多演戲 102
二月二十八日泰山廟演劇 102

（光緒）汾陽縣志 102
崔隱甫殺皇帝寵伶胡鷯 102
馮大中重懲王府優人車服違制 102
人瑞翁好觀劇 103
苗民取田震所斷疑獄演劇記之 103

【吉林】 105

（光緒）吉林通志 105
關帝廟演戲樓 105
城隍廟演戲樓 105

火神廟演戲樓 …………………………………… 105

山神廟演戲樓 …………………………………… 105

財神廟演戲樓 …………………………………… 106

觀音堂演戲樓 …………………………………… 106

關帝廟戲樓 ……………………………………… 106

山神廟演戲樓 …………………………………… 106

關帝廟戲樓 ……………………………………… 106

吉林歲時演劇 …………………………………… 106

上元夜扮秧歌 …………………………………… 108

鎮民以戲劇中焦贊為名 ………………………… 108

万金記傳奇本事 ………………………………… 108

【黑龍江】 …………………………………… 111

（嘉慶）黑龍江外記 ……………………… 111

齊齊哈爾諸廟賽會演劇 ………………………… 111

村落婦女上元赴城觀劇 ………………………… 111

【上海】 ……………………………………… 113

（光緒）松江府續志 ……………………… 113

花鼓戲亦導淫之弊俗 …………………………… 113

城隍廟戲樓 ……………………………………… 113

咸豐十年城隍廟戲樓毀 ………………………… 113

同治元年東嶽行宮戲樓毀 ……………………… 113

道光十六年重建城隍廟戲樓 …………………… 113

光緒六年重建火神廟戲樓 ……………………… 114

陳淵泰白有司嚴禁里中演花鼓戲 ……………… 114

同治三年建西眞道院戲樓 ……………………… 114

上海鄉里鳩財賽祭 ……………………………… 114

（同治）上海縣志 ………………………… 114

花鼓淫詞引誘子弟遊蕩廢業 …………………… 114

二月十二日扮採茶女歌 ………………………… 114

山西提學副使陸深斥優人子入學 ……………… 115

俞顯卿劾屠隆罷官 ……………………………… 115

徐勣好度曲 ……………………………………… 115

王垓自彈詞曲以娛親 …………………………… 115

一捧雪本事 ……………………………………… 115

（光緒）重修奉賢縣志 ······························· 116
　嚴禁講兌開兌演戲酒席 ······················· 116
　城隍廟戲臺 ··································· 116
　城隍廟戲樓 ··································· 116
　威靈公行宮戲樓 ······························· 117
　莊徵麟喜塡詞曲 ······························· 117
　西眞道院戲樓 ································· 117
　宋坤家樂 ····································· 117
　金是瀛命演躍鯉譏冀鼎孳棄妻 ··············· 118

（光緒）金山縣志 ································· 118
　朱涇鎮賽城隍 ································· 118
　五了港鎮海侯廟迎神演劇 ··················· 118

（光緒）青浦縣志 ································· 118
　花鼓淫戲當禁 ································· 118
　花鼓戲爲鄉約之害 ··························· 119
　武韻清禁花鼓戲 ····························· 119
　武韻清禁花鼓戲告示 ························· 119

（光緒）重修華亭縣志 ··························· 119
　萬曆間演劇舉國若狂 ························· 119
　甯波守沈鳳峰通音律 ························· 120

（光緒）寶山縣志 ································· 120
　武廟戲樓 ····································· 120
　城隍廟戲樓 ··································· 120
　東嶽廟戲樓 ··································· 120
　花鼓戲 ······································· 120
　遊惰之輩開設茶坊演戲 ····················· 121
　三月二十八日東嶽齊天聖帝誕辰演劇 ········· 121

（光緒）南匯縣志 ································· 121
　萬壽宮戲臺 ··································· 121
　漕務禁革條類 ································· 121
　關帝廟戲臺 ··································· 122
　城隍廟戲樓 ··································· 122
　楊社廟跨街戲臺 ····························· 122
　閔潮爲張文敏照演雜曲進呈 ················· 122
　陸兆鵬洞精音律 ····························· 122

四月十二日城隍廟演戲慶白夫人誕 ·············· 122

演劇酬雨神 ··· 123

花鼓戲與影戲 ··· 123

無藉之徒斂錢演戲 ·· 123

（光緒）川沙廳志 ·· 123

　花鼓戲 ·· 123

　民間演戲酬神所費可折穀捐入義倉安貧 ······· 123

　徐榮建山東石島之天后宮戲樓 ····················· 124

【江蘇】 ··· 125

（乾隆）江南通志 ·· 125

　雍正三年五月十六日上諭禁聚眾演戲 ··········· 125

　柳洞陽風流為政而有餘 ································· 125

　湯斌禁賽會演劇 ··· 126

　王敞出使朝鮮不聽女樂 ································· 126

　楊循吉恥與優伶雜處 ···································· 126

（同治）續纂江寧府志 ··································· 126

　關帝廟戲臺 ·· 126

　李位三宅以壽演劇 ······································· 127

　敵諸所守衛悉弛以觀劇 ································· 127

　句容縣令劉佳嚴禁演淫劇 ····························· 127

　四川布政使董教增公宴不用優伶 ·················· 127

　朱桂楨閉戶讀書不觀演劇 ····························· 128

　玉蓮華傳奇 ·· 128

　梅曾亮次女在京十餘年未嘗觀劇 ·················· 128

（光緒）溧水縣志 ·· 128

　俳優演劇耽樂廢時 ······································· 128

　陳巽觀劇拾金不昧 ······································· 128

　伶優演雜劇 ·· 128

（光緒）六合縣志 ·· 129

　東嶽帝君誕日演劇 ······································· 129

　關帝誕辰演戲 ·· 129

（光緒）江陰縣志 ·· 129

　歲時演劇 ··· 129

　馮皋彊禁演劇 ·· 129

於壽格工樂府 ……………………………………… 130
徐南金兩弟入廟觀劇鬥毆 ………………………… 130
稅監張樂演戲 ……………………………………… 130
隊子魚龍百戲陳 …………………………………… 130
舊曲崑腔葉譜翻 …………………………………… 130

（光緒）無錫金匱縣志 ………………………………… 130
明代馮夔家有女樂 ………………………………… 130
邵儒榮少時選伎徵歌無虛日 ……………………… 131
余治集優人演古今果報事 ………………………… 131
沈鳳來妙解琴理 …………………………………… 131
楊廷果善鼓琴工琵琶 ……………………………… 131
馮氏不觀演劇 ……………………………………… 131
陸羽嘗匿爲優人 …………………………………… 132

（同治）徐州府志 ……………………………………… 132
李衛召季麻子說漢唐雜事 ………………………… 132
陳王謨笞神像 ……………………………………… 132
湯琵琶 ……………………………………………… 132
湯歌兒 ……………………………………………… 133

（光緒）睢寧縣志稿 …………………………………… 133
城隍廟戲臺 ………………………………………… 133

（乾隆）武進縣志 ……………………………………… 133
炮仗 ………………………………………………… 133
雲車之戲 …………………………………………… 133
嚴禁講兌開兌演戲酒席 …………………………… 134
五月有雲車之戲 …………………………………… 134
楊維禎強氏母 ……………………………………… 134
孫一士巧禁婦女觀劇 ……………………………… 135

（嘉慶）溧陽縣志 ……………………………………… 135
宋其武邀陳名夏觀雜劇 …………………………… 135
溧陽風俗喜賽會演劇 ……………………………… 135
溧陽扮殤演戲之風 ………………………………… 135
烈婦狄黃氏乘守者觀劇自縊殉夫 ………………… 136

（光緒）武進陽湖縣志 ………………………………… 136
雲車與龍舟 ………………………………………… 136
孫謹巧禁婦女觀劇 ………………………………… 136

（同治）蘇州府志 …………………………… 136

偏愛元宵燈影戲 …………………………… 136

正月五日祀財神設優戲 …………………… 137

春夏之交鄉村多賽會 ……………………… 137

四月優戲 …………………………………… 137

關聖誕日會館多優戲敬神 ………………… 137

吳俗好爲迎神賽會 ………………………… 137

牽郎郎拽弟弟 ……………………………… 138

扯談乃宋時梨園市語 ……………………… 138

湯文正禁小說戲曲 ………………………… 138

擅編歌謠劇戲枷示三月 …………………… 138

禁巫覡賽會喪殯戲樂 ……………………… 139

禁迎神賽會搭臺演劇 ……………………… 139

禁出殯演劇 ………………………………… 140

將佛經編爲戲劇 …………………………… 140

酬神演劇 …………………………………… 140

勾欄巷 ……………………………………… 141

鹺商汪獻琛捐築演劇臺 …………………… 141

禁賽會演劇 ………………………………… 141

劉時俊禁賽五方神演劇 …………………… 141

嚴經峻辭妓樂 ……………………………… 142

萬里緣本事 ………………………………… 142

魏忠賢乘帝觀劇進讒言 …………………… 143

倣萬里緣傳奇播蔣宇均事 ………………… 143

李涌冶少習爲雜劇以養父母 ……………… 143

陶峴有女樂一部 …………………………… 143

御史周廣諫帝遣逐樂工 …………………… 144

顧濟諫帝屛絕淫巧戲劇 …………………… 144

徐乾學疏請嚴禁舉殯演戲 ………………… 144

錢謙貞能度曲審音 ………………………… 145

邱園善度曲 ………………………………… 145

孝子陸維賢負父鄉村觀劇 ………………… 145

飾伶人爲女子佐酒 ………………………… 145

劉承宗晚年頗好聲伎 ……………………… 146

療痘忌演劇鑼聲 …………………………… 146

盲女善彈詞 ………………………………… 146

殷氏屏里巷戲劇 …………………………… 146

黃采芝誤適優伶 …………………………… 146

常熟城隍廟戲樓下碑刻 …………………… 146

王敬伯遇善歌之女鬼 ……………………… 147

泰娘 ………………………………………… 147

戴俊尤十六同集教坊觀雜劇 ……………… 148

蕉扇記本事 ………………………………… 148

義優 ………………………………………… 149

周忠介命捽演秦檜之優人箠之 …………… 149

作傳奇歌瞿昌文萬里負瞿忠宣公骸骨歸事 … 150

陳圓圓 ……………………………………… 150

萬里緣打差一齣來由 ……………………… 150

朱允恭陳女樂智擒赤腳張三夫婦 ………… 151

織造李煦子好串戲 ………………………… 151

賓興優人演出 ……………………………… 151

（嘉慶）直隸太倉州志 …………………… 152

江蘇巡撫湯斌申賽會演劇之禁 …………… 152

焦應鶴 ……………………………………… 152

三四月間迎神賽會 ………………………… 152

鰲圖痛懲花鼓戲 …………………………… 152

元宵節遴俊童扮演故事 …………………… 152

東嶽天齊帝誕辰鄉城扮神會 ……………… 152

十二月八日跳竈王 ………………………… 153

清客 ………………………………………… 153

范純斥某官與伶狎 ………………………… 153

郭四維革迎春梨園百戲之習 ……………… 153

（康熙）常熟縣志 ………………………… 153

祭禮演劇 …………………………………… 153

孫胤伽善填南詞 …………………………… 154

四野農歌 …………………………………… 154

絃歌舊俗 …………………………………… 154

東郭春迎 …………………………………… 154

（雍正）昭文縣志 ………………………… 154

邑中優伶 …………………………………… 154

巡撫尹禁勒索以肅漕政 …………………… 155

糧道馮申嚴漕政 …………………………… 155

演劇酬神 ·················· 155

乞丐粧為鍾馗竈王 ·················· 155

湘湖記本事 ·················· 155

馮冠善彈琵琶歌金元曲 ·················· 156

陳瓚善度曲 ·················· 156

陸輅重建玉茗堂於故址 ·················· 156

邱園善度曲 ·················· 156

周侍虞善度曲 ·················· 156

（乾隆）元和縣志 ·················· 157

倡優帝服后飾 ·················· 157

居憂之地為聽樂之所 ·················· 157

吳地善謳樂府 ·················· 157

虎邱山塘魚龍雜戲 ·················· 157

吳中貧戶子弟少歲入梨園 ·················· 157

十二月觀儺於市 ·················· 158

吳民除演劇燈綵 ·················· 158

顧仲瑛聲伎甲於東南 ·················· 158

袁宏道迎春歌 ·················· 158

幼伶 ·················· 159

（乾隆）吳江縣志 ·················· 159

宋元間同里鎮聲伎歌舞冠絕一時 ·················· 159

勾欄巷 ·················· 159

南樓北樓妓樂 ·················· 159

邑伶人凌泰挾王府勢與州縣官抗禮 ·················· 159

沈蕙端精曲律 ·················· 160

迎春社夥 ·················· 160

坊巷鄉村賽會 ·················· 160

聲歌 ·················· 161

崇禎十七年春大疫演劇賽會禳之 ·················· 161

詞隱先生舊沈郎 ·················· 161

鴛湖巫 ·················· 162

秋燈篇 ·················· 162

（光緒）吳江縣續志 ·················· 163

張經清生時召賓客飲酒演劇 ·················· 163

顧虯攦笛倚歌 ·················· 163

張益齡善彈琵琶吹洞簫 ·················· 163

徐鳳姑恥嫁優人自縊死 ……………………………… 163

弦歌古樂譜序 ………………………………………… 163

雀籠刻元人劉知遠傳奇全本 ………………………… 164

（嘉慶）海州直隸州志 ………………………………… 164

宴弔客而演劇 ………………………………………… 164

皇帝扮參軍戲 ………………………………………… 164

漣水音樂百戲 ………………………………………… 165

（乾隆）盱眙縣志 ……………………………………… 165

捐銀生息作文昌君誕辰設筵演劇之費 ……………… 165

武廟戲臺 ……………………………………………… 166

（宣統）續纂山陽縣志 ………………………………… 166

靈王廟演劇報賽無虛日 ……………………………… 166

河督庚長演戲請客 …………………………………… 166

大吏置酒觀劇晝夜不輟 ……………………………… 166

烈烈轟轟做一場 ……………………………………… 166

爲十齡兒童稱祝開筵演劇 …………………………… 167

菊部笙歌自太平 ……………………………………… 168

祀龍歌 ………………………………………………… 168

（嘉慶）東臺縣志 ……………………………………… 169

宴會演劇徵歌 ………………………………………… 169

（光緒）鹽城縣志 ……………………………………… 169

道光二十八年七月大水沒歌臺 ……………………… 169

（嘉慶）揚州府志 ……………………………………… 169

梨園法曲調宮商 ……………………………………… 169

迎春戲劇 ……………………………………………… 169

喪祭演劇 ……………………………………………… 170

燕會演劇 ……………………………………………… 170

廣陵百戲陳設 ………………………………………… 170

昔日曾聞阿舞婆 ……………………………………… 170

樂工中漸高 …………………………………………… 170

（嘉慶）高郵州志 ……………………………………… 171

元宵雜伎鬭巧 ………………………………………… 171

桑景舒精於音律 ……………………………………… 171

優人王國臣拒內廷召 ………………………………… 171

召巫演劇祛蝗 ………………………………………… 172

趙氏優人妻李烈婦 …………………………………… 172

（乾隆）江都縣志 …………………………………… 172

都天廟賽會 …………………………………………… 172

關帝廟祭賽尤盛 ……………………………………… 172

舉殯演劇 ……………………………………………… 173

江都節令演劇 ………………………………………… 173

（光緒）江都縣續志 ………………………………… 174

禹王宮戲臺 …………………………………………… 174

曾日唯觀劇至忠孝處輒慟哭 ………………………… 174

患痘小兒聞演劇鳴金聲即死 ………………………… 174

姑惡惡 ………………………………………………… 174

某孝子爲母歌小曲 …………………………………… 175

（道光）重修寶應縣志 ……………………………… 175

吳儂合拍歌擅場 ……………………………………… 175

劉猛將軍廟戲臺 ……………………………………… 175

大王廟諸神演戲 ……………………………………… 175

（乾隆）鎮江府志 …………………………………… 176

優伶諧謔 ……………………………………………… 176

東嶽別廟戲曲壁畫 …………………………………… 176

新建關廟戲樓記 ……………………………………… 176

高安吳公禁扮殤演戲之風 …………………………… 177

京口競渡歌 …………………………………………… 177

九龍山寺有梨園爲僧 ………………………………… 178

梨園弟子白髮新 ……………………………………… 178

張于湖製詞命諸伎合唱 ……………………………… 178

近倖與優人密造不根之言 …………………………… 178

（乾隆）句容縣志 …………………………………… 179

青苗戲 ………………………………………………… 179

（光緒）續纂句容縣志 ……………………………… 180

城隍廟戲樓 …………………………………………… 180

同治七年三月初十日上諭嚴禁邪說傳奇 …………… 180

道光十六年教諭張履論止演淫盜諸戲 ……………… 180

禁戲筵 ………………………………………………… 181

禁革弁丁交接 ………………………………………… 181

吳越彥上書嚴禁演傳奇 ……………………………… 181

句容教諭張履禁演淫劇以正心 ·················· 181

市井無遊民婦女不觀劇 ························· 182

里中演劇酬神爭以肩輿迎劉舜霆 ············· 182

張氏不觀演劇迎神 ···························· 182

王新組妻汪氏鄙夷賽神觀劇 ················· 183

（光緒）丹徒縣志 ······························· 183

京口驛戲臺 ································· 183

某中丞終日演劇不問政事 ················· 183

趙邦彥不染優伶歌妓 ····················· 183

蔣蒓湖善琴曲 ···························· 184

柳蓁署中不演劇 ·························· 184

江上演傳奇中荒唐不經故實 ············· 184

中　冊

【浙江】 ··· 185

（雍正）浙江通志 ······························· 185

海鹽州新作大成樂記 ····················· 185

酒樓戲臺 ································· 186

寧波社夥 ································· 186

會稽歲時風習 ···························· 186

嚴州應時儺戲 ···························· 187

雍正十三年十一月初二日諭民間喪葬不許聚飲演
　　戲扮劇 ······························· 187

寧波知府伍符戒戲劇 ····················· 188

後堂無優人 ······························ 188

周觀政阻女樂入內宮 ····················· 188

孫沔杖優人 ······························ 188

杜之偉製登歌詞 ·························· 188

張岱日聚諸名士度曲徵歌 ················· 189

唐昭宗與伶人調品篳篥 ··················· 189

戴逵不爲王門伶人 ······················· 189

天帝召歌女 ······························ 189

西湖百戲 ································· 189

趕趁人 ································· 190

汪佛奴 ································· 190

（乾隆）杭州府志 ……………………………… 190
　西湖行宮 ……………………………………… 190
　元人度柳翠雜劇以皋亭作蒿亭 ……………… 191
　菊花新曲破 …………………………………… 191
　西湖競渡 ……………………………………… 191
（康熙）錢塘縣志 ……………………………… 191
　三絃細細按吳腔 ……………………………… 191
　淘眞 …………………………………………… 191
　迎婚用優俳司樂 ……………………………… 192
　柩前演戲鬧靈 ………………………………… 192
　民間疾病延歌師樂工禱神 …………………… 192
　錢塘歷代瓦舍 ………………………………… 192
　上元神廟有社火 ……………………………… 192
　清明前酬神裝演故事 ………………………… 192
　緣竿之戲 ……………………………………… 193
　五月十三日祀神廟宇演戲不絕 ……………… 193
　觀潮節優伶百戲 ……………………………… 193
　錢塘風俗 ……………………………………… 193
　小青墓辯 ……………………………………… 194
　優人偽僧服隱民間以不語惑眾 ……………… 194
　錢肇修嚴懲倚勢豪橫之優人 ………………… 194
　嚴曾榘彈劾某伶人冒籍銓選得知縣 ………… 194
　龔佳育抑伶人驕橫 …………………………… 195
　裘自謙屏除淮王女樂 ………………………… 195
　余古諫光宗罷俳優觝戲 ……………………… 195
　徐伯齡譜音律 ………………………………… 195
　吳農祥爲文 …………………………………… 195
　沈括著述 ……………………………………… 196
　徐伯齡著述 …………………………………… 196
　竹閣 …………………………………………… 196
（嘉慶）餘杭縣志 ……………………………… 196
　昌黎壽誕梨園牲酒 …………………………… 196
　朱文藻百步廟觀演劇 ………………………… 196
　山谷村氓群聚觀劇 …………………………… 197
　變服尋親 ……………………………………… 197
　桂宮秋本事 …………………………………… 197

（光緒）富陽縣志 ······················· 199
　報社演劇之時賭博 ················· 199

（光緒）分水縣志 ······················· 199
　城隍廟戲臺 ···························· 199
　鞭春演劇 ······························· 199
　賓興演劇 ······························· 200

（宣統）臨安縣志 ······················· 200
　歲時祈報則賽會演劇 ············· 200
　扮春官以導芒神 ··················· 200
　嚴嵩家樂 ······························· 200
　優人演曡花作劇 ··················· 200

（雍正）寧波府志 ······················· 201
　張伯鯨禁祭賽燕飲演劇 ········· 201
　馮家正家畜歌伶 ··················· 201

（康熙）鄞縣志 ·························· 201
　樂僮優好伎 ·························· 201
　伶人甘倫以先聖論語爲戲白 ··· 202
　胡宗憲幕府沈明臣 ··············· 202
　一場雜劇也好笑 ··················· 202

（光緒）鎮海縣志 ······················· 203
　三月望後東郊賽社 ··············· 203
　多至大族宗祠演戲祀神 ········· 203
　九月社夥會 ·························· 203
　立多打鬼胡 ·························· 203
　禁女擅閣說 ·························· 203
　城隍廟戲臺 ·························· 203
　東嶽宮戲臺 ·························· 204
　治水判官黃公忌辰鄉人演戲 ··· 204
　演劇女投江 ·························· 204
　跳槽 ··································· 204
　扯淡 ··································· 204
　作獺 ··································· 204
　呆木大 ······························· 205
　牽郎郎拽弟弟 ······················ 205

（光緒）餘姚縣志 ······················· 205

鐙節邑廟演戲 …………………………… 205
東嶽生辰賽會 …………………………… 205
關帝生辰賽會 …………………………… 205
姚江春社賦 ……………………………… 205
白首誰同傀儡場 ………………………… 206
堂戲 ……………………………………… 206
里社報賽 ………………………………… 206

（光緒）慈谿縣志 ……………………… 207
京都慈谿會館戲臺 ……………………… 207
上九里廟演戲之所 ……………………… 207
馮家禎長於度曲 ………………………… 207
方華欽在官不演戲 ……………………… 207
西樓戲臺 ………………………………… 208
西樓戲臺之勝 …………………………… 208
立多打鬼胡 ……………………………… 208
元宵賽燈百戲並作 ……………………… 208
鬧秧歌 …………………………………… 208
四月賽會 ………………………………… 208
九月社夥 ………………………………… 208
祀先用樂演劇 …………………………… 209
跳竈王 …………………………………… 209

（光緒）寧海縣志 ……………………… 209
正月演劇敬祖迓神 ……………………… 209
元宵城鄉演劇 …………………………… 209

（光緒）嘉興府志 ……………………… 209
寂寞梨園曲 ……………………………… 209
旱潦演劇以齊眾心 ……………………… 209
喪葬用優劇非禮 ………………………… 210
楊炳撲滅花鼓滛劇 ……………………… 210
張濂後堂無優人 ………………………… 210
徐彝承工度曲 …………………………… 210
金汝珪儉約自持不召優伶演劇 ………… 210
張鎬被縛城隍廟戲臺柱 ………………… 210
內務府召民間優伶演劇 ………………… 211
伶人王綺得劉眞人像 …………………… 211
歌兒汪佛奴 ……………………………… 211

趙子固歌古樂府自執紅牙以節曲 ·················· 211
鄭端簡家規雖宴貴客不使粉墨粧場 ·············· 211

（乾隆）海寧州志 ······························· 212
喪事用聲樂 ··································· 212
平安戲 ······································· 212
海神聖誕演戲慶賀 ··························· 212
許令典禁梨園 ······························· 212
朱氏嫠居不觀劇 ····························· 212

（光緒）桐鄉縣志 ····························· 212
彈鬱輪袍 ····································· 212
春臺戲 ······································· 213
花賭 ··· 213
城隍廟戲臺 ··································· 213
索度明王廟劇場 ····························· 213
修眞觀戲臺 ··································· 213
王鳳生禁花賭 ······························· 214
陸秉樞諫止內務府召民間優伶演戲 ·············· 214
奇烈記本事 ··································· 214
乾隆五十四年西河演劇棚傾壓死觀眾 ·············· 214

（光緒）重修嘉善縣志 ······················· 215
梨園村 ······································· 215
陳幾亭家訓堂中不演劇 ······················· 215
關帝祠戲臺 ··································· 215
武帝廟戲臺 ··································· 215
城隍廟戲臺 ··································· 215
皮工觀劇以利刃刺演秦檜者 ··················· 215
優人扮戲諷諫殺酷吏林宏龍 ··················· 216
賽神莫盛於楓涇鎮 ··························· 216
僧西嘉教鸚鵡度曲 ··························· 216
張氏子年少解音律 ··························· 216
金孃曲 ······································· 216

（光緒）於潛縣志 ····························· 217
城隍廟戲臺 ··································· 217
包拯祠演劇 ··································· 217
東平忠靖王廟戲臺 ··························· 217

嘉德後鄉一在仁山嶺戲臺後 ……………………… 217
上元節挑燈扮劇 …………………………………… 218
十月各土穀祠皆演劇酬神 ………………………… 218
長至日各族祭祠演劇 ……………………………… 218
周青山後渚橋戲臺前遇賊被戕 …………………… 218

（同治）湖州府志 ………………………………… 218
　戴總管廟前高臺演戲娛神 ……………………… 218
　魁猾奸黠醵金演戲勾引博徒 …………………… 219
　迎春官轎前分列故事優戲 ……………………… 219
　清明前數日賽會祀土穀之神 …………………… 219
　東嶽生日扮搭臺閣故事 ………………………… 219
　七月七日金元七總管生日演劇祭賽 …………… 219
　李王會演劇 ……………………………………… 219
　九月初五日祀土地廟百戲具陳 ………………… 220
　立冬至歲底鄉村社戲 …………………………… 220
　黃檗 ……………………………………………… 220
　書船販賣傳奇演義 ……………………………… 220
　沙飛船船頂可架戲樓演劇 ……………………… 220
　直以戲為事神之具 ……………………………… 221
　演戲祀城隍 ……………………………………… 221
　章昭達每飲會必盛設女伎雜樂 ………………… 221
　姚班進言禁工伎出入宮闈 ……………………… 221
　嚴廷瓚劇場以斧斃讎 …………………………… 222
　袁說友諫言逐退樂人及俳優伶官 ……………… 222
　王雨舟寬宥優人 ………………………………… 222
　凌氏且適園演劇 ………………………………… 223
　綠牡丹本事 ……………………………………… 223
　災年王維珍奢靡演戲 …………………………… 224

（道光）武康縣志 ………………………………… 225
　迎春 ……………………………………………… 225
　舞陽侯廟 ………………………………………… 225
　狂奴乘里中演劇之機入室犯沈烈婦 …………… 225

（乾隆）紹興府志 ………………………………… 225
　趙公阜 …………………………………………… 225
　元宵鬧以戲劇簫鼓 ……………………………… 226
　迎龍之賽惟飾優伶 ……………………………… 226

李亨特禁演唱夜戲 ……………………………… 226

祭儀樂舞 ………………………………………… 226

老郎廟演戲 ……………………………………… 228

蕺山書院演劇 …………………………………… 228

衛所官軍之弊 …………………………………… 229

土人競爲戲劇以賽神 …………………………… 229

胡公廟每年八月十三日賽會甚盛 ……………… 230

毋以近娛忽遠猷 ………………………………… 230

張岱畜梨園數部 ………………………………… 230

王毓蓍設筵伶人奏樂 …………………………… 230

（同治）嵊縣志 ………………………………… 230

土地祠有戲臺 …………………………………… 230

前墅廟演戲田 …………………………………… 231

下童廟置田演戲 ………………………………… 231

朱葉相公廟演戲田 ……………………………… 231

演劇娛潮神 ……………………………………… 231

李德忠觀琵琶記翁媼食糠處嗚咽不能仰視 …… 231

演戲行喪 ………………………………………… 231

上元民間爲傀儡戲 ……………………………… 232

社日巨族演戲 …………………………………… 232

百戲橫陳廟門外 ………………………………… 232

（光緒）上虞縣志 ……………………………… 232

霜磨劍本事 ……………………………………… 232

梨園某鬻妻贖所當戲衣 ………………………… 232

孀婦宜禁絕觀劇 ………………………………… 233

城隍廟劇樓 ……………………………………… 233

總管廟每歲正月元夕張燈演劇 ………………… 233

元宵鼓樂劇戲 …………………………………… 233

春社前後魚龍百戲 ……………………………… 233

每歲六月十月迎社神演劇 ……………………… 234

（嘉慶）武義縣志 ……………………………… 234

正月賽神 ………………………………………… 234

冬至各鄉村演劇報賽 …………………………… 234

東嶽宮戲臺 ……………………………………… 234

（道光）東陽縣志 ……………………………… 234

梁太傅傳奇 ……………………………… 234
父子狀元 ………………………………… 235

（光緒）玉環廳志 …………………………… 235
上元製各種花鐙入人家串演戲陣 ……… 235
二月二十二日城隍壽誕演劇 …………… 235

（光緒）處州府志 …………………………… 235
三月三日設祭演劇 ……………………… 235
清明之前卜吉設醮於城隍廟 …………… 236
社後卜吉設醮 …………………………… 236
上元笙歌戲劇 …………………………… 236
琵琶記託名假借 ………………………… 236

（同治）雲和縣志 …………………………… 236
迎神報賽 ………………………………… 236

（同治）景寧縣志 …………………………… 237
外卸茶堂移建街頭演劇臺後 …………… 237
武廟演劇臺 ……………………………… 238
渡船頭租肆石為祝壽演劇之費 ………… 238
城隍廟演劇臺 …………………………… 238
五月十六演劇祝壽 ……………………… 238
護國夫人廟置租以為迎神演劇之資 …… 238
上元神廟設祭諸劇雜陳 ………………… 239
關帝城隍誕辰演戲稱祝 ………………… 239
馬孝仙誕辰迎賽演劇慶祝 ……………… 239
程侯禁優戲 ……………………………… 239

（同治）麗水縣志 …………………………… 239
高明撰琵琶記院本處 …………………… 239
郡錄事高明彰孝女陳妙珍 ……………… 240
三月三日設祭演劇 ……………………… 240
舊傳高明撰琵琶記於姜山懸藜閣 ……… 240

（光緒）遂昌縣志 …………………………… 240
城隍廟演劇 ……………………………… 240
瑞蓮堂戲臺 ……………………………… 241
周長有謂科派演劇之財不如為積穀之用 … 241

【安徽】 …………………………………… 243

（光緒）重修安徽通志 ⋯⋯⋯⋯⋯⋯⋯ 243
　　方夢袍禁親喪演劇靈前 ⋯⋯⋯⋯⋯ 243

（嘉慶）蕪湖縣志 ⋯⋯⋯⋯⋯⋯⋯⋯⋯ 243
　　迎春戲劇 ⋯⋯⋯⋯⋯⋯⋯⋯⋯⋯⋯ 243
　　醵錢演劇以奉用姑 ⋯⋯⋯⋯⋯⋯⋯ 243
　　蕪湖柯班 ⋯⋯⋯⋯⋯⋯⋯⋯⋯⋯⋯ 244
　　供帳演劇爲蕪宰張鷟送行 ⋯⋯⋯⋯ 244
　　吳姬水調新腔改 ⋯⋯⋯⋯⋯⋯⋯⋯ 244

（道光）繁昌縣志 ⋯⋯⋯⋯⋯⋯⋯⋯⋯ 244
　　元宵兒童扮爲雜劇 ⋯⋯⋯⋯⋯⋯⋯ 244
　　城隍會優人演劇於廟 ⋯⋯⋯⋯⋯⋯ 244
　　蓼花社 ⋯⋯⋯⋯⋯⋯⋯⋯⋯⋯⋯⋯ 245
　　二月二日土地生日演劇爲會 ⋯⋯⋯ 245

（光緒）鳳臺縣志 ⋯⋯⋯⋯⋯⋯⋯⋯⋯ 245
　　九月鄉民於湧泉庵演劇祀觀音大士 ⋯ 245
　　城隍廟戲樓 ⋯⋯⋯⋯⋯⋯⋯⋯⋯⋯ 245
　　縣署戲臺 ⋯⋯⋯⋯⋯⋯⋯⋯⋯⋯⋯ 245
　　題桃花扇傳奇 ⋯⋯⋯⋯⋯⋯⋯⋯⋯ 245

（康熙）太平府志 ⋯⋯⋯⋯⋯⋯⋯⋯⋯ 246
　　迎春粧戲劇 ⋯⋯⋯⋯⋯⋯⋯⋯⋯⋯ 246
　　里儺 ⋯⋯⋯⋯⋯⋯⋯⋯⋯⋯⋯⋯⋯ 246

（光緒）直隸和州志 ⋯⋯⋯⋯⋯⋯⋯⋯ 246
　　元夕雜鬪管絃於市 ⋯⋯⋯⋯⋯⋯⋯ 246
　　三月二十八日東嶽帝誕日演劇 ⋯⋯ 247
　　五月平臺會 ⋯⋯⋯⋯⋯⋯⋯⋯⋯⋯ 247
　　六月請觀音 ⋯⋯⋯⋯⋯⋯⋯⋯⋯⋯ 247
　　白露演劇報賽 ⋯⋯⋯⋯⋯⋯⋯⋯⋯ 247
　　萬壽令節賜觀劇 ⋯⋯⋯⋯⋯⋯⋯⋯ 247

（乾隆）當塗縣志 ⋯⋯⋯⋯⋯⋯⋯⋯⋯ 247
　　里儺 ⋯⋯⋯⋯⋯⋯⋯⋯⋯⋯⋯⋯⋯ 247
　　馬神廟與戲臺 ⋯⋯⋯⋯⋯⋯⋯⋯⋯ 248

（乾隆）望江縣志 ⋯⋯⋯⋯⋯⋯⋯⋯⋯ 248
　　元宵爲俳優假面之戲 ⋯⋯⋯⋯⋯⋯ 248
　　演劇祈神當禁 ⋯⋯⋯⋯⋯⋯⋯⋯⋯ 248

　　烈婦邵氏乘家人觀劇自經殉夫 ……………………… 248

（道光）續修桐城縣志 …………………………………… 249
　　龍燈上繪人物雜劇 ………………………………… 249
　　胡其愛負母觀劇 …………………………………… 249
　　方夢袍禁靈前演劇 ………………………………… 249
　　左光斗命優人演椒山記以試父意 ………………… 249

（同治）太湖縣志 ………………………………………… 250
　　元宵爲俳優假面之戲 ……………………………… 250
　　家人半係優伶 ……………………………………… 250
　　有嬖子入梨園者曹錫鸞捐貲贖之 ………………… 250
　　曹氏拒演劇爲壽 …………………………………… 250
　　搬做雜劇以縱觀 …………………………………… 250
　　梨園子弟盈階庭 …………………………………… 251

（道光）休寧縣志 ………………………………………… 252
　　金挺終身不觀劇 …………………………………… 252
　　監生吳懷眞妻程氏終身不觀劇 …………………… 252
　　鴛鴦傳奇 …………………………………………… 252
　　城隍廟戲臺 ………………………………………… 252
　　程世繩乘鄉間演劇智擒巨盜 ……………………… 252

（同治）祁門縣志 ………………………………………… 252
　　正月扮儺演劇 ……………………………………… 252
　　船會扮十二神誦嗊囉曲以驅疫 …………………… 253
　　六月六日迎神賽會 ………………………………… 253
　　閏歲中元節演目連戲 ……………………………… 253
　　中秋前後數日多演劇報賽 ………………………… 253
　　鄰舍演雜劇王諷弟子無敢出戶視者 ……………… 253

（道光）來安縣志 ………………………………………… 253
　　來安歲時演劇 ……………………………………… 253

（光緒）宿州志 …………………………………………… 254
　　文昌帝君廟戲樓 …………………………………… 254

（嘉慶）蕭縣志 …………………………………………… 254
　　喪葬演劇 …………………………………………… 254
　　里社燕會伎樂雜奏 ………………………………… 254
　　迎春戲劇 …………………………………………… 255

（乾隆）含山縣志 ························· 255
　正月演春 ···························· 255
　五月關聖誕辰演劇 ···················· 255
（乾隆）霍邱縣志 ······················· 255
　城隍廟戲樓 ·························· 255
　演劇賽會宜急爲禁止 ·················· 255
（嘉慶）舒城縣志 ······················· 256
　元宵雜百戲酺聚爲樂 ·················· 256
　孔雀記傳奇 ·························· 256
　城東下七里河演劇 ···················· 256
（光緒）霍山縣志 ······················· 256
　上元前後打十番唱花鼓詞 ·············· 256
　秋收既畢演劇賽神 ···················· 257
　瞽者傳 ···························· 257
（乾隆）廣德直隸州志 ···················· 257
　康熙五十五年增造關帝廟戲樓 ·········· 257
　乾隆五十五年建造關帝廟戲樓 ·········· 257
　乾隆五十六年重修東嶽廟戲樓 ·········· 257
　昭妃廟賽會 ·························· 257
　乾隆五十六年建造東平王廟戲樓 ········ 258
　皇太后聖壽節地方臣民恭賀禮儀 ········ 258
　皇帝聖壽節臣民恭賀禮 ················ 258
　賓興禮 ···························· 259
　迎春禮 ···························· 259
　演春 ······························ 259
　城隍生日優人演劇匝月 ················ 259
　禁淫祠演劇 ·························· 259
　每會演戲四五檯不等 ·················· 261
　雲潤磋觀劇喪命 ······················ 261
　目連傳奇中所扮分屍鬼 ················ 261
　關帝顯靈神誕演劇致祝 ················ 262
　乘船至陽圩村東嶽廟觀劇 ·············· 262

【福建】 ······························ 263
（乾隆）福建通志 ······················· 263

雍正十三年諭敬慎秋審 …………………………… 263
秋收之後優人互湊作淫戲及弄傀儡 …………… 264
林孟和諫言反對優人收良民子女以充樂籍 …… 264
曾喬父好優伎 ……………………………………… 264
晉江優人黃興妻莊氏殉夫 ……………………… 264
與趙寺丞論淫祀書 ……………………………… 264

（乾隆）福州府志 ………………………………… 266
大帝生日前後月餘酬愿演劇 …………………… 266
上元燈戲 …………………………………………… 266
五夜元宵詩 ………………………………………… 266

（道光）廈門志 …………………………………… 267
內水仙宮端午節演劇 …………………………… 267
正月初九日富家演劇 …………………………… 267
二月初二日街市鄉村斂錢演戲爲土地神祝壽 … 267
五月五日各渡頭斂錢演戲 ……………………… 267
中秋街市鄉村演戲祀土地之神 ………………… 267
喪葬置酒演劇 …………………………………… 267
迎神賽會一年居半 ……………………………… 268
荔鏡傳婦女觀者如堵 …………………………… 268
說平話 …………………………………………… 268

（道光）永安縣續志 ……………………………… 268
演劇復迎神 ……………………………………… 268

（乾隆）馬巷廳志 ………………………………… 268
道觀多報賽 ……………………………………… 268
三月多迎神賽會 ………………………………… 269
蔡牽與陳教官 …………………………………… 269

（光緒）漳州府志 ………………………………… 270
朝天宮戲臺 ……………………………………… 270
徐宗幹嚴禁戲劇 ………………………………… 270
州人譜黃亮國事爲傳奇 ………………………… 270
諸生陳範妻甘氏不聽演唱 ……………………… 270
沈液金妻謝氏召族鄰童孩演戲於姑床前 …… 271
城居者好賭蕩戲劇 ……………………………… 271
漳州歲時演劇 …………………………………… 271
漳俗好演劇 ……………………………………… 272

　　朱子屏棄優戲 ………………………………………272
　　方直吾巧對舟人聯 …………………………………272
（康熙）平和縣志 ………………………………………273
　　平和縣歲時演劇 ……………………………………273
　　猴戲 …………………………………………………274
（康熙）漳浦縣志 ………………………………………274
　　城市凡后土祠皆演傳奇以娛神 …………………274
　　李實蕡遇鄰喪不鼓樂 ……………………………275
　　屆陳汝咸懸弧辰必召梨園慶祝 …………………275
（乾隆）南靖縣志 ………………………………………275
　　南靖歲節演劇 ………………………………………275
　　陳昂建言廢宮庭慶賀用優伶 ……………………277
（乾隆）龍溪縣志 ………………………………………277
　　龍溪縣歲時演劇 ……………………………………277
　　忘哀作樂 ……………………………………………278
　　乞冬 …………………………………………………278
　　林宗鑒妻楊氏於夫卒後終身縞素不觀演劇 ……279
　　林氏陪客觀劇至夜闌乘間仰藥殉夫 ……………279
（乾隆）長泰縣志 ………………………………………279
　　文可黼逐梨園 ………………………………………279
　　神誕社日迎神演唱 …………………………………279
　　神誕演劇連朝 ………………………………………279
　　元宵鬧燈 ……………………………………………279
　　中秋前後斂金演劇祭土神 ………………………280
（嘉慶）雲霄廳志 ………………………………………280
　　雲霄廳歲時演劇 ……………………………………280
　　演劇當有裨風教 ……………………………………281
　　生日演戲 ……………………………………………281
（光緒）浦城縣志 ………………………………………282
　　蠟嘴能聽曲演劇 ……………………………………282
　　吳景伯善琵琶 ………………………………………282
　　優人有為義山者 ……………………………………282

【江西】 ……………………………………………………283
（光緒）江西通志 ………………………………………283

布蘭泰參牛元弼於屠宰開禁之後開筵唱戲 …………… 283

關帝廟戲臺 ……………………………………………… 284

朱廷聲疏請杜逸遊以安宗社 …………………………… 284

晏善澄作後湖曲戒冶遊 ………………………………… 284

優人徐彩挾勢擅殺人 …………………………………… 284

戴鼎妻許燦英不觀演劇 ………………………………… 284

柳氏女箜篌理曲 ………………………………………… 285

（同治）南昌府志 ……………………………………… 285

歲時演劇 ………………………………………………… 285

戒演戲 …………………………………………………… 285

智用優人平寧王之亂 …………………………………… 286

優伶箱中取冠帶 ………………………………………… 286

馬廷變每秋闈前期必治具演劇薦送諸生 ……………… 287

近侍太監搬弄雜劇蠱惑皇帝 …………………………… 287

鄒廷芳於演劇夜義釋偷兒 ……………………………… 287

邳州三官廟陳百戲 ……………………………………… 288

萬氏從不觀里中婚嫁演劇 ……………………………… 288

好奇之士或爲傳奇 ……………………………………… 288

（同治）義寧州志 ……………………………………… 288

關帝廟戲臺 ……………………………………………… 288

關帝廟戲臺 ……………………………………………… 288

萬壽宮戲臺 ……………………………………………… 289

火神廟戲臺 ……………………………………………… 289

謳歌廟 …………………………………………………… 289

紫雲觀每年賽會稱盛 …………………………………… 289

漕倉租錢充生辰演劇之用 ……………………………… 289

行儺 ……………………………………………………… 289

（同治）樂平縣志 ……………………………………… 290

城隍廟演劇臺 …………………………………………… 290

李仁元禁演劇賭博 ……………………………………… 290

（乾隆）蓮花廳志 ……………………………………… 290

禁搬戲 …………………………………………………… 290

文昌閣角門右築層臺演劇 ……………………………… 290

關帝廟戲臺 ……………………………………………… 291

城隍廟戲臺 ……………………………………………… 291

　　王箕峰斥優人戲劇 ……………………………… 291

（同治）湖口縣志 ……………………………………… 291

　　釀金置酒演戲行冠禮 …………………………… 291

（同治）武寧縣志 ……………………………………… 291

　　農人擇能謳者領唱 ……………………………… 291

　　重陽後祭祖演劇 ………………………………… 291

　　農民田間擊鼓發歌 ……………………………… 291

　　里巷歌謠皆有自然音節 ………………………… 292

　　天中節夜沿街歌唱爲樂 ………………………… 292

　　秋社報賽聚飲 …………………………………… 292

　　迎王夫人像入祠演劇 …………………………… 292

　　萬壽宮婦女觀劇 ………………………………… 292

　　遇蝦蟆神召梨園演劇侑觴 ……………………… 293

（同治）瑞昌縣志 ……………………………………… 293

　　城隍廟演劇臺 …………………………………… 293

　　臨班演戲 ………………………………………… 293

　　萬壽宮戲臺 ……………………………………… 294

　　關帝廟戲臺 ……………………………………… 294

　　梨園爭唱丁公會 ………………………………… 294

（同治）新喻縣志 ……………………………………… 294

　　裝雜劇以送神 …………………………………… 294

　　城隍廟戲臺 ……………………………………… 294

　　城隍祠戲臺 ……………………………………… 295

　　關帝廟有演劇臺 ………………………………… 295

　　天符廟戲臺 ……………………………………… 296

　　不藉梨園羯鼓催 ………………………………… 296

（同治）贛州府志 ……………………………………… 296

　　南安文英二營公所在高戲臺前 ………………… 296

　　靈山廟戲臺 ……………………………………… 296

　　孟夏祭龍船神演劇彌月 ………………………… 296

　　贛俗喜演戲謝神 ………………………………… 296

　　沈廷芳題芝龕記傳奇 …………………………… 297

　　柏超題芝龕記傳奇 ……………………………… 297

（乾隆）石城縣志 ……………………………………… 297

　　祠祭必演戲劇 …………………………………… 297

城隍廟戲樓 ……………………………………… 297

（道光）瑞金縣志 ………………………………… 298
　神會搬演雜劇爲竟日之樂 ……………………… 298
　迎春禮 …………………………………………… 298
　英顯廟演劇臺 …………………………………… 298
　眞君閣歌臺 ……………………………………… 298
　歌臺演劇 ………………………………………… 299
　元旦夜儺以驅疫 ………………………………… 299
　戲癡鍾翁 ………………………………………… 299
　冬成鄰鄉演劇 …………………………………… 299

（道光）信豐縣志續編 …………………………… 299
　喪事演劇之侈 …………………………………… 299
　唱採茶演大戲皆屬賊盜之媒 …………………… 299
　以戲亭爲講約樓 ………………………………… 300
　謝肇楨採茶歌 …………………………………… 300
　大王廟戲亭 ……………………………………… 300
　眞君廟每歲報賽頗盛 …………………………… 301

（同治）興國縣志 ………………………………… 301
　鍾春卉終身未嘗觀戲劇 ………………………… 301
　里人演劇十日或十二日一本者爲大戲 ………… 301
　魚龍百戲尋常有 ………………………………… 301

（同治）南康縣志 ………………………………… 301
　百姓釀金演劇慶盧昌輔病愈 …………………… 301
　伶舞至賤豪傑屑爲之 …………………………… 302
　旭山關帝廟戲臺 ………………………………… 302

（同治）贛縣志 …………………………………… 302
　贛俗賽神盛筵演劇 ……………………………… 302
　賽神演劇極糜費 ………………………………… 302

（同治）雩都縣志 ………………………………… 303
　祈山神廟自五月初七至十八設醮演劇 ………… 303
　城隍廟戲樓 ……………………………………… 303
　同治九年八月初四日霹靂震死看戲者十五人 … 303
　神會假禳災集福之名唱競渡採蓮之曲 ………… 303

（同治）高安縣志 ………………………………… 304
　迎春扮芒神曰春官 ……………………………… 304

　　陽戲 ……………………………………………… 304
　　關帝廟戲臺 …………………………………… 304
　　張敦仁宰高安四年署不演劇 ……………… 304
　　朱必堦禁喪事邀梨園子弟演劇 …………… 305
　　楊鈰皇極經世測聲音律呂考證 …………… 305
　　王洛精音律 …………………………………… 305
　　蕭煒精音律 …………………………………… 305
　　梅白嘗手定周德清中原音韻 ……………… 305
　　周之翰重校中原音韻 ………………………… 305

（同治）豐城縣志 ……………………………… 306
　　祈年報賽迎神演劇之害 ……………………… 306
　　富戶演戲劇糜無益之財 ……………………… 306
　　馬非力家精怪演戲 …………………………… 306

（光緒）撫州府志 ……………………………… 306
　　徐春幼曾爲伶 ………………………………… 306

（同治）臨川縣志 ……………………………… 307
　　玉茗堂 ………………………………………… 307
　　劉命清玉茗堂詩 ……………………………… 307
　　劉玉瓚玉茗堂詩 ……………………………… 307
　　胡亦堂玉茗堂詩 ……………………………… 307
　　丁宏誨玉茗堂詩 ……………………………… 307
　　張瑶芝玉茗堂詩 ……………………………… 307
　　胡挺松玉茗堂詩 ……………………………… 308
　　丁茂繩玉茗堂詩 ……………………………… 308
　　胡挺柏玉茗堂詩 ……………………………… 308
　　董劍鍔玉茗堂詩 ……………………………… 308
　　釋傳綮玉茗堂詩 ……………………………… 308
　　揭貞傳玉茗堂詩 ……………………………… 308
　　饒宇朴玉茗堂詩 ……………………………… 309
　　李茹旻玉茗堂詩 ……………………………… 309
　　李傳熊玉茗堂詩 ……………………………… 309
　　謝三秀湯祠部義仍先生招集玉茗堂賦謝詩 … 309
　　土伶拙訥可笑 ………………………………… 309
　　春末秋初倣古人儺禮 ………………………… 309
　　每年秋迎神賽會 ……………………………… 309
　　兒郎 …………………………………………… 310

湯顯祖等皆臨川之偉人 …………………………………… 310
湯若士之詞賦 …………………………………………………… 310
湯顯祖等倡建崇儒書院 …………………………………… 311
湯顯祖爲孫耀祖立去思碑 ……………………………… 311
管閣禁崔鶯鶯廟迎賽 ……………………………………… 311
葉宋英自製曲譜 ……………………………………………… 311
湯顯祖序學餘園初稿 ……………………………………… 311
邱兆麟內無廢歡外無廢事 ……………………………… 312
士所不能屈者湯若士與徐文長 ……………………… 312
邱兆麟序湯若士絕句 ……………………………………… 312
李夢松上書禁淫祀演劇 …………………………………… 312
唱盤演雜劇 ……………………………………………………… 313
過遂昌懷湯若士先生 ……………………………………… 313
湯若士先生玉茗堂 ………………………………………… 314
鄒慧作兒郎賦 ………………………………………………… 314

（同治）南城縣志 ………………………………………… 314
歌優雜進以賀壽 ……………………………………………… 314
廣王殿戲賽 ……………………………………………………… 314
黃司空廟歌臺 ………………………………………………… 314
傅遊九善幻術 ………………………………………………… 315
除卻蘇杭尙有建昌 ………………………………………… 315
鼓摑高唱四平腔 ……………………………………………… 316
司空廟梨園報賽 ……………………………………………… 316

（光緒）廣昌縣志 ………………………………………… 317
廣昌歲時演劇 ………………………………………………… 317

（同治）饒州府志 ………………………………………… 317
西渚子以卜隱 ………………………………………………… 317
梅影樓傳奇本事 ……………………………………………… 318

（同治）鄱陽縣志 ………………………………………… 318
京都鄱陽會館爲優人所踞 ……………………………… 318

（同治）萬年縣志 ………………………………………… 318
文昌宮演劇臺 ………………………………………………… 318
火神廟戲臺廢 ………………………………………………… 318
白氏仙娘廟戲臺被燒 ……………………………………… 318
陳于有勸村民以演戲聚賭爲戒 ……………………… 319

　　文昌宮演戲臺 ································· 319
　　五桂義渡成演古以酬神 ················ 319

（同治）廣豐縣志 ···························· 320
　　立春前一日飾小兒扮故事 ············ 320
　　冬十月各鄉演戲以報土功 ············ 320
　　財神廟對面演劇臺 ······················ 320
　　謝世應禁優伶佐酒 ······················ 320

【山東】 ··· 321

（道光）濟南府志 ···························· 321
　　嘉慶十七年春演劇火起燒死數百人 ·· 321
　　蓮花報傳奇本事 ························· 321
　　高唱吳歈賽藥王 ························· 321

（道光）重修平度州志 ···················· 321
　　喪禮演劇非禮 ····························· 321
　　街市有演劇李存良必負母出視 ······ 322

（乾隆）青城縣志 ···························· 322
　　喪禮雜以娼優諸戲 ······················ 322
　　二月二日土地誕辰演劇致祭 ········· 322

（道光）滕縣志 ······························· 322
　　楊浩演梨園滅蝗 ························· 322
　　方氏謀演劇祭烈女顏氏墓 ············ 323

（光緒）利津縣志 ···························· 323
　　女子觀劇宜禁戢 ························· 323
　　城隍夫婦誕日演劇 ······················ 323
　　戲樓前小石壩 ····························· 324
　　城隍廟戲樓 ································· 324
　　城隍廟歌樓 ································· 324

（光緒）增修登州府志 ···················· 324
　　上元陳百戲演雜劇 ······················ 324
　　四月十八日碧霞元君生辰演劇 ······ 324
　　四月二十八日藥王生辰鄉會 ········· 324
　　賽神演戲不為害 ························· 325
　　賓興演劇 ··································· 325
　　海賊於船中演劇 ························· 325

縣令车房禁夜戲 ……………………………………… 325
孟浩然愛梅等事乃沿元人傳奇語 …………………… 325

（同治）黃縣志 …………………………………………… 326
黃縣賽神演戲 ………………………………………… 326

（光緒）臨朐縣志 ………………………………………… 326
城隍廟戲樓 …………………………………………… 326
村社務間演劇賽神 …………………………………… 326

（道光）濟寧直隸州志 ………………………………… 326
搭臺演劇靡費無益 …………………………………… 326
喪事演劇 ……………………………………………… 326
陳氏擇居不近梨園 …………………………………… 326
吳樨以上論十六條編爲彈詞傳播 …………………… 327
許雲封工笛 …………………………………………… 327

（康熙）鄒縣志 ………………………………………… 328
廟前演劇地陷爲井 …………………………………… 328

（光緒）魚臺縣志 ……………………………………… 328
喪則燕客演劇 ………………………………………… 328

（光緒）泗水縣志 ……………………………………… 328
演劇以報賽 …………………………………………… 328

（光緒）寧陽縣志 ……………………………………… 328
演戲浪費錢財 ………………………………………… 328
城隍廟戲樓 …………………………………………… 329
王光炯侍父疾不觀劇 ………………………………… 329
婦女觀劇紆道避馬傳遠門 …………………………… 329

（光緒）肥城縣志 ……………………………………… 329
喪葬演劇非禮犯禁 …………………………………… 329
關帝廟戲樓 …………………………………………… 330
城隍廟戲樓 …………………………………………… 331
文安門關帝廟戲樓 …………………………………… 331

（光緒）文登縣志 ……………………………………… 331
每歲三月初二龍母誕辰妝演雜劇 …………………… 331
寨珠桑島海市詩 ……………………………………… 331
蘇門島海神廟不演劇 ………………………………… 331
文登自春初二月起演戲賽神 ………………………… 332

　　三里廟戲臺 ……………………………………… 332
　　畢所密智斷假冒伶人案 …………………………… 332
（乾隆）樂陵縣志 ……………………………………… 333
　　正月演劇 …………………………………………… 333
　　臘月儺戲 …………………………………………… 333
　　喪禮架臺作戲 ……………………………………… 333
　　葬親延賓演劇 ……………………………………… 334
　　古廟伶人亡魂作樂 ………………………………… 334
（嘉慶）禹城縣志 ……………………………………… 334
　　禹廟戲樓 …………………………………………… 334
　　上元張燈演劇爲樂 ………………………………… 334
（道光）武城縣志續編 ………………………………… 334
　　關帝廟演劇臺 ……………………………………… 334
　　城隍廟演劇臺 ……………………………………… 335
　　大王廟演劇臺 ……………………………………… 335
（同治）臨邑縣志 ……………………………………… 335
　　歌謠 ………………………………………………… 335
　　戲劇 ………………………………………………… 335
　　泰山行宮戲樓 ……………………………………… 335
（道光）東阿縣志 ……………………………………… 335
　　殯期盛集優伶 ……………………………………… 335
　　三月二十八日祀東嶽大帝天齊廟演劇 ………… 335
　　十月十五日三官廟演劇 ………………………… 336
　　喪事徵伶演戲例有明禁 ………………………… 336
　　關帝廟戲樓 ………………………………………… 336
　　城隍廟戲樓 ………………………………………… 336
　　龍神廟戲臺 ………………………………………… 336
（道光）冠縣志 ………………………………………… 336
　　每年二月十五日演戲報神 ……………………… 336
　　殯時演戲或用高蹺平臺等技 …………………… 337
　　四月初八百戲雜陳 ……………………………… 337
　　六月初六設醮演劇 ……………………………… 337
　　劫匪扮盜九龍杯裝束 …………………………… 337
（道光）重修博興縣志 ………………………………… 337
　　祭馬神演劇 ………………………………………… 337

（光緒）惠民縣志‥‥‥‥‥‥‥‥‥‥‥‥‥‥‥ 338

　藥王廟四月二十八日演劇祭賽‥‥‥‥‥‥‥‥ 338

　泰山行宮三月初八日演劇作會‥‥‥‥‥‥‥‥ 338

　賓興優樂‥‥‥‥‥‥‥‥‥‥‥‥‥‥‥‥‥ 338

　民團盤據關帝廟演劇飲宴‥‥‥‥‥‥‥‥‥‥ 338

　北泊秧歌詩‥‥‥‥‥‥‥‥‥‥‥‥‥‥‥‥ 338

　六月初九城隍夫人誕日演劇‥‥‥‥‥‥‥‥‥ 338

　北泊秧歌‥‥‥‥‥‥‥‥‥‥‥‥‥‥‥‥‥ 339

（光緒）霑化縣志‥‥‥‥‥‥‥‥‥‥‥‥‥‥‥ 339

　王典斷蛙獄‥‥‥‥‥‥‥‥‥‥‥‥‥‥‥‥ 339

（乾隆）東明縣志‥‥‥‥‥‥‥‥‥‥‥‥‥‥‥ 339

　劉晏詠王大娘戴竿‥‥‥‥‥‥‥‥‥‥‥‥‥ 339

　再祭蜾蠃大將軍暨虮蝨廟諸神文‥‥‥‥‥‥‥ 340

（道光）鉅野縣志‥‥‥‥‥‥‥‥‥‥‥‥‥‥‥ 340

　城隍廟戲樓‥‥‥‥‥‥‥‥‥‥‥‥‥‥‥‥ 340

　鉅野城南豐樂亭‥‥‥‥‥‥‥‥‥‥‥‥‥‥ 340

　文昌閣演劇樓‥‥‥‥‥‥‥‥‥‥‥‥‥‥‥ 341

　正月間各集塲多演戲雜耍‥‥‥‥‥‥‥‥‥‥ 341

　元宵通衢演戲‥‥‥‥‥‥‥‥‥‥‥‥‥‥‥ 341

　不可喪事演劇飲客‥‥‥‥‥‥‥‥‥‥‥‥‥ 341

（光緒）新修菏澤縣志‥‥‥‥‥‥‥‥‥‥‥‥‥ 341

　栗大王廟演劇臺‥‥‥‥‥‥‥‥‥‥‥‥‥‥ 341

【河南】‥‥‥‥‥‥‥‥‥‥‥‥‥‥‥‥‥‥‥ 343

（康熙）新鄭縣志‥‥‥‥‥‥‥‥‥‥‥‥‥‥‥ 343

　呼優演劇祀祝融‥‥‥‥‥‥‥‥‥‥‥‥‥‥ 343

（乾隆）登封縣志‥‥‥‥‥‥‥‥‥‥‥‥‥‥‥ 343

　城隍廟演劇樓‥‥‥‥‥‥‥‥‥‥‥‥‥‥‥ 343

（乾隆）嵩縣志‥‥‥‥‥‥‥‥‥‥‥‥‥‥‥‥ 343

　山鄉演劇酬神‥‥‥‥‥‥‥‥‥‥‥‥‥‥‥ 343

（道光）伊陽縣志‥‥‥‥‥‥‥‥‥‥‥‥‥‥‥ 344

　俗尚酧神演戲‥‥‥‥‥‥‥‥‥‥‥‥‥‥‥ 344

　元宵演神戲為賽社‥‥‥‥‥‥‥‥‥‥‥‥‥ 344

　喪葬召優伶演劇‥‥‥‥‥‥‥‥‥‥‥‥‥‥ 344

袁経中延頸戲場 ……………………………………… 344

（光緒）宜陽縣志 ……………………………………… 344
　元宵演劇 …………………………………………… 344
　四月十五日祭城隍演劇 …………………………… 344
　中秋笙管嗷嘈通宵歡樂 …………………………… 344
　村中夜戲因風而輟演 ……………………………… 344
　三月連昌盛會開 …………………………………… 345
　重修城隍廟舞樓碑記 ……………………………… 345

（嘉慶）濬縣志 ………………………………………… 346
　立春前一日陳傀儡百戲 …………………………… 346
　文昌閣戲樓 ………………………………………… 346
　賓興禮演劇 ………………………………………… 346
　內伶爲戲 …………………………………………… 346
　唐故榮陽鄭府君夫人博陵崔氏合祔墓誌銘 ……… 346
　讀崔鶯鶯墓誌後 …………………………………… 347
　題崔鄭墓誌後 ……………………………………… 348
　崔鄭墓誌辨 ………………………………………… 348
　崔鄭墓誌辨訛 ……………………………………… 349

（道光）武陟縣志 ……………………………………… 349
　元宵有飛杆舞絙之戲 ……………………………… 349
　喪事飲酒觀劇 ……………………………………… 349
　普寧觀演劇樓 ……………………………………… 349
　李燿嗜學不喜觀劇 ………………………………… 350

（光緒）靈寶縣志 ……………………………………… 350
　十月演劇報賽 ……………………………………… 350

（咸豐）淅川廳志 ……………………………………… 350
　關帝廟演劇樓 ……………………………………… 350
　城隍廟演劇樓 ……………………………………… 350
　賓興 ………………………………………………… 351

（康熙）商邱縣志 ……………………………………… 351
　蔡挺寓意詞曲 ……………………………………… 351
　御史余城禁演劇 …………………………………… 351
　悍僧樂妓恃藩府殺人 ……………………………… 352
　宋森雅好園林聲伎 ………………………………… 352
　宋家伎樂 …………………………………………… 352

（康熙）上蔡縣志 ························ 353
　知縣楊廷望禁戲文 ················ 353
　上蔡書院規條 ···················· 353
　帝欲以伶人爲禮尚書 ·············· 353

下　冊

【湖北】 ······························· 355

（光緒）武昌縣志 ···················· 355
　冬時農工畢多演劇以賽豐年 ········ 355

（同治）房縣志 ······················ 355
　四月八日土人演戲賽神 ············ 355
　二月花朝三月上巳皆演戲賽會 ······ 355
　冬至日張筵演劇 ·················· 355
　正月既望西河會演戲 ·············· 355
　狐仙觀村廟演劇 ·················· 356

（同治）宜昌府志 ···················· 356
　城隍廟戲樓 ······················ 356
　漢景帝祠戲樓 ···················· 356
　軍人扮演春臺 ···················· 356
　各廟神誕演劇 ···················· 356
　元宵粧演雜劇 ···················· 357
　元宵扮演龍燈竹馬及雜演故事 ······ 357
　十五日元夕張燈並演龍燈 ·········· 357
　十五日元夕市人扮故事競燈 ········ 357
　元宵演龍燈暨花鼓雜劇 ············ 357
　梁山調 ·························· 357
　魚躍蘆林譜入劇場 ················ 357
　板腔不必尋規矩 ·················· 358
　桃花扇惹客愁多 ·················· 358
　觀躍鯉記 ························ 359
　躍鯉傳奇泣井泉 ·················· 359
　城隍廟戲樓 ······················ 360
　傳樂府而演桃花者已杳然 ·········· 360

（同治）遠安縣志 ···················· 360
　玄武廟戲樓 ······················ 360

　　赤帝宮修臺廊以演劇 ……………………………………… 361
　　城隍廟建演劇臺以侑神 …………………………………… 361
　　城隍廟戲樓 ………………………………………………… 361
　　武廟戲樓改鑿頻池 ………………………………………… 362
　（光緒）光化縣志 …………………………………………… 362
　　上元鄉人爲儺以逐疫 ……………………………………… 362
　　各堡禁止賭博演戲 ………………………………………… 362
　　梁光甲挽從母鄉村觀劇以盡孝 …………………………… 362
　　里中演劇惡少鬭毆害人性命 ……………………………… 362
　　張三丰約友揚州觀劇 ……………………………………… 363
　（光緒）雲夢縣志略 ………………………………………… 363
　　楊茂春禁演劇 ……………………………………………… 363
　（光緒）荊州府志 …………………………………………… 363
　　天符會扮賽演劇 …………………………………………… 363
　　上元粧演故事 ……………………………………………… 363
　　社日街市各坊建醮演戲 …………………………………… 364
　　馬融女樂 …………………………………………………… 364
　　彭氏慶生不演劇 …………………………………………… 364
　　段安節著述 ………………………………………………… 364
　　李子牟善吹笛 ……………………………………………… 364
　（乾隆）黃梅縣志 …………………………………………… 365
　　黃梅縣歲時演劇 …………………………………………… 365
　（光緒）咸寧縣志 …………………………………………… 365
　　祝壽演戲侑觴 ……………………………………………… 365
　　上元花燈沿家演唱 ………………………………………… 365
　　三月二十八日東嶽誕辰賽會祀神 ………………………… 365
　　五月十三日關帝廟演劇祀神 ……………………………… 365
　　城隍廟戲臺 ………………………………………………… 366
　　鄉人有疾輒於皁角廟中酬戲賽福 ………………………… 366
　（光緒）施南府志續編 ……………………………………… 366
　　文昌廟演劇臺 ……………………………………………… 366

【湖南】 ………………………………………………………… 367
（同治）瀏陽縣志 ……………………………………………… 367
　　無祠之所架棚爲優場 ……………………………………… 367

迎春飾童子爲芒神 …………………………… 367
花鼓燈 ………………………………………… 367
神農殿優場 …………………………………… 367
火神廟優臺 …………………………………… 368
天后祠優場 …………………………………… 368
易忠愍祠優場 ………………………………… 368
楊時禁俳優戲劇 ……………………………… 368
前年菊部醉京華 ……………………………… 368

（同治）嘉禾縣志 …………………………… 369
樂利墟戲臺 …………………………………… 369
鄉間藉春秋祈報季冬行儺演戲 ……………… 369

（同治）攸縣志 ……………………………… 369
伶人攜家隱居靈龜巖下 ……………………… 369
城隍廟戲臺 …………………………………… 369
秋成報賽里社演劇 …………………………… 369
喪禮不作人物戲具 …………………………… 369
春日裝飾小男女扮演古人 …………………… 370
長沙文廟樂譜序 ……………………………… 370

（同治）酃縣志 ……………………………… 371
城隍誕期演劇奉祀 …………………………… 371
演戲之弊有六 ………………………………… 371
嚴禁演戲告示 ………………………………… 371
瑤俗好跳神 …………………………………… 371
林愈蕃屬禁梨園 ……………………………… 372

（乾隆）湘潭縣志 …………………………… 372
神會 …………………………………………… 372
重修城隍廟演劇之所 ………………………… 372

（道光）寶慶府志 …………………………… 372
邵陽水府廟演劇臺 …………………………… 372
水府廟演劇臺 ………………………………… 373
李成大題開元觀聯語 ………………………… 373
袁芝鳳唱村歌小齣作小兒腔博母笑 ………… 373
鄧昌祖閉戶讀書不觀劇 ……………………… 373

（同治）武岡州志 …………………………… 374
立春先一日各市戶裝演故事 ………………… 374

　　歲時祭賽優伶陳曲 ……………………………… 374
　　大盜觀劇被擒 …………………………………… 374
　　程學典不窺石神廟演劇 ………………………… 375
（同治）平江縣志 …………………………………… 375
　　乾隆元年禁喪葬虛糜諭 ………………………… 375
　　蘄國公廟戲臺 …………………………………… 375
　　蘄國公廟演劇 …………………………………… 375
　　柳毅廟演劇示異 ………………………………… 376
（光緒）巴陵縣志 …………………………………… 376
　　自正月至五月遊儺未已 ………………………… 376
　　楊四廟遊儺演劇甚盛 …………………………… 376
　　平橋廟演劇亦盛 ………………………………… 376
　　鍾謙鈞身處膏脂不張燈演劇 …………………… 376
　　醫者禁花鼓 ……………………………………… 377
　　士紳與官府禁村班小戲 ………………………… 377
　　筵前莫唱梨園調 ………………………………… 377
（光緒）石門縣志 …………………………………… 378
　　金龍四大王廟戲臺 ……………………………… 378
　　謝天會 …………………………………………… 378
　　掉龍燈扮故事 …………………………………… 378
　　春分前後民間釀金祀土穀神 …………………… 378
　　龍蠶會 …………………………………………… 379
　　八月農家賽神會飲 ……………………………… 379
　　十月二十三日迎城隍會前後演劇數日 ………… 379
（同治）續修慈利縣志 ……………………………… 379
　　同治四年諭旨 …………………………………… 379
　　十五元宵鄉城魚龍雜戲 ………………………… 379
　　五月十一日扮雜戲迎關帝 ……………………… 380
　　設醮演劇驅蝗 …………………………………… 380
　　優劇巫謳求驅蝗 ………………………………… 380
　　官澤灣守風閒步秀峰寺觀劇 …………………… 380
（嘉慶）沅江縣志 …………………………………… 381
　　城隍廟戲臺 ……………………………………… 381
　　萬壽宮戲臺 ……………………………………… 381
　　建源宮戲臺 ……………………………………… 381

元宵扮傀儡 …………………………………………… 381

牛乞命 ………………………………………………… 381

（同治）益陽縣志 ………………………………… 381

上元演劇 ……………………………………………… 381

上巳賽會祈年 ………………………………………… 382

端午沿江演劇 ………………………………………… 382

迎會 …………………………………………………… 382

女工 …………………………………………………… 383

假敬神爲名演戲 ……………………………………… 383

因演劇鬪案獲重譴 …………………………………… 383

黃湯氏不觀演劇賽會 ………………………………… 383

賀光黻等約觀劇於桃花市 …………………………… 384

龍亭侯祠戲樓 ………………………………………… 384

（嘉慶）郴州總志 ………………………………… 384

關帝廟戲臺 …………………………………………… 384

報賽 …………………………………………………… 384

賓客尙無演劇之風 …………………………………… 384

范輅劾宸濠伶人秦榮僭侈 …………………………… 384

勸戲說 ………………………………………………… 385

義猴 …………………………………………………… 385

（同治）臨武縣志 ………………………………… 385

劉鳴玉觀劇 …………………………………………… 385

王孝子隨父觀劇溺斃 ………………………………… 386

寺僧搬演目蓮 ………………………………………… 386

（同治）安仁縣志 ………………………………… 387

農務畢攤錢演戲 ……………………………………… 387

城隍神誕辰演戲慶祝 ………………………………… 387

城隍誕期演劇慶祝 …………………………………… 387

（道光）永州府志 ………………………………… 387

看歌堂 ………………………………………………… 387

汪輝祖禁送儺 ………………………………………… 388

居喪觀演戲文 ………………………………………… 388

諸外神誕辰皆建醮演劇 ……………………………… 388

各廟賽會打醮演戲 …………………………………… 388

邨人扮金剛力士形以驅疫 …………………………… 388

　　桃花扇傳奇後序注 …………………………………… 388
　　曼聲度曲宴中庭 ……………………………………… 388

（光緒）道州志 ………………………………………… 389
　　衆姓釀金酬愿演戲文 ………………………………… 389
　　六日溜 ………………………………………………… 389
　　乾隆三十六年五月十三日武廟演劇 ………………… 389

（乾隆）祁陽縣志 ……………………………………… 389
　　城市鄉村建醮演劇之別 ……………………………… 389

（嘉慶）新田縣志 ……………………………………… 389
　　崗瑤十數輩擊長腰鼓吹笙 …………………………… 389
　　五月十三倩梨園演劇 ………………………………… 389

（光緒）永明縣志 ……………………………………… 390
　　元宵雜劇 ……………………………………………… 390
　　元旦鄉人扮傀儡唱採茶歌 …………………………… 390
　　上元龍鐙 ……………………………………………… 390
　　報賽演劇 ……………………………………………… 390
　　里社聞徐孝女殉母罷演劇 …………………………… 390
　　瑤人歌謳 ……………………………………………… 391

（光緒）零陵縣志 ……………………………………… 391
　　演戲留款多至五六十席 ……………………………… 391
　　重九黃溪神誕日城鄉演劇 …………………………… 391
　　二女妖曼聲度曲 ……………………………………… 391

（同治）新化縣志 ……………………………………… 391
　　市戶裝演故事迎春 …………………………………… 391
　　元宵節童子攜鐙歌唱 ………………………………… 391
　　市井競唱張公斷 ……………………………………… 392
　　忠孝節義事里閭雜劇可引爲鑒 ……………………… 392
　　謝上位卻假演劇作博者賄金 ………………………… 392

（嘉慶）龍山縣志 ……………………………………… 392
　　迎春禁例 ……………………………………………… 392
　　鄉村貿易多演劇設賭局 ……………………………… 392
　　迎春扮臺閣故事 ……………………………………… 393
　　元宵前數日揀十歲以下童子扮演採茶秧歌 ………… 393
　　龍山梨園皆來自外境 ………………………………… 393
　　祈禳賽會 ……………………………………………… 393

龍山迎春歌 …………………………………… 394

山歌唱採茶 …………………………………… 394

裸舞 …………………………………………… 394

【廣東】……………………………………… 395

（光緒）廣州府志 …………………………… 395

喪葬演戲 ……………………………………… 395

優伶衣裝禁忌 ………………………………… 395

鼇山燈能演戲 ………………………………… 395

飾童男女爲故事者百隊 ……………………… 395

二月城市中多演戲爲樂 ……………………… 396

粵俗賽會尤盛 ………………………………… 396

張燈演戲雖罄家貲亦爲之 …………………… 396

伶人尙玉樓之死 ……………………………… 396

東莞石龍鄉新街演戲失火焚男女四百餘人 … 396

咸豐二年八月十六日新會禮義都演劇失火 … 397

琵琶楔子 ……………………………………… 397

蕭奕輔戒伶人演武宗遊幸事 ………………… 397

楊居士以法術邀諸伶至 ……………………… 397

王隼常自度曲 ………………………………… 397

梨園演蘇季子故事 …………………………… 398

波羅廟會 ……………………………………… 398

順德賽北帝神 ………………………………… 399

天后顯靈救樂部百餘人 ……………………… 399

四月十七日神誕禱賽 ………………………… 399

神不欲演戲欲修路 …………………………… 399

院本以鏖戰多者爲最 ………………………… 399

乾隆二十二年佛山顏料行會館演劇遭火斃數百人 … 400

（同治）番禺縣志 …………………………… 400

番禺歲時戲劇 ………………………………… 400

文昌神生日賽會尤盛 ………………………… 401

粵賽會尤盛 …………………………………… 401

試歌 …………………………………………… 402

放鴿會勝者演伎樂相慶 ……………………… 402

粵俗好歌 ……………………………………… 403

宣和龍舟 ……………………………………… 404

莫扮元人新雜劇 ················· 404

紅牙猶愛按新腔 ················· 405

侯王李公廟演戲賽會 ·············· 405

南海神誕期演戲七日 ·············· 405

劉玢好宴樂 ··················· 405

道光二十五年夏提學署前演劇失火死三千餘人 ··· 405

崔會妻陳氏不觀劇 ··············· 406

惠商大王誕期演劇以祝 ············ 406

鑼鼓三 ····················· 406

道光二十五年四月二十日學署轅門演劇失火斃
　　一千四百餘人 ·············· 406

學署戲場火前異象 ··············· 407

巨舸結蓬屋演梨園 ··············· 407

設牲演戲以侑榕樹神 ·············· 408

遊戲曰則劇 ··················· 408

（宣統）番禺縣續志 ·············· 408

攢交 ······················ 408

賽會演劇無益於民事 ·············· 408

河南戲院渡 ··················· 408

河南戲院承商報效學費 ············ 408

黎炳瑞善度曲 ················· 409

陳蓉裳從不涉足劇場 ·············· 409

蔣心餘有傳奇 ················· 409

俳優雜劇詎儕風雅 ··············· 410

神誕報賽百戲駢集 ··············· 410

朔望演劇祀榕樹神 ··············· 410

雙駕祠本事 ··················· 411

廣州戲園道光中江南人史某始創 ······· 411

外江班 ····················· 411

（光緒）曲江縣志 ··············· 412

鄉民扮獅舞賀春 ················ 412

元宵百姓扮故事街遊 ·············· 412

玄武帝誕日演劇 ················ 412

（嘉慶）澄海縣志 ··············· 412

街巷少年強索娶婦家演戲娛眾 ········· 412

正月燈二月戲 ················· 412

粵人尙歌···413
城隍廟戲臺···414
天后廟戲樓···414
林嚴禁女巫優伶···414
鄉人演劇以酧鄉賢鳩工築隄之德····················414
蓮洋漁唱···414
鳴洋雷鼓···415

（光緒）潮陽縣志··415
盂蘭盆會醵金演劇··415
寶慶知府鄭之僑嚴禁喪事酺飲演劇·················415

（咸豐）順德縣志··415
芙蓉亭院本···415
徐勣毀演戲臺···415
慈母不慈曲···416
譚洪猷卒日遽停演劇·····································416
迎鑾雅樂···416
梁珍受折葦爲舟渡河觀劇·······························416
文獻班··417
鳳仙魂習歌···417

（宣統）南海縣志··417
道光十六年紅花廟演劇失火····························417
光緒六年十月初九日北帝廟演戲失火焚斃數百人····417
光緒二十六年大風倒戲棚傷斃人口···················417
鬭蟋蟀場中日演梨園·····································417
正月廿六日白衣觀音廟前梨園演劇··················418
涌邊坊戲院···418
優人百戲徙之他邑··418
郭汝舟禁吸煙演戲··418
節婦鄺氏不觀魚龍百戲··································419
樓船將軍楊僕廟歲爲神會·······························419

（道光）新會縣志··419
親迎日多用鼓吹雜劇·····································419
元宵雜劇之戲絡繹不絕·································419
武廟石戲臺···419
翁萬可隨演劇人入北洋··································420

迎親送殯禁用鼓吹雜劇 ……………………………… 420

（同治）新會縣續志 …………………………………… 420
　咸豐二年八月十六日禮義都帝臨堂廟演劇失火 … 420
　里人醵金演劇以答神庥 ……………………………… 420
　梨園子涎李氏姿容 …………………………………… 420

（光緒）吳川縣志 ……………………………………… 421
　中秋演劇張燈 ………………………………………… 421
　天后宮戲臺 …………………………………………… 421

（道光）肇慶府志 ……………………………………… 421
　封官授職是優人演劇所爲 …………………………… 421

（光緒）四會縣志 ……………………………………… 421
　賽會演戲 ……………………………………………… 421
　署舊在關帝廟戲臺後 ………………………………… 422
　關帝廟戲臺 …………………………………………… 422
　城隍廟戲臺 …………………………………………… 422
　天后廟戲臺 …………………………………………… 422
　孝女陳氏絕跡賽會演劇 ……………………………… 422
　舊訓導署在西門內武廟戲臺後 ……………………… 423
　舊文明門當在后廟戲臺側 …………………………… 423
　李能剛家園戲臺 ……………………………………… 423

（宣統）高要縣志 ……………………………………… 423
　上元觀燈或作鞦韆百戲 ……………………………… 423
　龔驂文欲彈劾某侍郎家演劇 ………………………… 423
　金洲義冢 ……………………………………………… 424
　肇雅戲院報効作公立中學堂經費 …………………… 424
　咸豐四年九月優人李文茂突境 ……………………… 424
　迎春冠服規仿優伶 …………………………………… 424
　光緒十八年冬十月金利劇塲大火斃人二千有奇 …… 424
　光緒二十年冬十月白土劇塲大火斃人十餘口 ……… 425
　伶人奸僧聚會處 ……………………………………… 425
　人間何事非戲劇 ……………………………………… 425

（康熙）龍門縣志 ……………………………………… 426
　祈禱演戲靡費民貲 …………………………………… 426
　龍神廟唱戲賽神 ……………………………………… 426
　春秋祈報優人作戲 …………………………………… 426

民間演戲獻神必三日 …………………… 426

上元節演戲爲樂 ………………………… 426

龍潭廟演劇臺 …………………………… 426

（道光）陽江縣志 ……………………… 427

陽江歲時演劇 …………………………… 427

關帝廟戲臺 ……………………………… 428

城隍廟戲臺 ……………………………… 428

（同治）連州志 ………………………… 428

巾山寺戲臺 ……………………………… 428

天慶觀前雨花亭歲時演戲 ……………… 428

立春先一日官府迎春盛列百戲 ………… 428

州人率錢雇百戲迎劉瞻 ………………… 429

（光緒）清遠縣志 ……………………… 429

城隍廟演劇臺 …………………………… 429

康熙四十七年禁民賽會 ………………… 429

（光緒）香山縣志 ……………………… 429

魚龍百戲祀南海神 ……………………… 429

唱鶴歌 …………………………………… 429

邱才穎生辰百姓演劇稱祝 ……………… 429

何展鵬二子連捷武進士鄉族釀金演劇 … 430

程氏不觀賽會演劇 ……………………… 430

三合會演戲曰出世 ……………………… 430

菊會夜張燈綵作梨園樂 ………………… 430

（乾隆）潮州府志 ……………………… 431

康熙三十四年冬十月虎乘演劇賽神噬人 … 431

喪葬無不用僧尼鼓樂 …………………… 431

潮州府歲時演劇 ………………………… 431

正月燈二月戲 …………………………… 432

黃廷新言無不驗 ………………………… 433

雜劇演韓湘子冒雪度叔事 ……………… 433

趙執信觀劇非時被劾落職 ……………… 433

（光緒）海陽縣志 ……………………… 434

婦女賽會觀劇 …………………………… 434

正月燈二月戲 …………………………… 434

採茶歌 …………………………………… 434

　　海陽賽會尤盛 ……………………………… 434
　　潮州賽神詞 ………………………………… 435
　　潮州神絃 …………………………………… 435

【廣西】 ……………………………………… 437
（嘉慶）臨桂縣志 ………………………… 437
　　立春前一日各行扮雜劇迎春 …………… 437
　　元夜初十至既望辦戲劇 ………………… 437
　　郎當舞 …………………………………… 437
　　花腔腰鼓 ………………………………… 437
　　世俗每遇稱壽大率演劇 ………………… 437
（光緒）恭城縣志 ………………………… 438
　　新生子面有紅花如演劇者之臉譜 ……… 438

【四川】 ……………………………………… 439
（乾隆）大邑縣志 ………………………… 439
　　迎春禮 …………………………………… 439
　　媒神聖母誕日演劇 ……………………… 439
　　孟春演劇 ………………………………… 439
　　仲春演劇 ………………………………… 440
　　季春演劇 ………………………………… 440
　　孟夏演劇 ………………………………… 440
　　仲夏演劇 ………………………………… 440
　　季夏演劇 ………………………………… 440
　　孟秋盂蘭盆會 …………………………… 441
　　仲秋演劇 ………………………………… 441
　　季秋演劇 ………………………………… 441
（乾隆）郫縣志書 ………………………… 441
　　城鄉居民各扮演故事迎春 ……………… 441
　　賽神演劇富者破慳囊貧者盡錙銖 ……… 441
（嘉慶）漢州志 …………………………… 442
　　二郎神祠祭賽 …………………………… 442
　　漢州報賽演劇所用腔調 ………………… 442
　　十二月賽會 ……………………………… 442
　　上元天官會演劇 ………………………… 442
　　上元前後為魚龍獅象之戲 ……………… 442

平安清醮會 ……………………………………… 442

三月十八日演劇賽神者眾 ……………………… 442

演劇祀青苗 ……………………………………… 443

五月二十八日城隍廟會演劇 …………………… 443

中秋街巷土地會各演劇 ………………………… 443

十月朔四鄉演劇報賽牛神 ……………………… 443

雅樂之則 ………………………………………… 443

莫看百戲 ………………………………………… 444

班春 ……………………………………………… 444

（嘉慶）羅江縣志 …………………………… 445

李驥元讀書不觀劇 ……………………………… 445

文昌宮帝君誕辰優伶歌舞以爲樂 ……………… 445

梓潼宮帝君聖誕演戲慶祝 ……………………… 446

牛王廟樂樓 ……………………………………… 446

梨園遣興 ………………………………………… 446

（乾隆）彰明志略 …………………………… 447

愚俗無知親喪招飲演劇 ………………………… 447

（嘉慶）洪雅縣志 …………………………… 447

洪雅歲時演劇 …………………………………… 447

（乾隆）安岳縣志 …………………………… 448

喪事演劇 ………………………………………… 448

龍神廟歌樓 ……………………………………… 448

城隍廟戲樓 ……………………………………… 448

火神廟歌樓 ……………………………………… 448

川主廟戲樓 ……………………………………… 448

濂溪祠歌樓 ……………………………………… 448

（同治）會理州志 …………………………… 449

文昌宮戲樓 ……………………………………… 449

陳發和善度曲 …………………………………… 449

元宵粧演故事 …………………………………… 449

立春日粧扮故事 ………………………………… 449

廟有觀優之樓 …………………………………… 449

笙簫疊勸飲流霞 ………………………………… 450

【貴州】 ……………………………………… 451

（咸豐）興義府志 ……………………………………… 451
　　試院戲臺 …………………………………………… 451
　　寺中作佛劇 ………………………………………… 451
　　興郡風俗 …………………………………………… 451
　　興義府竹枝詞（之五）…………………………… 452
　　興義府竹枝詞（之六）…………………………… 452
　　跳腳 ………………………………………………… 452
　　跳端公 ……………………………………………… 452
　　那般傀儡不登場 …………………………………… 453

【雲南】 ………………………………………………… 455
（道光）昆明縣志 ……………………………………… 455
　　二月三日觀劇 ……………………………………… 455
　　四月小澤口觀吳西園演劇 ………………………… 455
（乾隆）續修河西縣志 ………………………………… 455
　　馬之信禁演劇 ……………………………………… 455
　　選點優人攜伎來 …………………………………… 455
（宣統）楚雄縣志 ……………………………………… 456
　　樂 …………………………………………………… 456
　　節令與演劇 ………………………………………… 456
　　龍華會 ……………………………………………… 456
　　西靈宮戲臺 ………………………………………… 456
（乾隆）蒙自縣志 ……………………………………… 456
　　尹均少不觀劇 ……………………………………… 456
（咸豐）鄧川州志 ……………………………………… 457
　　迎神演劇謂之春臺 ………………………………… 457
（光緒）浪穹縣志略 …………………………………… 457
　　春臺 ………………………………………………… 457
　　七月二十三日念佛演戲祀河頭龍王 ……………… 457
　　施孝子負其父觀劇 ………………………………… 457
　　張正泰驕兵觀劇 …………………………………… 457
　　七月佛會泛舟演劇 ………………………………… 458

【陝西】 ………………………………………………… 459
（雍正）陝西通志 ……………………………………… 459

婦女觀賽社演劇 ……………………………… 459
立春前一日樂人扮雜劇 ………………………… 459
立春前一日里市各扮故事 ……………………… 459
除夕優人扮鍾馗 ………………………………… 459
臨塋設臺作戲宜嚴禁 …………………………… 459
木人百戲 ………………………………………… 460
皇帝梨園弟子 …………………………………… 460
賜李晟女樂八人 ………………………………… 460
賜渾瑊女樂五人 ………………………………… 460
梨園 ……………………………………………… 460
梨園弟子按梁州 ………………………………… 461

（乾隆）西安府志 …………………………… 461
趙貞女墓 ………………………………………… 461
江南遇天寶樂叟 ………………………………… 461
立春前一日樂人扮雜劇 ………………………… 462
除夕優人扮鍾馗遍詣人家 ……………………… 462
落葉哀蟬曲 ……………………………………… 462
杜甫春遊雜劇所指 ……………………………… 462

（乾隆）臨潼縣志 …………………………… 462
立春前一日樂人扮雜劇 ………………………… 462
謝阿蠻善舞 ……………………………………… 462
遺事猶傳菊部頭 ………………………………… 463

（乾隆）盩厔縣志 …………………………… 463
元宵演戲賽神 …………………………………… 463
邑民四季皆賽神演劇 …………………………… 463

（光緒）藍田縣志 …………………………… 463
城隍廟戲臺 ……………………………………… 463
城隍廟演劇臺 …………………………………… 464

（光緒）高陵縣續志 ………………………… 464
葬日演劇害義悖禮 ……………………………… 464

（光緒）麟遊縣新志草 ……………………… 464
城隍廟歌臺 ……………………………………… 464
吳汝爲祠演劇報賽 ……………………………… 464

（乾隆）咸陽縣志 …………………………… 464
賓興演劇 ………………………………………… 464

（乾隆）興平縣志 465

　　生員葛三畏生平不觀戲劇 465

　　邊長庚之妻曾氏不觀演劇 465

　　吳師賢之妻王氏不觀戲劇 465

（光緒）武功縣續志 466

　　縣署演劇臺 466

（光緒）同州府續志 466

　　村村賽戲已登臺 466

　　戲當禁嚴而盡裁 466

　　楊彥魁不觀優 468

　　董文煜禁花鼓戲 468

　　戲文有張公九世同居 469

　　停演劇興義學 469

（乾隆）白水縣志 469

　　居喪鼓樂 469

　　拆后土廟戲樓 470

　　香火迎神演劇 470

（道光）大荔縣志 470

　　陳功元負母於十數里外觀演劇 470

（咸豐）咸豐初朝邑縣志 470

　　鄉間神祠多本小說優場妄造 470

　　喪禮用樂 470

　　曹氏平生不觀優 471

　　韓氏平生不觀優 471

　　送母觀優鄰村 471

　　秩祀 471

（光緒）富平縣志稿 472

　　設醮演戲之妄 472

　　劉泰來妻丁氏不觀演劇 472

（光緒）沔縣志 473

　　演劇賽神廂木出水 473

（乾隆）雒南縣志 473

　　賓興演劇 473

　　鄉人士女儺歌賽舞 473

【甘肅】 …………………………………………… 475

（乾隆）甘州府志 ………………………………… 475
　天山雪傳奇所載史實 ………………………… 475
　四月八日商賈扮社火作戲 …………………… 475
　轉輪寺戲樓 …………………………………… 475
　天山雪傳奇載萬峒事 ………………………… 475
　歐陽某氏天山雪傳奇作逸氏 ………………… 476
　蔣琬宴會取張三丰葫蘆演劇 ………………… 476
　跋天山雪傳奇八首 …………………………… 476

（乾隆）合水縣志 ………………………………… 477
　喪葬鼓樂設筵以待賓 ………………………… 477
　祈報演劇 ……………………………………… 477

【寧夏】 …………………………………………… 479

（乾隆）寧夏府志 ………………………………… 479
　五月十三日競演劇祀關聖 …………………… 479
　義伶周福官 …………………………………… 479
　義伶林秉義 …………………………………… 479
　演戲爲無益之花費 …………………………… 479
　百工斂錢演劇 ………………………………… 480

（乾隆）中衛縣志 ………………………………… 480
　喪事演劇 ……………………………………… 480
　獻戲賽神屢朝連夜 …………………………… 480

【臺灣】 …………………………………………… 483

（康熙）臺海使槎錄 ……………………………… 483
　臺海歲時演劇之俗 …………………………… 483
　媽祖宮前鑼鼓鬧 ……………………………… 484
　遇描堵 ………………………………………… 485
　諸羅山社豐年歌 ……………………………… 485
　醉後歌唱跳舞以爲樂 ………………………… 485
　數十人挽手而唱 ……………………………… 485
　半線社聚飲歌 ………………………………… 486
　大肚社祀祖歌 ………………………………… 486
　力力飲酒捕鹿歌 ……………………………… 486

梨園敝服已蒙茸 486

不知歌曲但喃喃 486

（乾隆）重修臺灣府志 486

臺俗尚王醮演戲 486

中秋演戲 487

土官多用優人蟒衣 487

番戲五首 487

劇演南腔聲調澀 488

茄藤社觀番戲 488

（乾隆）重修臺灣縣志 488

王誕之辰演戲展祭 488

每歲二月二日八月十五日沿戶鳩資演劇 489

臺灣歲時風土與演劇 489

寺廟神誕演劇慶祝 490

（嘉慶）續修臺灣縣志 491

城隍廟戲臺 491

關帝廟戲臺 491

王醮演戲 491

穿戴戲場衣帽祭天謁聖 491

咪囉唱出下南腔 492

禁演夜戲 492

花鼓俳優鬧上元 492

纏頭三五錯呼么 492

野橋歌吹音寥寂 493

番女妖嬈善雅音 493

演劇迎神遠近譁 493

（乾隆）重修鳳山縣志 493

王醮畢設享席演戲 493

（道光）彰化縣志 494

嶽帝廟演劇 494

威惠王廟演劇 494

馬舍公廟演劇 494

玉皇誕辰演劇歡慶 494

鬧元宵 495

唱戲曰壓醮 495

中秋村莊皆演戲以祀福神 ……………………………………… 495

遇賽戲袞龍刺繡悉以被體 ……………………………………… 495

遇賽戲社中老幼男婦盡其服飾所有披裹以出 ………… 495

過年賽戲酣歌 …………………………………………………… 495

觀岸里社番踏歌 ………………………………………………… 496

迎神賽社且高歌 ………………………………………………… 496

（光緒）苗栗縣志 ……………………………………………… 496

苗栗歲時演劇 …………………………………………………… 496

苗地遇四時神誕搬演雜劇 …………………………………… 497

天后宮三月祭祀演戲之費 …………………………………… 497

（咸豐）續修噶瑪蘭廳志 …………………………………… 497

文昌帝君誕辰排設戲筵 ……………………………………… 497

臺灣天后宮演劇 ………………………………………………… 498

上元節每神廟演戲一檯 ……………………………………… 498

演劇爲當境土地慶壽兼以祈年 …………………………… 498

七月超度演戲一檯名曰壓醮 ……………………………… 498

秋報張燈唱戲祭當境土地 …………………………………… 498

賽戲飲酒 ………………………………………………………… 498

（同治）淡水廳志 ……………………………………………… 499

淡水歲時風土與演劇 ………………………………………… 499

四時神誕搬演雜劇 …………………………………………… 500

（光緒）澎湖廳志稿 …………………………………………… 500

荔鏡傳當禁 ……………………………………………………… 500

元宵裝扮故事 …………………………………………………… 500

做道場演戲 ……………………………………………………… 500

大王廟建醮演戲 ………………………………………………… 501

澎湖俗尚演劇 …………………………………………………… 501

戲曲可爲化民成俗之一助 …………………………………… 501

方景雲禁淫戲 …………………………………………………… 502

鉦鼓喧嘩鬧九衢 ……………………………………………… 502

主要參考文獻 …………………………………………………… 503

後　記 …………………………………………………………… 515

湖 北

（光緒）武昌縣志

【冬時農工畢多演劇以賽豐年】 重陽登高，飲茱萸酒。是日造酒極清冽，久藏不壞。冬時農工畢，多演劇以賽豐年。（清·鍾桐山：《（光緒）武昌縣志》卷三，清光緒十一年刊本）

（同治）房縣志

【四月八日土人演戲賽神】 佛洞，城西七十五里，一在西百一十里。每四月八日，土人演戲賽神。（清·楊廷烈：《（同治）房縣志》卷二，清同治四年刊本）

【二月花朝三月上巳皆演戲賽會】 二月花朝東泰山廟、三月上巳西房山廟顯聖殿，皆演戲賽會。鄉村士女，各項買賣及諸技巧，絡繹奔趨，蟻聚雲屯，堆山塞谷。長吏慮其生事，親往彈壓。（清·楊廷烈：《（同治）房縣志》卷十一，清同治四年刊本）

【冬至日張筵演劇】 冬至日，大戶開祠堂，張筵演劇，大會宗族以祭。（清·楊廷烈：《（同治）房縣志》卷十一，清同治四年刊本）

【正月既望西河會演戲】 嘉慶時正月既望，西河會演戲，忽人聲鼎沸，紛紛亂竄，自西關來。眾駭然，及近，一耕牛也，犇馳如飛，有壯漢尾追之入城。眾擁簇往視，牛抵衙跪堂下，吼聲震地，泣涕如雨。縣令洪訊，尾追者乃殺牛人也。刑以枷杖，牛養於惠感寺。（清·楊廷烈：《（同治）房縣志》卷十

二，清同治四年刊本）

【狐仙觀村廟演劇】唐姓家西北鄉唐溪溝，有狐擾其家，焚牛欄、麥堆、竹園等。唐懼，禳之。置淨室，奉如神。鄉人爭以禮見。五月村廟演劇，一生挈友往觀。狐附女孩體，先在焉。設藕桃果物盈案，云見狐禮也。演劇畢，眾請見，不允。一生醉罵之。唐姓懼移禍，爲述其誠，狐唯唯。旋家請見，狐問：「餽何物？」生叱曰：「果仙也，一誠有感，萬念潛通，若索酒果、貪饗祀，妖言惑眾，何仙之有？」狐寂然而去。（清・楊廷烈：《（同治）房縣志》卷十二，清同治四年刊本）

（同治）宜昌府志

【城隍廟戲樓】府城隍廟在府正街，乾隆年間建。修頭門三楹，門內戲樓一座，左、右廂房二間，前殿一重，廊房三楹，後殿一重，東、西廊房四間，左、右僧寮四間，後廊、廚舍一間，架房一間。道光十一年，知縣蕭瑾重修前殿。同治三年，知府聶光鑾重修後殿。（清・聶光鑾：《（同治）宜昌府志》卷四，清同治刊本）

【漢景帝祠戲樓】漢景帝祠二，蜀先主奉木主東征過此，因立祠焉。一在南關外，乾隆四年重修。咸豐四年賊燬戲樓、山門，同治二年重修。一在西壩。（清・聶光鑾：《（同治）宜昌府志》卷四，清同治刊本）

【軍人扮演春臺】先立春日，造芒神、土牛於東郊，擇軍人冠戴騎馬爲春官，扮演春臺，剪綴春花。閤城士民，各以五穀撒土牛、芒神，並設香燭、酒醴、爆竹，名曰「接春」。吏設案於芒神、春牛前，香燭果酒，各官朝服、儀仗、鼓樂至東郊。屆時行禮，守土官在前，餘官以序列行，就拜位，行一跪三叩首禮。守土官酹酒三次，復行三叩禮，乃迎神與土牛回府署。儀門外安設芒神，東、西向，土牛南向，各官集大堂宴飲。命一役背黃袱、鳴鑼、說諸吉利，謂之報春。次日立春時，設酒果祭芒神。三獻訖，行四拜禮，各官執綵鞭隨守土官環擊土牛者三匝，名曰「打春」。（清・聶光鑾：《（同治）宜昌府志》卷七，清同治刊本）

【各廟神誕演劇】俗尚淫祀，每值各廟神誕，咸醵金作會，或演劇，或誦經，爲費不貲。（清・聶光鑾：《（同治）宜昌府志》卷十一，清同治刊本）

【元宵粧演雜劇】（東湖）十五日，粉糯米爲丸，名曰元宵。晚間張燈嬉。自初十日起至是日，有少年輩飾婦女粧作採茶狀，歌唱作態，金鼓喧嘩。又粧演雜劇，謂之故事。笙簫鼓樂，徧遊街市。鰲山層立，裁繪翦紙，像人物、花卉，燦爛異常。又有龍鳳、走馬諸燈，跳獅者沿門作劇。爆竹之聲，喧闐震耳。女子迎紫姑神，問豐歉。各鄉燃炬照田間，聲徹遠近，謂之「趕毛狗」。以柏枝、白臘樹葉焚燒作聲，謂之「炸虼蚤」。燃燭插園內，謂之「照地蠶」。（清・轟光鑒：《（同治）宜昌府志》卷十一，清同治刊本）

【元宵扮演龍燈竹馬及雜演故事】（長陽）十五日元夕，張燈、食元宵，皆同東邑。惟自初八日城鄉即各懸燈，或扮演龍燈、竹馬及雜演故事，先於各廟朝獻，謂之出馬。又有絲管吹彈，唱《荷花》、《採茶》等曲，至十二三日爲正燈，十五日爲罷燈。喧闐徹夜，名曰「鬧元宵」。（清・轟光鑒：《（同治）宜昌府志》卷十一，清同治刊本）

【十五日元夕張燈並演龍燈】（興山）元旦禮神賀節，與歸、長同。十五日元夕，張燈並演龍燈，亦同。（清・轟光鑒：《（同治）宜昌府志》卷十一，清同治刊本）

【十五日元夕市人扮故事競燈】（巴東）元旦祀神，拜尊長親友，相拜如常。惟前三日接祖先，設主，備果品、香燭，獻茶、酒。三日取楮錢，封之，陳於案傍，謂之供包袱。至正月三日焚之。十五日元夕，市人扮故事競燈。（清・轟光鑒：《（同治）宜昌府志》卷十一，清同治刊本）

【元宵演龍燈暨花鼓雜劇】（鶴峰）十五日食元宵，張各色燈，是夕最盛。亦有演龍燈暨花鼓雜劇。（清・轟光鑒：《（同治）宜昌府志》卷十一，清同治刊本）

【梁山調】（長樂）元日祀神，出天方，入拜尊長，皆與鶴峰同。初三日燒門神紙，亦同。初九日爲上九，戚友拜年者，以未出上九爲恭。十五日元夕，張燈、演花鼓，多唱楊花柳詞。其音節出四川梁山縣，謂之梁山調。其食元宵與炸虼蚤、趕毛狗之說，皆與東湖同。（清・轟光鑒：《（同治）宜昌府志》卷十一，清同治刊本）

【魚躍蘆林譜入劇場】清・吳省欽《甘泉寺姜士遜象》：打槳挹西陵，

導行謝鐃騎。蒼棱斗入江，蘿篠積鮮翠。沿緣沙岸間，雲壑轉幽邃。茅店四五家，石道八九隧。桓碑三兩重，忠孝廉節字。斷非武侯書，未載放翁記。井泉秋稍枯，且敏古時寺。秋苔綠映簾，時菊黃覆砌。翁嫗踞當中，兒婦肅夾侍。傳聞漢姜詩，妻龐勵同志。有魚躍蘆林，譜入劇場戲。我昔綿雒行，悲風切酸鼻。每疑酈注訛，姜江姓傳異。繼讀東觀書，亦以江爲系。蜀才豈楚才，失實駴可議。要惟淫祀鄉，賴此激風義。明知鄉語誣，孰敢撤其位。後堂象伽藍，祠僧藉牟利。請看江雒源，濫觴理無二。當別語邦君，箕鋤化譏誶。（清・聶光鑾：《（同治）宜昌府志》卷十四，清同治刊本）

　　編者案：趙興勤、趙韡編《清代散見戲曲史料彙編（詩詞卷・初編）》中冊（臺灣花木蘭文化出版社 2014 年版，第 294～295 頁）、《清代散見戲曲史料彙編（詩詞卷・二編）》下冊（臺灣花木蘭文化出版社 2015 年版，第 296～297 頁），均收吳省欽詩作，然未收本詩。

　　【板腔不必尋規矩】清・田霈霖《封侯篇》：紛紛晉宋聯齊魯，薄視天王猶餓虎。遂關從來篡竊端，豈因暴戾長跋扈？後來不敢存空名，口道正經太板古。繫璽於臂穿綠林，尚誇此舉眞神武。忘君結讎等弒親，空桑不獨生蕭瑀。破碎山河赦不論，販得爵位誠奇賈。一劇二劇三四劇，板腔不必尋規矩。尤將傀儡奉衣冠，誰家子弟送觸舞？灼燿愚庸盡改觀，奔趨獸穴圖尺組。嗚呼鬼神何弄人，變盡將來與往古。山中儒生苦難時，放眼欲歌揮淚雨。（清・聶光鑾：《（同治）宜昌府志》卷十四，清同治刊本）

　　編者案：清・廖元度《楚詩紀》（清乾隆十八年際恒堂刻本）卷三「國朝」謂：「田霈霖，字雙雲，容美司人，太初長子，官本司宣慰使。」

　　另，趙興勤、趙韡編《清代散見戲曲史料彙編（詩詞卷・初編）》（臺灣花木蘭文化出版社，2014 年 3 月）、《清代散見戲曲史料彙編（詩詞卷・二編）》（臺灣花木蘭文化出版社，2015 年 3 月），均未收田霈霖詩作。

　　【桃花扇惹客愁多】清・李定南《容陽雜詠和韻》（十首之八）：子夜聞聲喚奈何，《桃花扇》惹客愁多。只今菊部長消歇，留得端公下里歌。（清・聶光鑾：《（同治）宜昌府志》卷十四，清同治刊本）

　　編者案：同書卷十三載有李定南小傳，謂：「李定南，字占離，號壽珊，水寨人。李靜安之仲孫也。天姿英敏，清純立志，光明俊偉，敦孝友，周貧乏，宗族鄉黨無間言。自幼嗜學，年十五入泮，由拔貢中北闈鄉試，援例銓選陝西知縣，

歷署靖邊、清澗、商南縣事。貞正不阿，清廉自矢，其實心實政，深得民心。咸豐丙辰春，丁母艱，解任，歸葬。適石卿張制府奉命督滇，奏調襄辦軍務，歷著勤勞，累登荐牘。己未八月，欽奉簡命，授漢中太守。辛酉秋赴任，方冀設施以展報效，受事未久，川匪迭至，連陷漢中屬縣，警報絡繹，時方九夏酷暑，躬率將士登陣，召募健壯，整肅軍戎，分布守禦，馳驅於火雲烈日中者已踰兩月，加以餉道梗塞，勸捐無應，庚癸之呼，日盈於耳，晝夜焦勞，如在焚溺，以故積勞成疾，醫藥罔效，彌留之際，諄諄告語，惟以逆賊未殄爲憾。卒年六十四歲。督撫憫其忠勤，具爲陳奏，奉旨晉贈太僕寺正卿，廕襲知縣。」可參看。

　　另，趙興勤、趙韡編《清代散見戲曲史料彙編（詩詞卷·初編）》（臺灣花木蘭文化出版社，2014 年 3 月）、《清代散見戲曲史料彙編（詩詞卷·二編）》（臺灣花木蘭文化出版社，2015 年 3 月），均未收李定南詩作。

　　【觀躍鯉記】清·陳嵩極《陸司馬重新甘泉祠招飲，觀〈躍鯉記〉》：廟貌已殊昔，寒泉尙洌然。衣冠留古制，城郭帶秦煙。幾度梨園曲，尋常兒女傳。使君新往蹟，簷雀亦蹁躚。（清·聶光鑾：《（同治）宜昌府志》卷十四，清同治刊本）

　　編者案：同書卷十三載有陳嵩極小傳，謂：「陳嵩極，字芥舟，正言季子。少英敏，卓犖不群。世居深山，擅林壑之勝。日以圖史自娛，名流過訪，樂與訂僑札之交。所著有《栗園間草》。年八十四，以明經終。」可參看。

　　另，趙興勤、趙韡編《清代散見戲曲史料彙編（詩詞卷·初編）》（臺灣花木蘭文化出版社，2014 年 3 月）、《清代散見戲曲史料彙編（詩詞卷·二編）》（臺灣花木蘭文化出版社，2015 年 3 月），均未收陳嵩極詩作。

　　【躍鯉傳奇泣井泉】清·向國庠《陳母舒烈婦詩》：陳家舒氏久稱賢，臨難尤徵節操堅。鴟賊無端狂且暴，歐刀弗避死如眠。義同剖腹身何辱？仁似刲心志不遷。烈日嚴霜爭皎潔，青絲黃絹比清妍。貞魂歸去庚申歲，紫詔頒來乙酉年。爾子早成天下士，乃夫信是地行仙。和丸入夢驚春露，《躍鯉》傳奇泣井泉。（清·聶光鑾：《（同治）宜昌府志》卷十四，清同治刊本）

　　編者案：清·丁宿章輯《湖北詩徵傳略》（清光緒七年孝感丁氏涇北草堂刻本）卷三十九謂：「向國庠，號謹齋，拔貢。」可參看。

　　另，趙興勤、趙韡編《清代散見戲曲史料彙編（詩詞卷·初編）》（臺灣花木蘭文化出版社，2014 年 3 月）、《清代散見戲曲史料彙編（詩詞卷·二編）》（臺灣

花木蘭文化出版社，2015 年 3 月），均未收向國庠詩作。

【城隍廟戲樓】清・楊振鵬《重修宜昌府城隍廟記（節錄）》：……於是官民慨捐，鳩工庀材，新建正殿□楹、兩廊房各□間，陞地基數尺，免沮洳也。移七屬神像於殿內，示協衷也；桎梏轉輪之形，不設別縣廟，以示尊也；前建戲樓，取神聽和平之義也。（清・聶光鑾：《（同治）宜昌府志》卷十四，清同治刊本）

【傳樂府而演桃花者已杳然】清・吉鍾穎《鶴峰州志序》：史以示百代之勸懲，志以誌一邑之掌故，名異而實亦異也。然其為例則同，此陳壽《三國志》與馬、班并稱也。自是以後，惟《華陽國志》三卷、《黃圖》二書最為古雅。宋、元後方書雜出，乃亂乃萃矣。前明康氏《武功志》、韓氏《朝邑志》，文簡而事該，他若王渼陂誌《鄠》、呂涇野誌《高陵》、喬三石誌《耀》、胡可泉誌《秦》、趙浚谷誌《平涼》、劉九經誌《郿》、張光孝誌《華》，率皆秦人誌秦地，王阮亭所謂郡縣之志無踰乎秦者，以其猶有《黃圖》、《決錄》之遺也。予蒞任鶴峰凡五載，地僻而民樸，政簡而刑清。暇即與部君生榕、洪君先燾仰登山而俯臨水，出採風而入問俗，以考其改土歸流之美，而紀其生材殖物之繁，蓋已八十餘年於茲矣。因取前牧毛公《舊志》而重加編輯，其卷帙較增於前，非欲以誇多而鬬靡，覺此八十餘年中，學校興而教化廣，沐日浴月，百寶生焉。欲問當年之寶樓琴閣，傳樂府而演桃花者已杳然了無一存。蓋天下之太平久矣。顧自古著述之難，或失之於濫觴，或失之於欲速，而欲其完善無疵，則必遲之數年，或遲之數十年，而且經諸儒之考訂，滙百家之異同，而始折衷以歸於至當。今則上不窺金匱石室之藏，下鮮老師、宿儒之指授，而紛於簿書，限於時日，豈敢自信為完書哉？亦聊以顯微闡幽，不使後來者有文獻無徵之歎也！（清・聶光鑾：《（同治）宜昌府志》卷十四，清同治刊本）

（同治）遠安縣志

【玄武廟戲樓】武廟，舊在新城鳴鳳山上，後改建今治西門內。歲久傾圮，邑令鄭燡林籌穀重修，去戲樓、鑿泮池，規模彷照文廟，每歲三祭。春秋期，由部頒聖誕，於五月十三日致祭，禮與文廟同。咸豐三年奉諭旨，樂用六成，舞用八佾。（清・鄭燡林：《（同治）遠安縣志》「祀典」，清同治五年刊本）

【赤帝宮修臺廊以演劇】清・周德裕《重建赤帝宮碑記》：古之火正，或食於心，或食於咮，其宿皆昏，見於東南。祝融之祀，夔子主之，則神之廟食於楚，由來尚矣。遠邑在楚，本蕞爾微區，故老相傳，明末造邑於鳳山之麓，常多火災，因奉玄武於巔以鎮定之。洎乎承平，移城茲土，始依西垣爲赤帝宮，而屋僅數椽。閱歲既久，塘水泛溢，將就傾圮，邑紳士朱翁濤南、馬君荊山諸君子恐不足妥靈爽而迓休祥，爰爲董其事而重建之。基擴於舊，材易以新，內修臺廊以演劇，外樹崇甬以壯觀，抑且塘水瀠洄，喬木蓊蔚，與廟貌相掩映，其足爲聲靈所憑依，不大殊於昔歟！於是融風不作，譆出不聞，皆蒙星靈之賜，必矣！是役也，所縻不下千餘金。先時，邑人有意修理，因歲歉中止，以故遷延。日久，闔邑紳民樂襄斯舉者，年遠冊失，姓氏莫詳，非敢沒人之善，亦惟明神鑒之而已。是爲記。（清・鄭燡林：《（同治）遠安縣志》「藝文志」，清同治五年刊本）

【城隍廟建演劇臺以侑神】清・鍾應焻《重建城隍廟碑記（節錄）》：說者謂城隍之制肇自神農黃帝，而書缺有間，靡得而詳。郡縣之有城隍祠，實始於宋至明洪武間。厥制更煥，設座判事，儼如長吏。迄今守牧縣宰，朔、望必親展謁，雖禮不載於祀典，而八蜡之祭有水庸，則知禮以義起者居多。遠邑城隍祠在縣署之左，自新城還定以來百有餘歲，其間圮而修、修而圮者，蓋已屢矣。庚申秋，余恭膺簡命，來涖茲土。見廟宇傾頹，難以妥神，意欲新之。因川匪不時寇邊，方與僚屬修戰守之備、爲保民之計，以故逡巡未舉。越辛酉，賊勢漸平，群黎安堵，余即捐廉俸，諏日時，次第議行。適有陳允清勉力輸貲，願爲勛勷，乃於農隙之暇，命書役董其事，度材木、陶瓦甓，首葺正殿拜臺及兩廊十司。又塑木像，設儀仗，以肅迎賽之觀。甬道前建演劇臺以侑神，更充其外爲照壁。他如寢宮、僧房、齋舍，在在經營畢備。殿後舊有大士閣，蕩然無存，亦從而鼎建之。祠之右有居民閒地，買給住持耕種，爲香火之需。閱兩載，而廢者舉、故者新，宏敞偉麗，覺勝於舊規矣。役既竣，邑之士民僉請余記之。（清，鄭燡林：《（同治）遠安縣志》「藝文志」，清同治五年刊本）

【城隍廟戲樓】清・周葆恩《重修城隍廟記（節錄）》：……自嘉慶六年鍾侯應焻重修城隍廟後，距今六十七載，正殿猶傾，而僧房無論已；神像猶毁，而齋供可知已。今邑侯鄭介眉司馬勵精圖治，緝暴安良，頓令風俗一新，

仍恐世情百出，以爲城隍尊神顯於帝而無微不至，忠於民而有感斯通，教化蒼生，保障赤子。……然既有以邀神鑒，尤思所以妥神靈，於是重修正殿，再建拜臺。……外而戲樓，內而僧舍，蓋無不完美如初矣。（清·鄭燁林：《（同治）遠安縣志》「藝文志」，清同治五年刊本）

【武廟戲樓改鑿頻池】清·周葆恩《重建武廟記（節錄）》：天下事患力不到，實患心不到，居官者存五日京兆之心，而又無必爲之志，此所以轉相諉謝而一無所爲也，況興大役、動大工乎？遠安廟宇傾圮待修者多，而武廟尤甚。棟折瓦疎，蕭然四壁，登庭享祀，共抱杞憂。於虖！人不可暫立矣，而謂神可久居乎？前署邑侯文君小山召紳士募貲重修，將有成，數去任。張君仰垣代理，適江漢書院勸捐膏火，兩事並營，民力維艱，挹茲注彼而廟不果修。今侯鄭介眉司馬縮篆，見廟心傷，毅然興復，謂故址太低，加埴數尺；謂戲樓不敬，改鑿頻池；謂法身久享夫馨香，勿擅遷移而毀舊像；謂大木多生於邱壠，勿輕斫伐而損古塋。慘淡於前，愼重於後。急迫也，而行以從容；小心也，乃以善大事。平地起蓋，初無舊貫可因也；空手支撐，非有寸金之蓄也。而一人誠意，眾姓解囊。廣廈已成，金身復見，此可知心到者力亦到，無患工之鉅而費之繁也，故不曰重修而曰重建。（清·鄭燁林：《（同治）遠安縣志》「藝文志」，清同治五年刊本）

（光緒）光化縣志

【上元鄉人爲儺以逐疫】上元夜，街市演獅象龍燈，鄉人爲儺以逐疫，和粟麥、蕎麪作金盞、銀盞、鉄盞然燈，徧地設照。（清·鍾桐山：《（光緒）光化縣志》卷一，民國二十二年重印本）

【各堡禁止賭博演戲】一、各堡錢糧。該堡長等勸諭各戶，按期輪將，不得藉口施欠，地方官亦不得責令包納。平時禁止賭博、演戲及燒香聚會等事。（清·鍾桐山：《（光緒）光化縣志》卷二，民國二十二年重印本）

【梁光甲挽從母鄰村觀劇以盡孝】農人梁光甲，幼即以孝聞。從母患癱瘓不能行，恒鬱鬱。鄰村有演劇者，甲以車挽往觀之，以慰母心。母享高年，甲亦以壽終。（清·鍾桐山：《（光緒）光化縣志》卷六，民國二十二年重印本）

【里中演劇惡少鬭毆害人性命】唐氏文童，錢世選妻。十七歸錢，

夫年十九，時里中演劇，見惡少操戈，與人鬥力，爲勸解，惡少反以利刃傷其股，即時身亡。氏生子甫數月，乃抱子赴愬有司，置惡少於獄。後惡少越獄謀殺氏及其子，氏風聞隱匿別室，轉控大府，嚴緝惡少，置之法。氏泣謝曰：「吾今而後乃可下對亡人矣！」於是閉門苦守，不飾容、不疾言，事親教子，里黨推重。見年五十有二。（清·鍾桐山：《（光緒）光化縣志》卷六，民國二十二年重印本）

【張三丰約友揚州觀劇】張三丰，寓元妙觀，愛遊戲三昧。眾人雇之芸，均諾之。次日各隴畝中皆有一三丰在，始知能用分身術。一日，約友揚州觀劇，令閉目隨行，倏忽即至，返攜揚州食物尚溫。（清·鍾桐山：《（光緒）光化縣志》卷六，民國二十二年重印本）

（光緒）雲夢縣志略

【楊茂春禁演劇】楊茂春，字培軒，貴州人。質樸勤廉，日孳孳以民事爲事。修治令尹子文祠墓，歲時祭祀。清釐書院膏火田租，肄業者得所資助。以演劇壞俗傷財，嚴禁之。終其任，民不敢犯。（清·吳念椿：《（光緒）雲夢縣志略》卷四，清光緒八年刊本）

（光緒）荊州府志

【天符會扮賽演劇】荊州率敬鬼，尤重祠祀之事。元稹詩：「病賽烏稱鬼，巫占瓦代龜。」自注：「荊人染病，競賽巫鬼。楚巫列肆悉賣瓦卜。」按今江陵之俗，當疫氣流染，社民出金錢，作天符會，謂之禳災。扮賽演劇，以紙糊船，送之江中。小兒痘疹，初發熱時，以掃帚簪花供於家。至痘靨後，用紙作轎，鼓樂掛綵，送於廟中，謂之送痘神。（清·倪文蔚：《（光緒）荊州府志》卷五，清光緒六年刊本）

【上元粧演故事】上元張燈，自十一日起，至十三、十四、十五三夜尤盛，影燈裁繪剪紙，像人物·花果、魚龍、禽鳥，聚於南門關廟，謂之燈市。粧演故事，俳優百戲，簫鼓喧闐，列戶懸燈於門，宵分始息。元夜迎紫姑，卜問豐歉。各鄉村然炬火以照田間，聲徹遠近，謂之趕毛狗。食粉餌曰元宵。《酉陽雜俎》：江陵舊俗，孟春望夕，高列綵燈，士女緣江喧闐縱觀。李子牟者，唐蔡王第七子，客遊荊門，適逢其會，謂朋從曰：「吹笛一曲，能令萬眾寂然無譁。」於是登樓迴奏，清聲一發，百戲俱停。忽有白首掉舟而至，請笛一試，聲成隨裂。子牟因求

珍異，叟自舟取笛，乃白骨耳。清音激越，遏詠泛溢，曲未終，風濤騰湧，雲雨晦冥。少頃開霽，不知叟之所在。（清・倪文蔚：《（光緒）荊州府志》卷五，清光緒六年刊本）

【社日街市各坊建醮演戲】 社日村農釀錢扮賽，街市各坊建醮演戲。每歲二月朔二、八月朔二皆然，即春祈秋報之意。（清・倪文蔚：《（光緒）荊州府志》卷五，清光緒六年刊本）

【馬融女樂】 馬融，字季長，扶風茂陵人也。桓帝時為南郡太守。融才高博洽，為世通儒。教養諸生，常坐高堂，施絳帳，前授生徒，後列女樂，弟子以次相傳，鮮有入其室者。《後漢書》本傳。（清・倪文蔚：《（光緒）荊州府志》卷三十八，清光緒六年刊本）

【彭氏慶生不演劇】 彭氏，黎必興妻。勤勞佐夫，喜施與。每春夏，水漲橋沒，買舟濟涉。嘗值七十生日，子孫謀演劇承歡。氏不可，曰：「節此浪費，留以濟貧。」後八十、九十亦如之。周恤里黨，略無德色。卒年九十五。（清・倪文蔚：《（光緒）荊州府志》卷六十二，清光緒六年刊本）

【段安節著述】 段安節《琵琶錄》一卷。《宋史・藝文志》：今佚。《樂府雜錄》一卷。《唐書・藝文志》：安節，文昌孫。按：《四庫全書》載是書，首列樂部，次列歌舞俳優，次列樂器，次列樂曲，舊本末附五音二十八調圖，今佚其圖，惟說存焉。（清・倪文蔚：《（光緒）荊州府志》卷七十三，清光緒六年刊本）

【李子牟善吹笛】 李子牟，唐蔡王第七子。嫻音律，尤善吹笛。江陵元夕張燈，士女喧闐縱觀。子牟遊荊州，適逢其會，因謂朋從曰：「吹笛一曲，能令萬眾寂爾無譁。」於是登樓臨軒，清聲一發，百戲皆停。行人駐憩，坐者起聽，曲罷良久，眾聲復喧。忽有白衣叟自樓下挈小舟行吟而至，謂子牟曰：「向者吹笛，豈非王孫乎？天格絕高，惜樂器常常耳。」子牟曰：「笛中此為至寶，而叟以為常乎？」叟曰：「吾少而習焉，老猶未倦，當為一試。」子牟以笛授叟。引氣發聲，聲成笛裂。子牟因叩求珍異，叟對曰：「吾之所貯，君莫能吹。」即命小童自舟中齎至，子牟就視，乃白骨耳。強吹之，氣力殆盡，纖響無音。叟乃接之微弄，坐客心骨泠然，清音激越，曲未終清濤噴騰、雲雨昏晦。少頃開霽，則不知叟之所在矣。《江陵縣志》。（清・倪文蔚：《（光緒）荊州府志》卷七十八，清光緒六年刊本）

（乾隆）黃梅縣志

【黃梅縣歲時演劇】立春前一日，迎春於東郊，士女往觀。覘土牛身以定水旱，覘芒神衣帽以定晴雨。次日祀芒，鞭牛如儀。元旦賀節譙飲。上元夕張燈。清明簪柳踏青，兒童戲風鳶。端午插艾、飲菖蒲酒、裹角黍，相餽遺爲競渡之戲。七夕乞巧。中秋賞月。重陽登高。十一月慶賀長至節。十二月二十三日夜祀灶神，二十四日小除，潔掃舍宇。除夕張春帖子於門，通宵炮竹。他如儺禮，朱衣執旗鳴金，口誦消沴祈福語。村落報賽，斂錢市牲、飲福，與他邑都無殊。惟三月初三日爲大醫禪師誕辰，十月十三日大滿禪師誕辰，萬眾進香，紛繁褘逕。又五月二十八日城隍大會，先期掃除街道，排列儀仗，擁神出巡。八月二十二日，宋昭侯神會亦然。至西鄉，村俗建壇設額，誦經演劇，更爲動眾，俗云報功。靡然繁費矣。（清・薛乘時：《（乾隆）黃梅縣志》「風土志」，清乾隆五十四年刻本）

（光緒）咸寧縣志

【祝壽演戲侑觴】賓宴，冠服見客，士紳如是。鄉俗脫略，或不盡然。其宴客之具，數十年前不過魚肉，今則海物惟錯，率以爲常。偶爾布筵，冷熱圍碟，領異標新。生期祝壽，錦幛爲屏，甚至演戲侑觴，以爲賓榮。其弊由富饒之族僭擬仕宦，有中人之產者亦勉強效顰。語云：「由儉入奢易，由奢入儉難。」旨哉斯言！（清・陳澍南：《（光緒）咸寧縣志》卷一，清光緒八年刊本）

【上元花燈沿家演唱】上元，食糯米粉團，曰元宵。城鄉爲張燈之戲，剡竹蒙紙爲龍狀，籌燈者曰龍燈，作魚獸狀者曰散燈。十三、十四夜爲試燈，十五夜爲正燈，十八、十九爲續元燈。釀金演劇曰花燈。龍燈則沿村盤舞，花燈則沿家演唱，鼓吹導從，竟夜爲懽。迎紫姑神，以卜將來。箕爲腹，箸爲口，亦能於灰盤畫字。（清・陳澍南：《（光緒）咸寧縣志》卷一，清光緒八年刊本）

【三月二十八日東嶽誕辰賽會祀神】（三月）二十八日爲東嶽誕辰，城鄉賽會祀神。（清・陳澍南：《（光緒）咸寧縣志》卷一，清光緒八年刊本）

【五月十三日關帝廟演劇祀神】五月十三日，關帝廟爲《單刀會》，演劇祀神，城鄉皆然。是日雨爲磨刀雨。（清・陳澍南：《（光緒）咸寧縣志》卷一，清光緒八年刊本）

　　【城隍廟戲臺】城隍廟，在縣市後街南。宣德中知縣謝伸重建，正德知縣王介修、崇禎知縣孟良範重修。康熙中知縣何廷韜重葺，添建功曹神像。咸豐二年，廟左土地祠、財神祠、廟後僧房均被兵燬，神殿及拜殿、戲臺俱□燬敗，蟻又蝕之。同治四年，闔邑紳耆醵金以修。（清・陳澍南：《（光緒）咸寧縣志》卷二，清光緒八年刊本）

　　【鄉人有疾輒於皁角廟中酬戲賽福】皁角廟，在縣治東，祠五顯之神，以傍多皁角樹故名。其中又有所謂樂王者，荊楚故俗，謂神酷好音樂，鄉人有疾輒於廟中酬戲賽福，擊金伐鼓、歌舞傀儡以樂神。康熙六年，知縣何廷韜重建正殿。（清・陳澍南：《（光緒）咸寧縣志》卷二，清光緒八年刊本）

（光緒）施南府志續編

　　【文昌廟演劇臺】文昌廟，光緒五年，知縣胡昌銘捐廉集資修葺。六年，又重修魁星閣。其《記》曰：「朝廷以文教治天下，各省、府、州、縣皆祀文昌，典禮綦重。而北斗爲文昌之府，其第一星至第四星總名魁星，習舉業者咸乞靈焉。宣邑文昌宮在縣治東南隅，俯臨溪河，坐東面西，後神座中。大廳前演劇臺，臺上有樓，供魁星象，形勢高聳，因以閣名。歲時祭祀並及之。……」（清・王庭楨：《（光緒）施南府志續編》卷二，清光緒十一年刊本）

湖　南

（同治）瀏陽縣志

【無祠之所架棚爲優場】其鄉村市集神祠，歲必釀金演劇，費金或至數百。甚有無祠之所，架棚爲優場者。無賴之徒，藉此賭博宰割以漁利。甚或男女駢集，尤爲陋習。（清·王汝惺：《（同治）瀏陽縣志》卷八，清同治十二年刻本）

【迎春飭童子爲芒神】立春先一日，知縣出東郭迎春，具土牛、芒神。至日，各官執綵鞭環土牛鞭之三，鄉民入城競觀。以牛色占歲日，黃主穀，黑主風，紅主日，白主水，然其色不過取立春日支干納音爲之，不足徵也。鄉僻則飭童子爲芒神，扮農夫扶犂，驅犢入人庭中，日春牛。不以犢，則製牛首綴布，令童子被以舞。（清·王汝惺：《（同治）瀏陽縣志》卷八，清同治十二年刻本）

【花鼓燈】上元內，鄉村以布數丈繪龍鱗，織竹被之，剪紙製龍首尾形，綴而合舞，日龍燈。爲魚蝦形，日魚燈。或製獅首，綴布，令童子被之，日獅子燈。或剪盆花形，曰花燈。晴日緣村喧舞，雜以金鼓，主人然爆竹、剪紅帛迎之爲樂。又有服優場男女衣飾，暮夜沿門歌舞者，日花鼓燈。（清·王汝惺：《（同治）瀏陽縣志》卷八，清同治十二年刻本）

【神農殿優場】（神農殿）正殿三室，中奉先農之神。南向前爲門。有優場。（清·王汝惺：《（同治）瀏陽縣志》卷九，清同治十二年刻本）

【火神廟優臺】火神廟，廟在北城外。《戊寅志》：舊在巨湖山下，乾隆三十五年遷建今地。四十八年，知縣趙嘉程重修後殿爲玉皇閣。中爲正殿，前優臺。又前荷花池上構亭，額曰火中蓮。嘉慶六年、十六年歷有修葺，並建兩廊、樓臺。二十二年，知縣羊拱辰遷龍神於荷花池，亭内額廟曰既濟宮。咸豐五年重修。（清・王汝惺：《（同治）瀏陽縣志》卷九，清同治十二年刻本）

【天后祠優場】天后祠，祠在北城外映月嶺。《戊寅志》：舊在嶺麓，明胡應台創建。雍正十一年知縣陳夢文移建於巔。正殿三楹，左右迴廊，前爲優場，山門外疊石爲級，旋折而登。乾隆二十四年重修。（清・王汝惺：《（同治）瀏陽縣志》卷十，清同治十二年刻本）

【易忠愍祠優場】易忠愍祠。西城外，即別駕祠，祀晉易雄。舊在巨湖山下，即雄故居建。八月十四誕期，有司奉祀。……雍正十二年奉詔飭各直省查往代聖賢忠烈祠墓修葺防護，知縣周之相以忠愍祠宇朽壞，後裔無力修葺請。大吏委員估修未果，於是歲以防護無誤例聞於朝。後易氏以眾買潘基所建祠燬，曾新建祠，並購鄧、黄二姓地基爲優場諸狀，控諸大吏。知縣謝希閔，爲據歷年防護冊具報。（清・王汝惺：《（同治）瀏陽縣志》卷十二，清同治十二年刻本）

【楊時禁俳優戲劇】楊時，字中立，南劍將樂人。熙甯九年丙辰中進士第，授汀州司戶參軍。不赴，旋調徐州司法。師事二程夫子，講孔孟絕學。……紹聖元年，知瀏陽縣事。明年上《程漕書》及《提舉議》、《差役雇錢書》。……漕使胡師文惡之，以不催積逋被劾，罷寓瀏陽，與州牧書，乞米賑饑。元符元年歸里，自言在瀏陽方官，散青苗錢，凡酒肆食店與俳優戲劇之罔民財者悉禁之。散錢已然，後令如故。官賣酒，舊嘗以妓樂隨處張設，頗得民利。或以是請，不許，然民閒得錢，遂用之有方。（清・王汝惺：《（同治）瀏陽縣志》卷十六，清同治十二年刻本）

【前年菊部醉京華】清・瞿家鏊（縣人）《南臺書院感懷》（二首之一）：去歲籃輿辭郡郭，前年菊部醉京華。至今邸館兒初度，且喜慈親客近家。古樹日高鴉噪急，暮天風勁雁行斜。校書窗下雙眸炯，晴影繞無落葉遮。時日疾初瘳。（清・王汝惺：《（同治）瀏陽縣志》卷二十三，清同治十二年刻本）

（同治）嘉禾縣志

【樂利墟戲臺】樂利墟。舊在北門外教場，去縣稍遠，居民不便貿易。康熙庚寅年，知縣陳祥祚遷城內，後令張勤治建亭於上，額曰樂利。嘉慶戊辰年，知縣宋海涵遷移南門內，建亭二十間，石、馬、鄧姓木亭三間，戲臺一座，題曰豐□墟。（清·高大成：《（同治）嘉禾縣志》卷四，清同治二年刻本）

【鄉間藉春秋祈報季冬行儺演戲】神會：春秋祈報，季冬行儺，禮也。而鄉曲間藉此誦經演戲，致無業遊民開場誘賭，此豈復禮意耶？近則嚴飭保甲，申明連坐之條，庶稍知儆。（清·高大成：《（同治）嘉禾縣志》卷十三，清同治二年刻本）

（同治）攸縣志

【伶人攜家隱居靈龜巖下】紫雲山，在北江鄉，縣東北一百二十里。旁有靈龜巖，紹興間一伶人攜家宿其下，不復出。（清·趙勳：《（同治）攸縣志》卷六，清同治十年刻本）

【城隍廟戲臺】城隍廟，在縣治東。建自前明，乾隆二十五年，知縣田彬偕紳士譚光珂、歐陽命檽、胡士謀、蔡上璸、譚大勇、譚榮絨等重修。職員譚世進獨修戲臺。住持易嘉兆、陳步陞、譚位光，廟前舖房二棟。每年舖租，住持收爲檢蓋、油燈之貲。道光十年，職員胡自雍、封職歐陽金瑀倡捐重修，將廟前舖屋折毀，拓開頭門爲三門，東西十二司創建樓房，因經費不敷暫停。道光十四年，同知登銓捐罰贖公項錢壹仟串，交邑紳舉人易奎、歐陽金璁、廩生文舒培與前倡捐首士承修，將戲臺、馬坊、樓房添建、油漆，馬坊外有房各二間，住持收屋租爲香燈、檢蓋費。（清·趙勳：《（同治）攸縣志》卷十七，清同治十年刻本）

【秋成報賽里社演劇】戒食牛犬，攸邑十子奉行最篤。邇來鄉間亦時倡議禁止屠牛，然實力禁止卒鮮。每當秋成報賽，里社演劇，尤易乘便。其他四鄉接壤，鄰邑僻處，亦多難禁。須各都善士公同嚴禁。至於約定俗成，庶可歷久不渝。（清·趙勳：《（同治）攸縣志》卷十八，清同治十年刻本）

【喪禮不作人物戲具】喪禮：慎終大事也。《士喪禮》詳矣，而習俗各

殊。他處初喪，或群聚列坐，鼓吹達旦，謂之伴夜。攸則惟孝子恪居喪次苫塊，不離他處。或尅期開弔，張讌群飲，攸則惟計告親友來奠，備餐而已，不設盛饌。第篤信浮屠一節，士大夫不免，往往用僧道持齋誦經，云爲死者減罪，雖不若他處孝子沿街隨僧迎經，或作人物戲具，無端侈費，而積習已久。天堂地獄之說，牢不可破，不其惑歟！（清・趙勷：《（同治）攸縣志》卷十八，清同治十年刻本）

【春日裝飾小男女扮演古人】立春日，迎春東郊。攸俗，於是日裝飾小男女扮演古人，用雲臺架舁出東門外，結隊繞城。又視土牛青、黃、白三色所附以定歲之水旱，視芒神煖耳之提且戴以定歲之寒煖，戴而煖，提而寒。（清・趙勷：《（同治）攸縣志》卷十八，清同治十年刻本）

【長沙文廟樂譜序】清・陳之駓《長沙文廟樂譜序》：禮莫大於祀，道莫尊於聖人。祀暢以樂，樂之用，數繁制精，八物導化，機神相盪，非彊情無味者之所能塞責也。孔子之道，與生民永，廟食百世，禮則天下行之，樂或有或無，諳此者寡，勢也。明代長沙文廟樂稱盛，緣王府也。王府樂隸太常，封藩之初，賜以樂器、樂官，彼所奏於太學者，皆是長沙樂舞生得所流傳。潯陽琵琶有京都聲，洵非誣也。獻賊肆害，吉王遜國，樂工零落何所，宮廟僅留檐上風箏，時一鏘鏘而已。國朝初，拾禮器，舉舊祀，取黃冠所降神者充奏事。康熙二十三年，掘地得學宮舊鐘十二枚、石磬一、豆七十、簠簋之類一，鐘無範鏤文字，莫辨律名。昔漢成帝時，於水濱得古磬十六枚，蓋編磬也。劉更生遂欲因此興辟雍庠序，昭未作而寢，何則？古樂失傳久，雖得其器，莫有習者。求如蕭韶在齊，桑林在宋，何可得也？永明司訓汪君光蛟得丁氏雅聲於王豹菴所，多簒次第，皆有圓說，方知十二律外更有清黃鐘，而前所掘得者尚少四枚。詩歌之韻某字，係某鐘某磬，或吹笙，遂第幾聲琴瑟，第幾經幾徽，舞者或左或右，翟籥分合，或俯，或仰，或磬折，或欹，或反，或跪，或蹈，或却，八音按節，合舞成容，曲終樂闋，甚爲爽□。夫魯備六代，食欓而已；聞樂知德，乃在季子。今並誰爲魯者何妄？盜名容身，等竽南郭。阮逸、胡瑗知李照爲非，而不能精求累黍度數。書生矜負，試輒扞格，說在柳州之論，攝生中聲竟不得聞乎？幸有此端倪，人恥伶役，今繕修其書，令留心禮樂者，優獎好事童子，升歌象舞，一案畫圖部勒，則鈞奏天籟，未必如夢想之杳杳也。然則，是書採成之者丁氏，其在五官之法

守者乎？藏之者豹菴，其收丞相府圖書者乎？某新鑴而浸廣之，其背誦遺書三篋者乎？論功各有差。（清·趙勤：《（同治）攸縣志》卷四十九，清同治十年刻本）

（同治）酃縣志

【城隍誕期演劇奉祀】城隍廟，縣東城內。國朝康熙年間建，前後四進。……道光年間，闔邑重修。殿右設立寢宮，復置迎駕。會田三十六畝，每歲誕期，演劇奉祀。咸豐五年遭兵燹，闔邑重加修整。（清·唐榮邦：《（同治）酃縣志》卷五，清同治十二年刊本）

【演戲之弊有六】俗好演劇，每歲夏間演唱多日，謂之「保人口」。林《志》按：演戲一事，其弊有六：首事持簿，三五成群，逐戶斂財，名曰「公分」，貧家日食維艱，不得不勉力以應，一也；婦女往觀，紛紜雜沓，子衿佻達，乘隙目成，傷敗風俗，二也；晝夜聚觀，廢時失事，三也；招惹匪人，開場聚賭，無知之輩，墮其術中，往往破家蕩產，四也；呼群鬬飲，醉後角氣致釀命案，五也；流連忘返，家無坐鎮之人，姦盜因之，六也。郡伯李公洞悉前弊，檄示下縣，此風頗為一變云。（清·唐榮邦：《（同治）酃縣志》卷七，清同治十二年刊本）

【嚴禁演戲告示】為嚴禁演戲，以靖地方事。照得民間酬神報賽，固所不禁，而斂錢演戲，為害多端。本府訪得各屬鄉邨演唱《目蓮》、《西遊》、《臺城》等戲，名曰「大戲」。三日、五日，始得終場。先於邨立單通知，招集多人。盜賊奸匪，乘機潛入。如剪綹掏摸，買賣賊贓。男女混雜，致有姦拐、酗酒、打架、廢業妨工，貽害不可枚舉。而聚賭為尤，甚胆敢於戲臺左右前後擺列棹面，壓寶擲骰，肆行無忌。地棍以頭錢為戲錢，遊民以戲場為賭場。貪夫愚夫，每落圈套，以致爭勝負而釀成人命，遭蕩費而流為盜賊。賭之害，皆戲之害也。官或差查，非懼眾袖手，即扶同分肥，似此澆風，實堪痛恨。合行出示嚴禁，為此示仰府屬、保甲、軍民人等知悉，凡有酬願等事，毋得演唱大戲。倘有奸民，仍蹈前轍，定提保長及演戲首事分別究辦，斷不輕縱。各宜凜遵毋違，特示。乾隆三十年二月日。（清·唐榮邦：《（同治）酃縣志》卷七，清同治十二年刊本）

【瑶俗好跳神】瑶俗好跳神，家饒者頻賽會，聚集族類，宰牲設祭，男

女懽跳歌舞，三五日乃散。神之位右偏云置當，中則不利。（清·唐榮邦：《（同治）酆縣志》卷七，清同治十二年刊本）

【林愈蕃厲禁梨園】林愈蕃，號青山，四川中江人。乾隆辛未進士，二十八年知縣事。折獄明允，廉謹自持，不聽胥吏一言，一時點猾歛戢。酆俗喜演劇，每夏秋之際，舉國若狂。蕃爲之厲禁，梨園絕跡。愛士如子弟，有爭訟者輒厲色斥之，士習一振。與民休息，訟庭如冰。有事村落，肩輿外無長物。值夜，喜止鄉塾，不令供□，若忘爲宰官者。公餘兀坐，一卷目怡。時進邑士，商訂文義，竟日忘倦；纂修邑乘，極得體裁。在官三年，人其德之，有制藝古今體詩行世。（清·唐榮邦：《（同治）酆縣志》卷十三，清同治十二年刊本）

（乾隆）湘潭縣志

【神會】神會不一，而天符城隍最盛，有上天符廟、大天符廟。每五月迎神，則掛綵張燈，諷經演戲，結臺閣，排儀仗，旗傘燈亭，皆極華麗。兩廟相誇，惟恐不若，動費千餘金。城隍會則通城總挨次迎燭獻壽。（清·呂正音：《（乾隆）湘潭縣志》卷十三，清乾隆二十一年刻本）

【重修城隍廟演劇之所】清·陳鵬年《重修城隍廟碑記（節錄）》：吾邑茲廟創立有年，毀而不修者久矣。邑人眾姓等效馬鳴之幽讚、俾象教之新輝，鼓舞鳩工。始計通邑大夫以及村庄氓庶共輸資五百金有奇。自康熙六十年三月至六十一年十月，計二十閱月，所謂廟門、儀門、兩廊及演劇之所，煥然落成，舊觀頓改，誠盛事也。（清·呂正音：《（乾隆）湘潭縣志》卷二十四上，清乾隆二十一年刻本）

（道光）寶慶府志

【邵陽水府廟演劇臺】邵陽水府廟，在郡治東門外河街上街。臨資、邵二水，俗謂水曰河，故稱河街也。道光二十一年撤舊廟新之，爲殿二。前甃石爲平地，後鑄神像，甚偉。又拓廟外餘地爲石隄，堅固平坦，臺其上。歲時居民商賈演劇祀神於此。凡越三年而廟成，又四年而隄成。（清·黃宅中：《（道光）寶慶府志》卷九十八，清道光二十七年修民國二十三年重印本）

【水府廟演劇臺】（邵陽）黃達道《重修水府廟碑記（節錄）》：郡治東門外河街，舊故有廟，曰水府，創始前明萬曆四十二年甲寅，歷國朝康熙、乾隆間，先後補葺之。……隁成，銜其中士建臺，爲歲時演劇慶神之會。（清·黃宅中：《（道光）寶慶府志》卷九十八，清道光二十七年修民國二十三年重印本）

【李成大題開元觀聯語】李成大，字萊山，邵陽人。萬曆改元恩貢。少負雋才，嘗讀書城北開元觀。觀臨資水，對岸有園，爲優伶歌舞地，成大戲題觀門云：「因尋千樹桃花住，帶得六亭春色來」，一時傳誦。蓋桃花洞爲郡中名勝，而六亭春色，又俗稱郡八景之一也。其涉筆成趣，多類此。官雲南通判。子光培，自有傳。（清·黃宅中：《（道光）寶慶府志》卷一百二十三，清道光二十七年修民國二十三年重印本）

【袁芝鳳唱村歌小齣作小兒腔博母笑】袁芝鳳，邵陽人。家赤貧，託人廡下。母年老，自忍饑寒，必令母飽煖。出不十里，雖雨雪昏夜必歸，伴母眠。母或不懌，則爲縷述新聞；仍不懌，則故問往年快意事；復不懌，則唱村歌小齣，作小兒腔，母時爲之一笑，或嘲其狂癡，弗顧也。母壽至九十六歲卒。（清·黃宅中：《（道光）寶慶府志》卷一百三十一，清道光二十七年修民國二十三年重印本）

【鄧昌祖閉戶讀書不觀劇】附顯鶴從祖六府君墓碣：鄧氏之法，殤者與無後者，不得祔葬先塋。今太平原祖塋之南，有余從祖六府君之墓在焉。府君卒時，未婚無子，族人以其賢而能文也，曰是不宜殤，乃相與葬於今兆。時雍正某年月日也。葬後，閱八十餘年，爲嘉慶某年月日，從子顯鶴乃履得其兆碣以誌之。府君諱昌祖，行六，字不傳，或曰字季文。祖林材，父元臣，先大父松堂贈君之母弟，而顯鶴之從祖也。幼聰穎端重，好學能文。屢試童子軍，年十八以攻苦得羸疾，未青一衿而卒。嗚呼！鄧氏家此二百年矣，不殤者何限？其流離轉徙塡溝壑者比比也。今府君以長殤無嗣之鬼，巋然一邱，歷八十餘年之久，猶令族之人履墓生哀，流連指似而不忍滅，豈非其賢有大過人者哉？余聞之先府君，府君聞之先大父，云君從學益陽河塘，時與劉學博恩寵友善。會其地賽會，有女伶數輩，色藝擅場，雜以繩技、角觝諸戲，觀者如堵。學博拉君往，府君閉戶讀自若。學博強之，不爲動。學博笑曰：「木石人，何自苦乃爾？」聞君卒時，端坐瞑目而逝，若無所苦者。然曾大父痛

之甚，盡取其遺稿焚之，故不傳。今所傳者，五字小詩四首，及與劉學博讀書一事。顯鶴少時，先府君嘗舉以勗學，故耳熟之。嗚呼，不其賢哉！（清·黃宅中：《（道光）寶慶府志》卷一百三十三，清道光二十七年修民國二十三年重印本）

編者案：清·關培鈞《（同治）新化縣志》（清同治十一年刊本）卷二十二所載與此相同。

（同治）武岡州志

【立春先一日各市戶裝演故事】立春先一日，長吏率僚屬迎春東郊，各市戶裝演故事隨行。（清·黃維瓚：《（同治）武岡州志》卷二十八，清同治十二年刻本）

【歲時祭賽優伶陳曲】清·張雷明（州人）《羅公廟碑文》：羅江之名，因神而得名也。羅江之神，即楚先大夫屈原先生也。先生既放遊於江潭，後投汨羅而亡。按地志，汨羅在長沙湘陰東九十里。余嘗客遊其間，父老猶能指其投水處，且並告以遺塚焉。此地所謂羅江，蓋子胥也。然嘗考地志，武岡有漁父亭，漵浦有招屈亭。《楚辭》又載：朝遊五溪，夕宿辰陽。意先生既放之後，飄泊無依，徧楚之東而遊歷焉。後之人追悼孤忠，即其所歷之地立廟以祀之。先生不忘舊遊，其神即棲止於其所，降祥降殃，保障一方。默寄其生平秉正嫉邪之志於身後，理固然也。顧廟建於宋元祐六年，代更四朝，歲經千載，先生之英靈如故，人之崇祀先生者亦如故。歷年修葺，前碑甚詳。今家近光叔更倡眾善士而擴大之，以旌忠也。茲當落成日，余將偕眾善酬酒而招先生，曰殿宇輝煌，其即先生所謂魚鱗屋兮龍堂乎？每春三月，桃花水泛，漁舟絡繹，漁歌參差，其即龍舟之弔乎？土人以歲時鷄豚祭賽，優伶陳曲，其即巫陽之招乎？謂此地爲汨羅，先生其魂依此室乎？謂此地爲郢都，先生其生入此關乎？後之人有抱先生之志而遭先生之遇者，觀先生之千載如在，其亦可以奮然自決矣！是爲序。（清·黃維瓚：《（同治）武岡州志》卷三十七，清同治十二年刻本）

【大盜觀劇被擒】鄧公，諱仁墍，字厚甫。先世南陽唐縣，明永樂間徙長沙，再徙武岡，遂世爲武岡人。……丁亥權知梁山縣事，劫盜鄧羅漢、聶老幺，名捕久不獲，前二令皆坐罷，總督謂君必生致之。時社方祠賽，二盜縱觀劇，君輕裝草屨，以武士自隨入祠。祠門□，麾觀者左右立，武士以鐵

椎椎羅漢、蹶聶幺，僵不動，皆禽之，其黨千餘人骓散，一縣驚悚。（清·黃維
瓚：《（同治）武岡州志》卷四十三，清同治十二年刻本）

　　【程學典不窺石神廟演劇】程學典，字春園，其淵季子。與兄學道、
學進友愛綦篤。其淵嘗訓之曰：「家事有父兄在，汝其專志問學。」典敬諾。
顧天資不敏，與堂叔熙堂同塾，而記誦弗如。熙堂又早入泮，典銳身勤思，
肄業。石神廟演劇旬餘，未嘗出戶暫窺。師王某歎曰：「吾未見攻苦若程生者，
豈池中物耶？」（清·黃維瓚：《（同治）武岡州志》卷四十六，清同治十二年刻本）

（同治）平江縣志

　　【乾隆元年禁喪葬虛糜諭】朕聞外省百姓，有生計稍裕之家，每遇喪
葬之事，多務虛文，侈糜過費。其甚者至於招集親朋鄰族開筵劇飲，謂之「鬧
喪」。且有於停喪處所，連日演戲，而舉殯之時，又復在途扮演雜劇戲具者。
從來事親之道，生事死祭，皆必以禮。得爲而不爲，與不得爲而爲之者，均
爲非孝。是知各循其分，乃能各盡其孝，而初不在以奢糜相尚也。況當哀痛
迫切之時，而顧聚集親朋，飲酒演劇，相習成風，恬不知怪，非惟於禮不合，
抑亦於情何忍？此甚有關於風俗人心，不可不嚴行禁止。著各省督撫等通行，
明切曉諭，嗣後民間遇有喪葬之事，不許仍習陋風、聚飲演戲以及扮演雜劇
等類，違者按律究處。務在實力奉行，毋得姑爲寬縱。（清·張培仁：《（同治）
平江縣志》卷首之二，清同治十三年刻本）

　　編者案：清·余修鳳《（光緒）定遠廳志》（清光緒五年刊本）卷首亦收此文。
另，本書所收雍正十三年十一月初二日上諭（《（雍正）浙江通志》卷一百），文字
與此全同。

　　【蘄國公廟戲臺】蘄國公廟，在縣東九十里長壽街，祀明蘄國公康茂才。
乾隆元年，吳于袞、協中、嗣龍與吳景輝後裔倡眾重修，嗣龍父尊三捐貲建
臺。嘉慶十二年，嗣龍後裔增修，吳先煥捐田畝以資香火。道光三十年，龍
裔又擇九社紳耆增修廟前一亭，其兩廊及戲臺亦加高焉。（清·張培仁：《（同治）
平江縣志》卷二十八，清同治十三年刻本）

　　【蘄國公廟演劇】清·魏時魁《增修蘄國公廟碑（節錄）》：蘄國康公諱
茂才，有明開國元勳也。與常遇春、胡大海、徐達、薛顯諸公皆以軍功著。

而設謀定計，誘陳友諒於建康，力戰平之，則公之奇績尤多。……今上乾隆二年，……集境內居民并市中列肆而居者若干人，捐貲無算，重修公廟。金碧輝煌，而尊三復捐貲鳩工，於殿前獨創一臺，及刻桷丹楹之勝。歲時伏臘，命優人演劇於其上。引商刻羽，歌管遏雲，恍然盛世太平景象，亦足見公之德業，顯爍於天地之間；而感人之妙、入人之深，歷數百年如一日也。（清·張培仁：《（同治）平江縣志》卷五十三，清同治十三年刻本）

【柳毅廟演劇示異】縣南門水府廟，祀唐柳毅。道光五年，邑人演劇奉神，署知縣沈某亦欲演劇，趣伶人入署。眾以方祀神，請緩。沈怒，杖伶人，立撤以去。眾不平，皆跽禱求神示異。忽鄉民某爲神所憑，大呼出廟，拔舟中鐵錨并鐵索十餘丈，手握之，直奔縣署，歷數沈罪狀。沈正張樂佐飲，疑僞託命，執之。忽兩家丁同時躍起，戟手大罵。沈懼，急罷劇，返伶人，自詣廟叩首謝。三人既醒，問以前事，皆茫然。（清·張培仁：《（同治）平江縣志》卷末，清同治十三年刻本）

（光緒）巴陵縣志

【自正月至五月遊儺未已】雷將軍廟，在縣南九十里長湖，邑人鄧廷瓚祀唐雷萬春。《乾隆通志》：少保鄧廷瓚總督兩廣軍務，征鬱林諸蠻，感夢於公，次日會戰大捷，後疏請於朝，崇祀東陵湖。土客□新牆南十里，曰長湖驛道也，有廟祀雷萬春、南霽雲，演劇甚盛。自長湖至羅內水口橋或至二三都，自正月至五月遊儺未已也。（清·姚詩德：《（光緒）巴陵縣志》卷十二，清光緒十七年岳州府四縣本）

【楊四廟遊儺演劇甚盛】楊四廟，在十二都橫板橋，祀楊業第四子楊四將軍，兼祀唐張巡，一名慶福堂。此廟每年遊儺演劇甚盛，略同長湖廟。（清·姚詩德：《（光緒）巴陵縣志》卷十二，清光緒十七年岳州府四縣本）

【平橋廟演劇亦盛】平橋廟，在十五都平橋港，祀張睢陽，香火演劇亦盛。（清·姚詩德：《（光緒）巴陵縣志》卷十二，清光緒十七年岳州府四縣本）

【鍾謙鈞身處膏脂不張燈演劇】鍾謙鈞，字雲鄉，湖南巴陵人。……曾文正時督兩江，聞府君廉靜有爲，檄辦漢口淮鹽，旋擢兩粵鹽運使司。居二年，兼署按察使司。以年七十乞休歸，明年卒於家。嶺以南，物產蕃阜，

上下競為侈靡。運使入境，鹽商盛供張，數百里途次廚傳敕備。府君棹小舟
徑去，杯勺不濡。官廨陳設華偉，居者率卷舊求新，日費由鹽商領庫款承供，
歲且不貲，府君至則盡罷之。而所裁歲入雜款並各場陋規，又且數萬金。身
處膏脂迄四年，從未一張燈演劇。署中寂如僧舍。粵人謂，自有運使以來所
僅見也。（清·姚詩德：《（光緒）巴陵縣志》卷三十四，清光緒十七年岳州府四縣本）

【醫者禁花鼓】胥嚳。吳敏樹《傳》曰：吾里之端士胥君，特夫求余文
傳其先人。其言曰：「傑之父少學為儒，已而為醫，多行其藝於湖北之車灣、
尺八口、朱河、華容之塔石驛諸處，獲錢歸以活家人。傑於子季也，獨令從
師學。每歲之正月旬間，父即束裝北行。將行，立傑於庭而語之曰：『汝知乃
父出門之蚤乎？今歲屬汝某先生所，汝念我當苦讀書也。』乃端午節前，則
父寄錢歸，為學資，奉師常豐於他人。及秋後，醫事閒，父始歸，必攜他方
物親致之師，又治具延師與一二同學過飲舍中焉。蓋吾父專其業於外之勞，
而又自恨不終儒而以屬傑也。故以傑之愚，而猶粗識字句，強為人師，學終
無成，以負吾父，而教人子弟猶不敢怠以忽也。」又曰：「吾父性方嚴，族之
父兄少年咸憚之。尤痛惡俗歌戲誘敗男女，荒廢耕織。一歲，族眾將迎演小
劇號為花鼓者，門外豎木架臺矣。父適歸，見之，趣請父老正責之，立撤臺，
罷去。至今里中盛有此戲，而吾門無敢為者，吾父之教也。」（清·姚詩德：《（光
緒）巴陵縣志》卷三十七，清光緒十七年岳州府四縣本）

【士紳與官府禁村班小戲】元夜作花貼鐙。十三夜始鳴鑼鼓，云慶花
鐙。過元夜，明旦燒之，聚飲而散。傭耕於人者，以十六日上工。少年戲獅
龍，喜歌舞者亦稍稍休矣。惟遊歲競演小戲，農月不止。村兒教習成班，宛
同優子，荒棄作業，導引淫媟，實為地方大患，則士紳與官府所宜急急禁絕
之也。（清·姚詩德：《（光緒）巴陵縣志》卷五十二，清光緒十七年岳州府四縣本）

【筵前莫唱梨園調】明·陶允宜《岳陽樓放歌留別張澄江太守》：人生
聚散浮漚內，眼欲昏花心欲碎。簿書合沓期會殷，何處臨風澆磊塊。丈夫隨
意訪湖山，樓居縹緲當其間。胸涵玉鏡八萬頃，手挾青螺十二鬟。此地此樓
最難值，天坼東南纔得一。兩湖混合九江來，吐吸三湘兼七澤。平望洪波入
杳冥，君山半點凌空青。振衣高閣坐長眺，煙雲片片飛疎櫺。張侯初拜天台
守，姓名曾使邊韓走。剡中雪色夜行船，城上霞標晴對酒。蒞來復領岳陽城，

佳水佳山不盡情。群僚高會落咳唾，珠璣噴薄趨仙靈。陶生家世本臺岳，杖策衡湘探寥廓。晨馳疋馬郢中行，暮宿扁舟樓下泊。誰知太史占星辰，曾是金門署裏人。莫道蹉跎歧路晚，且來收拾洞庭春。洞庭春色正無限，樓上分明開正面。指顧東西日月浮，憑淩倏忽陰晴變。陰晴日月總虛空，獨看青山兀水中。娉婷夭矯不可狀，淡粧濃抹將無同。筵前莫唱梨園調，但遣諸公發清嘯。軒后雲門杳不聞，湘娥錦瑟應相召。聞道君家老燕公，巴陵謫郡開芳蹤。當年落寞守魚鼇，指日變化騰蛟龍。朝在江湖夕廊廟，剩得篇章留照曜。樓中太守公後身，即看白日長安道。（清·姚詩德：《（光緒）巴陵縣志》卷七十六，清光緒十七年岳州府四縣本）

（光緒）石門縣志

【金龍四大王廟戲臺】清·鮑祖幹《重建金龍四大王廟記（節錄）》：金龍四大王者，姓謝諱緒，行四，晉太傅安之三十一世孫。自宋後，世居錢塘之孝女北里，以謝太后戚畹，不樂仕，隱於祖塋金龍山之巔，築望雲亭自娛，此金龍之號所由起也。……與甘露僧立約，建大門五間、正殿五間、前兩廟樓上下各三間、後堂樓上下前後各五間、兩廂樓上下各三間，又左建靳公祠，大門三間、堂三間、後屋三間。計四載，工竣。凡木龕、戲臺、諸器用悉備，輪奐輝煌，稱觴鼓樂，遊人絡繹，傳爲語溪勝地。（清·余麗元：《（光緒）石門縣志》卷四，清光緒五年刊本）

【謝天會】鄉間田將熟時，村民聚眾迎燈出會，謂之謝天會。近亦有神佛生辰出會者，皆少年扮作優人，白晝衒耀通衢，不以爲恥。迎燈在昏夜，常起鬮訟。耿《志》補遺。（清·余麗元：《（光緒）石門縣志》卷十一，清光緒五年刊本）

【掉龍燈扮故事】（正月）十三日街市張燈，至十八日收燈，民間以張燈五夜無風雨，爲五穀豐登之兆。十五日，禮上元天官，祀竈，是夜燈最盛，簫鼓喧闐，往來如織。掉龍燈，扮故事，擊元宵鼓。咸豐庚辛遭粵匪後，此風稍衰。（清·余麗元：《（光緒）石門縣志》卷十一，清光緒五年刊本）

【春分前後民間釀金祀土穀神】二月二日，戴蓬草以辟頭風，農人下瓜茄菜種。十二日爲花朝，晴則百果多實。十九日，禮觀音大士。春分前後，

民間釀金祀土穀神，爲社會飲，即古祈穀遺意。（清·余麗元：《（光緒）石門縣志》卷十一，清光緒五年刊本）

【龍蠶會】清明日，插柳枝於簷戶，各祭祖塋。其米食用青白團。於民間潔蠶具，扮蠶娘船，鄉人有往划腳船漾（佯）問葉價者。越一日爲二明日，農船裝設旂幟，鳴金擊鼓，齊集龍蠶廟前，謂之龍蠶會，亦擊鼓祈蠶之意。（清·余麗元：《（光緒）石門縣志》卷十一，清光緒五年刊本）

【八月農家賽神會飲】八月十五日，以月餅相餉，士民治酒肴看月。諺云：「中秋有月，來歲有燈。」白露晴，爲有年之占，秋分亦宜晴。是月農家賽神、會飲，與春社同名青苗會，即古報穀遺意。（清·余麗元：《（光緒）石門縣志》卷十一，清光緒五年刊本）

【十月二十三日迎城隍會前後演劇數日】立冬採野菊煎湯澡浴。是日晴則一冬晴，西北風主來年旱。十月朔，各家祭祖塋如清明禮。十五日，禮下元水官。小雪，見雪米賤。二十三日，迎城隍會，前後演劇數日。是月，風信頻作，謂之五風信。日漸短，宜夜作。諺云：「十月工，梳頭喫飯工。」（清·余麗元：《（光緒）石門縣志》卷十一，清光緒五年刊本）

（同治）續修慈利縣志

【同治四年諭旨】同治四年，諭曰：朕奉慈安皇太后、慈禧皇太后、文宗顯皇帝龍馭上賓，俟經三載，本年十月即屆釋服之期，春露秋霜，曷勝悽愴。我朝定制，皇帝於釋服後，一切慶典均應次第舉行，惟念梓宮尚未永遠奉安，遙望殯宮，彌深哀慕，若將應行典禮一切照常舉行，於心實有不忍。除朝賀大典均仍照常舉行外，其各項慶典，外內王公大臣聽戲筵宴應如何分別舉行、停止之處，著議政王、軍機大臣、御前大臣會同禮部等衙門妥議奏聞。至萬壽禮節，向有賞王大臣聽戲筵宴，著一併停止，俟永遠奉安後，與一切慶典再行照例舉行，以符舊制。所有昇祔署歲時照例供奉，並著候山陵奉安後，俟旨遵行。其咸豐十年所傳之民籍人等，著永遠裁革。欽此。（清·嵇有慶：《（同治）續修慈利縣志》卷首，清同治八年刊本）

【十五元宵鄉城魚龍雜戲】十五元宵，皆張燈綵。鄉城盛鼓吹，扮獅子、魚龍雜戲。（清·嵇有慶：《（同治）續修慈利縣志》「風俗」，清同治八年刊本）

【**五月十一日扮雜戲迎關帝**】（五月）十一日迎關帝，儀仗鮮麗，沿街遊歷，城中各扮雜戲，務極奇巧，觀者如堵。十三日乃止。（清・嵇有慶：《（同治）續修慈利縣志》「風俗」，清同治八年刊本）

【**設醮演劇驅蝗**】古之捕蝗，有呼噪鳴金鼓、揭竿爲旗以驅逐之者，有設坑焚火、捲掃瘞埋以殄除之者，皆所謂曲體鬼神之□也。今人之於蝗，但畏懼束手，設醮演劇，而不知反身修德、殄滅祛除之法，是謂得其一而遺其二。嗚乎！天道遠，人道邇。祭禳之法從古，聖賢不廢。或專事此，而不求盡其人事，則亦鬼神之所棄而已。（清・嵇有慶：《（同治）續修慈利縣志》「祥異」，清同治八年刊本）

【**優劇巫謳求驅蝗**】不佞生長江淮，濱海而處葦灘茅磧，漲涸無時。蝗患或於數年一發，或數十年一發，要其爲患之輕重，恒視捕治之當否。猶憶道光丁酉家居，值蝗生之歲，鄰境有置不問者，有設壇壝、張燈綵、焚椒檀、優劇巫謳、男女膜拜、雜遝求免者，咸以捕驅爲諱，慮干神怒，則害且滋甚。先兄星閣明經，獨毅然以撲滅爲事，以唐賢姚崇所言「就使除之不盡，猶勝養以貽患」二語爲趨。（清・嵇有慶：《（同治）續修慈利縣志》「祥異」，清同治八年刊本）

【**官澤灣守風閒步秀峰寺觀劇**】清・于翼如《官澤灣守風閒步秀峰寺觀劇》：離家剛數里，風惡阻江潯。野奇依峰秀，遙聞土□音。□行前路近，村女集如林。刈稻期將及，先時□□陰。賈桴與葦籥，不礙鄭聲滛。可見吾鄉俗，敦厖古意深。（清・嵇有慶：《（同治）續修慈利縣志》「藝文」，清同治八年刊本）

編者案：清・曾國荃《（光緒）湖南通志》（清光緒十一年刻本）卷一百九十九「人物志四十」謂：「于翼如，字瀛舫，嘉慶丙子舉人，江蘇南匯知縣，借補太倉州州同，署太倉知州。分校江南鄉試凡三次，所拔多名宿選。有《江蘇同學錄》行世，所著曰《杏花春舫詩文集》。」

另，趙興勤、趙韡編《清代散見戲曲史料彙編（詩詞卷・初編）》（臺灣花木蘭文化出版社，2014年3月）、《清代散見戲曲史料彙編（詩詞卷・二編）》（臺灣花木蘭文化出版社，2015年3月），均未收于翼如詩作。

（嘉慶）沅江縣志

【城隍廟戲臺】城隍廟，在縣東百步。按：明洪武元年皆加以封爵，府曰公、州曰侯、縣曰伯。三年，詔革去封號，止稱某府、州、縣城隍之神。歲無專祀，惟春、秋二仲月合祭於風雲雷雨山川壇。又主屬祭，每朔、望行香，遇水旱則禱。康熙五年六月火災，廟燬，知縣成明瑞捐貲重建，規模如故，惟兩廊、廡宇、神像俱頹。至康熙三十五年，知縣朱永輝重修，並繪神像於圍墙間，置戲臺一座、子孫堂一間。嘉慶七年，知縣傅景錞倡修外殿。九年，監生龍爲陞重建戲臺。廟有香火田四十七畝，坐落嘉禾垸石頭嘴。廟門外有店房二間。嘉慶十三年，代理知縣莫廷柱捐銀七十兩，將西邊店房一間改建土地祠。（清‧唐古特：《（嘉慶）沅江縣志》「秩祀志」，清嘉慶十五年刻本）

【萬壽宮戲臺】萬壽宮，康熙五十八年江西五府客籍陸續增修關帝殿、蕭公殿、觀音閣並劇臺，左、右園圃均有圍墙，前抵瓊湖水，後抵北街爲界。（清‧唐古特：《（嘉慶）沅江縣志》「秩祀志」，清嘉慶十五年刻本）

【建源宮戲臺】建源宮，閩省客籍建。乾隆十六年增修關帝殿、觀音閣。二十四年增修天后殿。五十年增修拜亭、劇臺。宮有注蘭垸、衝天崙，香火田六十畝。（清‧唐古特：《（嘉慶）沅江縣志》「秩祀志」，清嘉慶十五年刻本）

【元宵扮傀儡】元宵剪綵爲燈，有龍燈、獅燈、馬燈之別。或扮傀儡於庭前，鼓吹歌舞以慶。至其家者，款以酒席。（清‧唐古特：《（嘉慶）沅江縣志》「風俗志」，清嘉慶十五年刻本）

【牛乞命】嘉慶四年，蔣保熊家嘴演劇，有屠牛將宰，牽繫臺下。其牛嚼繩而逃，迅走二里許，至彭某宅，跪兩足鳴，淚如雨。彭異之。少頃，屠追至，彭問買牛價幾何？曰：「六千文。」彭如數買而畜之。（清‧唐古特：《（嘉慶）沅江縣志》「拾遺志」，清嘉慶十五年刻本）

（同治）益陽縣志

【上元演劇】上元稱燈節。剪紙爲燈，懸庭戶。街衢或結隊爲龍燈，或雜製花燈，扮獅子踏毬、演劇，金鼓喧闐，沿家唱舞。爲樂輒十數夜，通日慶元宵。（清‧姚念楊：《（同治）益陽縣志》卷二，清同治十三年刻本）

【上巳賽會祈年】上巳，或踏青鬭草，頭鬢插柳，謂之記年。華鄉社祀土神，擊鼓賽會，謂之祈年。（清・姚念楊：《（同治）益陽縣志》卷二，清同治十三年刻本）

【端午沿江演劇】端午，懸葛藤蒲艾於門。切菖蒲，和雄黃酒飲之，並以塗小兒。或佩符蒜辟毒，往來餽送角黍。沿江造龍舟競渡，觀者夾岸歡呼，助勝為樂。往往數舟馳騖爭勝，至聚而相鬭有死者，近奉示禁止，風乃息。

邑人周代炳《龍舟記》：湖湘競渡之俗，莫盛於益。每麥秋，沿江無賴，水陸索費，行旅苦之。龍舟長十丈許，巨木為脊，以竹絙絡首尾，澆以沸湯絞之。木雖堅，亦翹如張弓，內設橫木如齒，可容百數十人。外傅薄板，飾以彩繪，鱗爪、首尾畢具。旗別以色。艙中坐者，橈四尺，立者橈七尺，兩兩相間。前坐二人，名分水橈，以趫技善搏者充。後一人，名柁瓦橈，擇老成諳水者充之。設鉦一、鼓一、銃一、長竿一，鬭械俱備。旁置別舸三間，藏驍健以備助。在關王夾者曰「關王船」，黃泥湖者曰「扁担船」，在粟公港者曰「紫山船」，在于家洲者曰「玉皇船」，各以旗辨其地。自五月朔至端午日，每日嘯侶江干，裹紅巾，排列登舟。舟始行，鉦鼓徐應，坐者緩橈而進，立者豎橈而歌，整以暇也。迨兩三舟相近，鼓乃急，立橈分水，橈俱下，竿搖水激，呼聲雷動，江水為沸。舟行迅疾，雖楊么水輪不及也。數舟爭進，須臾漸分勝負。捷者更挼舵，繞出其舟，放銃三。兩岸觀者，各為喝采，而揶揄其負者。負者忿而思逞，稍讓則已，否則豕突羊狠，不覆不止。嘉慶戊寅年，以鬭致溺者撈屍七十有三。膚將腐矣，猶怒目舉橈作鬭狀，可笑也。市樓有女，方簸米，目注龍舟，以手助勢，而米已撥去無餘。又舟婦方乳兒，聞龍舟鼓緊，抱亦緊，兒啼急，猶曰：「莫哭莫哭，看爾爺爺嬴船。」比覺，兒已氣絕懷中矣。是日沿江演劇，觀者如堵。綵船畫檝，簫管間奏。酒饌豐飫，婦女亦盛飾相炫燿，往來雜沓。守土者亦屢設禁，迄不能止。則知因一時之憑弔，而成千載之習俗，貽患至中於人心，豈非積之以漸、沿而不革哉？因書其事，以稔夫長吏之辱臨茲土者。（清・姚念楊：《（同治）益陽縣志》卷二，清同治十三年刻本）

【迎會】俗好祀鬼神，取肩輿异神像，鼓吹相從，沿街往返。或裝諸雜戲及種種鬼神，謂之迎會。觀者遠近闐咽。以五月初十夜為葛公會，十六日為天符會，二十六日為城隍會，六月六日城鄉多設醮，行儺禳疫，士大夫家

或曝書畫及衣服。（清·姚念楊：《（同治）益陽縣志》卷二，清同治十三年刻本）

【女工】舊閑養蠶，成惟土絹。因桑少，久而漸廢。多勤於紡，出棉布以衣其家，有餘則售。習中饋工鍼黹，服物緣飾，不假手於人。窮簷樸戶，終歲勤劬，甚或親操井臼，採蔬拾薪，其勤儉猶有古風。尤顧容止，雖荊布必整慎規矩，見尊長必起，惜顏面不輕出幃闥。至於入廟燒香、趁會看戲，雖間有之，然禮義之家則知自愛，官為之禁則戢。故貞靜成風，敬順易化。（清·姚念楊：《（同治）益陽縣志》卷二，清同治十三年刻本）

【假敬神為名演戲】咸豐七年三月，署縣陶留覬為嚴禁私宰以重農務而靖盜源事。照得私宰耕牛，大干例禁；而偷盜耕牛，按隻加等治罪。乃有罔利之徒，專以宰牛為業。所宰之牛，大半由行竊而來。即歸，宰剝以滅其跡，私宰日增，盜風日熾。茲查得城廂內外宰戶湯鍋，賄通胥役，每年數百串，名曰「刀費」。又於營兵捏報倒斃，掣得剝票一紙，所宰動至盈百。至鄉村淫祀，藉祭殺牛，一神數祭或數十祭，一祭殺數牛或十餘牛不等。又有土痞招集匪徒，假敬神為名演戲、賭博，因而引賊肆宰。種種惡習，既殘物命，復妨農功，又啓盜源，其害有不可勝言者。節經前縣示禁，其風稍息，猶恐故習未能盡除。合亟出示嚴禁，為此示仰各里團、甲、衿、耆人等知悉，嗣後務直實力稽查，遇有私宰、竊宰及藉祭濫殺、演戲肆宰者，許其隨時稟報，以憑立拏，按法重治。如容隱不報，察出一併重究，決不姑寬。各宜凜遵毋違。（清·姚念楊：《（同治）益陽縣志》卷六，清同治十三年刻本）

【因演劇鬧案獲重譴】裴成章，陝西人，嘉慶辛巳由進士署益令。性慈愛，不肯重刑。常曰：「吾民即吾子，取吾子日捶楚，何忍焉？」事關倫紀者，婉轉勸導，令泣悔悟。前《志》『發凡』出侯手，《志》未竣，部選實授湘潭，而侯急引退。未幾，署潭者因演劇鬧案獲重譴，於是人皆知侯之得免於無望之禍，由侯之不希於無望之福也。（清·姚念楊：《（同治）益陽縣志》卷十二，清同治十三年刻本）

【黃湯氏不觀演劇賽會】黃湯氏，應煥妻。素稟幽閒，居近市，演劇賽會，未一往觀。夫故，閉門守志，閱三十四年。卒，年六十一。子三，次秉亮，妻湯氏，亦早寡守節，計守志已三十四歲。（清·姚念楊：《（同治）益陽縣志》卷十九，清同治十三年刻本）

【賀光黻等約觀劇於桃花市】國朝賀光黻《小集桃骨山詩序（節錄）》：「壬午六月，約觀劇於桃花市。至期，來者只四人，止而觴之。」（清・姚念楊：《（同治）益陽縣志》卷二十四，清同治十三年刻本）

【龍亭侯祠戲樓】龍亭侯祠，在治西中岐市。龍亭侯者，漢和帝時蔡敬仲，名臣也。侯創始造紙，爲民興百世之利，故得列在祀典。資陽紙商雲集。乾隆年間，長、寶兩郡士商醵費取釐，□岐市二堡老岸吳姓屋基建祠祀侯，計前後五進，爲戲樓，爲拜庭，爲神座，爲客館，爲飯堂。圍牆前抵官街，左鐫十樣增輝，右鐫三都濟美，祠之高廣壯麗，聳踞形勝之區。（清・姚念楊：《（同治）益陽縣志》卷二十四，清同治十三年刻本）

（嘉慶）郴州總志

【關帝廟戲臺】關帝廟，在城南門內。明萬曆時，知州胡漢修建。國朝康熙五十四年，知州范廷謀重修。乾隆三十四年，署州事謝仲坈捐俸倡募改建。……正殿較舊地基加高三尺，規制宏闊如式，更壯神像。後殿仍爲三代祠，照舊制陞高棟簷。正殿前兩廊簷，前爲頭門，又前改建戲臺。左建三義祠。（清・朱偓：《（嘉慶）郴州總志》卷十三，清嘉慶二十五年刻本）

【報賽】農務既畢，秋乃賽神，攤錢設醮演戲，謂之報賽。（清・朱偓：《（嘉慶）郴州總志》卷二十一，清嘉慶二十五年刻本）

【賓客尚無演劇之風】前此，賓客尚簡，物薄情眞，不過雞鴨肉魚，隨時蔬荼，八人一席，酒不盡醉。偶遇喜慶，略加數餚，賀儀亦薄，彼此往來自易。司馬溫公所謂食不過數餚，酒不過數巡，尚有此風也。邇來習與時移，山珍海錯，紅白燒燻。父老相傳，數十年前未嘗數見，惟尚無演劇之風耳。（清・朱偓：《（嘉慶）郴州總志》卷二十一，清嘉慶二十五年刻本）

【范輅劾宸濠伶人秦榮僭侈】《明史・范輅傳》：范輅，字以載。正德六年進士，授行人，除南京御史。……寧王宸濠令諸司以朝服見。輅不可，奏言：「高帝定制，王府屬僚稱官。後乃稱臣。其餘文武及京官出使者俱稱官。朝使相見以便服。今天下王府儀注，制未畫一。臣以爲尊無二上，凡不稱臣者，皆不宜具朝服，以嚴大防。」章下禮官議。宸濠馳疏爭之，廷議請如輅言。宸濠伶人秦榮僭侈，輅劾治之。又劾鎭守太監畢眞貪虐十五事，疏

留不下。眞乃摭他事誣之，遂逮下詔獄。値帝巡幸，淹繫經年。至十四年四月，始謫龍州宣撫司經歷。（清・朱偓：《（嘉慶）郴州總志》卷三十六，清嘉慶二十五年刻本）

【勸戲說】明・何孟春《勸戲說》：何子愛觀南戲，不論工拙，樂之終日不厭。或曰：「子大觀古今，而於是戲之觀何取焉？」曰：「吾取其升而不榮、黜而不辱、笑非眞樂、哭非眞哀而已。昔魏文侯之養生，得之於解牛；張旭之草書，得之於舞劍；宋元君之畫史，得之於磅礴；司馬遷之《史記》，得之於遊覽，是皆見之於彼、悟之於此者也。余於觀戲得處世之道，順通之境交於前，不爲置欣戚，焉謂非有得於戲哉？嗚呼，古今能觀戲者鮮矣！」（清・朱偓：《（嘉慶）郴州總志》卷三十六，清嘉慶二十五年刻本）

【義猴】《永興縣志》：嘉慶丙寅冬，十四都有弄猴戲者死，猴爲倩人具棺，且以身殉葬。邑人馬步青爲作《義猴行》以弔之，曰：猴能戲，猴有義。猴戲猴之常，猴義人所異。人傍猴戲作生涯，猴隨人分到人家。猴忽幻作人態度，衣曳錦繡帽烏紗，人歌猴舞猴得栗。人溉釜人食，猴食不自由。人遣猴兮歸黃土，猴見人來，猴拜塵埃。猴牽人衣人趑趄，人見人死人徘徊。猴向人出涕，手作買棺勢。人謂苦無錢，猴出錢盈千。錢少人弗受，猴復牽來狗。狗在昔時作馬騎，今向人家去吠守。復作手勢頻丁寧，切莫宰狗充腹口。須臾棺買至，觀者盡人類。猴以杖授人，人莫解猴意。猴意依故主，死生不可棄。寧隨故主死，羞向新主媚。杖在人手人昔昔，猴自奮軀納棺中。人驅猴去猴復來，猴聲倍哀氣倍雄。一似俠客赴難烈，一似孤臣報國忠。嗚呼人生資猴戲，嗚呼人死賴猴義。嗚呼猴戲祗像人，嗚呼猴義人非易。（清・朱偓：《（嘉慶）郴州總志》卷四十二，清嘉慶二十五年刻本）

（同治）臨武縣志

【劉鳴玉觀劇】鳴玉姓劉氏，桂陽州人，或云江右人。其世業不可得詳。康熙初，吳逆構禍，避地邑之巒一都，舌耕自給。精六壬遁甲術數之學，與人言未來事，輒有左驗。能運掌雷。値歲旱，里閈中邀之禱雨，鳴玉曰：「雨可祈乎？將自至爾已。」乃削木爲符，偕其鄉人登山椒，傅符石上，握拳椎擊，符輒入。舒指，則「砰硠」一聲，雷起雲端矣。歸至中途，大雨如注，歲以不歉。館之東數里許，有梨園輩演劇，館徒六七人邀共往觀。時潯

暑方殘，秋陽尚暴，童子等爭擔篓握笠，相向前驅。鳴玉曰：「天且陰，無
湏爾雨。」行不數武，斷雲裊空，油然四布，隨所至而皆蔭，往反間不受蘊
爐之苦。性坦率，不飾邊幅，然亦廉潔自矢。嘗晚餔，斷荣羹，摘取旁舍豇
豆以充，且則如數買訖，繫諸籬上。偶暑行，無計止渴，陰取道旁王瓜啖之，
亦繫錢數文竿上以償。其耿介類如此。（清・鄒景文：《（同治）臨武縣志》卷三十
八，清同治增刻本）

　　【王孝子隨父觀劇溺斃】清・李榮燦《王孝子歌》：孝子姓王，名希曾，
河南葉縣之趙莊人。少力農。乾隆四十七年秋，隨父觀劇棠村，歸渡汝墳，河風大作，同
舟七十餘人俱溺水，孝子善泅，及達岸，見父不在，復入水救之。次早，眾尸浮水上，孝
子與父緊相抱持，居人憐其孝，殯於路旁。邑宰題其墓曰：曹江日朗。聞者莫不嘆息云。

　　我渡汝墳橋，來讀孝子碑。大書曹江日朗字，使我一讀一淚垂。孝子生
長農圃家，天倫之外無所知。耕鑿忘帝力，晨昏伺顏色。忽聞報賽演梨園，
侍父觀場父怡悅。朝往棠村薄暮還，暭暭渾如遊羲皇。行到渡頭風劇作，頃
刻天地變慘傷。同船數十俱溺死，孝子脫離登岸傍。舉頭尋父父不見，呼號
汲水求之徧。淵底牽衣緊抱持，翌日雙身浮水面。觀者如蟻皆涕洟，聞者讀
碑長欷歔。我窺孝子心，乾坤旋轉隻手支。我窺孝子行，日月沐浴神力持。
陸行不畏犀與兕，水行不避蛟與螭，肯使父子死生長別離。在昔曹娥救父屍，
得之江心有如斯。孝女孝子曠代希，始覺王褒隕涕蓼莪未爲奇。（清・鄒景文：
《（同治）臨武縣志》卷四十一，清同治增刻本）

　　【寺僧搬演目蓮】清・黃雲漢《重修龍廻基序》：石龍古刹也。其地左
環疊嶂，右抱雙溪，前明曾文恪大宗伯讀書於此，顏曰龍廻臺。殿宇三楹，
寶相莊嚴，金資照耀，晏如也。庚戌秋，風伯爲灾，摧折前楹，於是方丈茅
茨，瓦礫茂草，幾十稔矣。今春，屬有重修之舉，達官、長者、奉佛信人群
起和之。中毗於後稍近柵，其前檐爲中門。其前楹改置兩廊，直出門旁，壁
立如左右翼。經行之室、禪誦之堂略具焉。是役也，經始於七月之朔，僅五
十日而告竣，何速也。先是太歲在酉，寺僧例倡勝果，搬演目蓮，延二寒暑，
眾咸躍躍。其速也，人力爲之，亦佛具足神通默相之耳。雖然寺始於漢，其
時攝摩騰自西域來，止鴻臚，遂取寺名，立白馬寺，是佛藉吾儒而宅也。茲
寺有宗伯公遺蹟，則佛亦能宅儒行，見五夜青燈、三春花雨，梵唄書聲，迭
相唱和，必有發跡於此者。是爲序。（清・鄒景文：《（同治）臨武縣志》卷四十一，

清同治增刻本）

（同治）安仁縣志

　　【農務畢攤錢演戲】農務既畢，城市鄉村延僧道設醮，鑼鈸喧野，或攤錢演戲，有一年一次、三年一次，五年、十年一次者，此亦報賽之遺意也。但檯面鋪張，漸增華麗，支費不少。而市井遊惰之徒，成群誘賭，坑陷良家子弟，爲害亦匪淺焉。

　　按：古者春祈秋報，第有事於方社田祖。近因刀兵死亡，懼其爲厲，眞若有披髮叫天、號室跳梁者，藉報賽爲祈禳，其繁費無制。不特演戲、賭博誘陷良家子弟，其越禮干分，如架香僭擬，燔柴齋醮，輒行章会，鄉愚無知，不諳禁例，公然行之，初非一時所能驟革。附誌於此，使或自知其非，當必不禁而自阻。（清·張景垣：《（同治）安仁縣志》卷四，清同治八年刻本）

　　【城隍神誕辰演戲慶祝】邑城隍神最靈。凡朔望展謁水旱怪異，祈禱訴冤訟枉，莫不奔走歸命，史巫紛若，殆無虛日。相沿五月二十八爲誕辰，眾姓排年慶祝。詢諸父老，始亦不過醵錢敬神，費止香燭、楮幣，沿習既久，踵事增華，繁費無等，大約不下千餘金。曾裁去一切故事、綵旗，衹以五月、正月演戲，章醮燈燭爲率，然夜劇則男女聚觀。近竝禁革燈綵，俱從簡約，亦去奢崇儉之一端云。（清·張景垣：《（同治）安仁縣志》卷四，清同治八年刻本）

　　【城隍誕期演劇慶祝】省□每歲於誕期前後迎神出遊。以出遊之時正值仲夏，春溫之氣，鬱而不宣，藉此有所宣洩而袪時疫，亦即《周禮》鄉儺遺意。安邑於常祀之外，二十□姓輪流交□，亦於延期演劇，張燈慶祝，十日爲率。（清·張景垣：《（同治）安仁縣志》卷七，清同治八年刻本）

（道光）永州府志

　　【看歌堂】道州婚禮多尚門第，喜結舊親。初行下定禮，儀物無多。次則行聘，用厚幣索女庚帖，謂之「送年」。……嫁之前日，女家既受催妝禮，設歌筵燕女賓。有歌女四人，導新嫁孃於中堂，父母亦以客位禮之。至夜，歌聲唱和，群女陪於中堂，遠近婦女結伴來臨，曰「看歌堂」。達旦徹席。……明日，新郎往女家（但取新婦巾帨，簪花以往）拜其祖廟及父母、宗黨、賓客殆徧，曰「拜門」。女父母宴之，曰「卯筵」，厚致歌堂錢而歸。《竹枝詞》

云：「阿嬌出閣事鋪張，女伴歌聲徹夜長。聽到花深深一齣，不知何處奏鶯簧。」又云：「女孃隊隊夜相邀，來看歌堂取路遙。多謝兒時諸姊妹，勾留笑語坐通宵。」又云：「諸女坐來歌一周，載聆花席正歌酬。有三十六正歌之號，用方言，多羽音，清越動聽。歌畢，參以別調。夜深翻出清新譜，解唱梨園一疋綢。」（清·隆慶：《（道光）永州府志》卷五上，清道光八年刊本）

【汪輝祖禁送儺】寧俗，遊手之徒扮演獅子，遇喪家，伺至昏夜，鳴鑼擊鼓，譁然撞門，名曰「送儺」。喪主跪接入門，跳舞爲戲，酒食耗費不少。有絡繹而至者，或至爭鬨。汪輝祖曾禁止之。《善俗書》。（清·隆慶：《（道光）永州府志》卷五上，清道光八年刊本）

【居喪觀演戲文】又有急欲應試，忍自匿喪，或詭爲過繼者；有欲送葬鬧熱，粧起故事數擡，致眾聚觀者；有居喪而穿常服觀演戲文，被人譏其懷抱神主者。（清·隆慶：《（道光）永州府志》卷五上，清道光八年刊本）

【諸外神誕辰皆建醮演劇】其祭外神，則如眞武、水、火等神，關、岳二忠，所在俱有公會。每歲誕辰，結綵張燈，建醮演劇，爲費滋多。邨落則春秋二社而外，別無報賽。（清·隆慶：《（道光）永州府志》卷五上，清道光八年刊本）

【各廟賽會打醮演戲】至各廟賽會，多延巫覡，名曰「樂神」。眾姓醵金酬愿，打醮演戲，放花樹。（清·隆慶：《（道光）永州府志》卷五上，清道光八年刊本）

【邨人扮金剛力士形以驅疫】古者，季多先臘一日大儺。諺云：「臘鼓鳴，春草生。」邨人並擊細腰鼓，扮金剛力士形以驅疫。（清·隆慶：《（道光）永州府志》卷五上，清道光八年刊本）

【桃花扇傳奇後序注】《〈桃花扇〉傳奇後序注》，國朝陳宸書譔。案：宸書熟於史學，此書本小之小者，然觀其注，可備識南都故事，不得以浪筆目之。（清·隆慶：《（道光）永州府志》卷九下，清道光八年刊本）

【曼聲度曲宴中庭】國朝邑人鄧奇逢《祁陽雜詠（之四）》：曼聲度曲宴中庭，那得煙花樂部聽。時樂多不備。但扮齊人與妻妾，一雙不借笑優伶。（清·

隆慶：《（道光）永州府志》卷十，清道光八年刊本）

（光緒）道州志

　　【眾姓醵金酬愿演戲文】外此，惟臘月祀竈，或各廟賽會，多延巫覡，名曰「樂神」。又有眾姓醵金酬愿，打醮歌、演戲文、扮故事、放花樹。八月間，城西將軍廟最盛。舉國若狂。每歲秋冬間，遠近村坊喧闐不歇。（清·李鏡蓉：《（光緒）道州志》卷十，清光緒三年刊本）

　　【六曰溜】六曰溜。力救切，今轉平聲。考六字本力竹切，《九宮譜》調聲作力救切，南北梨園皆宗之。蓋六溜皆舌兼喉音，並屬宮之半徵也。（清·李鏡蓉：《（光緒）道州志》卷十，清光緒三年刊本）

　　【乾隆三十六年五月十三日武廟演劇】乾隆三十六年五月十三日，城中武廟方演劇，時天日清朗，忽烏雲下垂，眾咸見城西北五龍井中有龍拏空而起，鱗爪畢露，俄掉尾入雲，霖雨如注，遂不復見。（清·李鏡蓉：《（光緒）道州志》卷十二，清光緒三年刊本）

（乾隆）祁陽縣志

　　【城市鄉村建醮演劇之別】神會：祠廟不一，如眞武壽佛、關聖、岳聖、水神、火神所在，俱有公會。每歲誕辰，結綵張燈，建醮演劇，為費滋多。然亦城市為然，鄉村則春秋二社而外，別無報賽。（清·李蒔：《（乾隆）祁陽縣志》卷四，清乾隆三十年刻本）

（嘉慶）新田縣志

　　【峝瑶十數輩擊長腰鼓吹笙】立春日，結綵支棚，迎春於東郊。農人視土牛顏色黃、白多寡，以占水穀。又視芒神韢帽穿戴與否，以卜閒忙。各官齊集，鼓吹導至縣堂，謂之迎春。峝瑶十數輩擊長腰鼓，吹笙嗚嗚，團圝亦隨舞跳。次日鞭青如制。（清·張厚郿：《（嘉慶）新田縣志》卷一，清嘉慶十七年刊本民國二十九年翻印本）

　　【五月十三倩梨園演劇】五月十三，關莊繆誕期，營中倩梨園演劇以賀，或三五天，其景頗鬧。遠近群觀，大破荒城岑寂之象，亦僅事也。（清·

張厚齋：《（嘉慶）新田縣志》卷一，清嘉慶十七年刊本民國二十九年翻印本）

（光緒）永明縣志

【元宵雜劇】正月一日元旦，長幼具衣冠拜祖先，然後以次相拜賀，市不列肆者三日。十五夜元宵，翦紙爲燈，有鼇山、魚龍、採茶雜劇。（清·萬發元：《（光緒）永明縣志》卷十一，清光緒三十三年刻本）

【元旦鄉人扮傀儡唱採茶歌】元旦，鄉人扮傀儡，跳擲爲戲。或飾兒童，往來富家巨室，挈花籃唱《十二月採茶歌》，音節縣麗，頗有古《竹枝》遺調。其詞云：「二月採茶茶發芽，姊妹雙雙去採茶。大姊採多妹採少，不論多少早還家。」「三月採茶茶葉新，娘在家中繡手巾。手巾兩頭繡出茶花朵，中間繡箇採茶人。」「七月採茶茶葉稀，茶葉稀時整素機。織得綾羅三兩疋，與郎先製採茶衣。」餘不具錄。《道光志》。（清·萬發元：《（光緒）永明縣志》卷十一，清光緒三十三年刻本）

【上元龍鐙】初五日以後，慶賀上元龍鐙陸續而出。製作必極夭矯，翦金綵爲鱗甲，日修補之。遍歷城鄉，所過非親故不入。其入者，主人備花紅以飾之，酒果以餉之。隨龍而行，必有擡鼓，即其村廟中物，或一或二，視村廟所有。擡鼓之人，拳其髮，簪花傅粉，著女半臂，口唱《龍燈歌》，人爭以酒飫之，彼亦酒至即釂。點綴昇平，於斯爲盛。（清·萬發元：《（光緒）永明縣志》卷十一，清光緒三十三年刻本）

【報賽演劇】每歲秋，東關以龍母廟龍神出巡，西關以順濟廟三閭大夫出巡，彼此至城隍廟前而止。出巡之日，神輿前後儀仗具備。紳耆拈香步行，雜以巫覡，爆竹誼填。神過之處，沿途居人鋪戶筵祭誠肅。巫覡則至人家跳鼓吹笙，口中邪許相和，以爲祓除，且擲杯筊問休咎焉。神輿返廟，已子夜矣。廟中則鐙燭輝煌，歌臺劇早登場。後此每日焚表參拜，亦以巫覡。或五日，或七日，劇終而賽事告竣。道光十一年始，東、西、南三關聯合祭賽，城隍亦如之。鄉中則各賽其奉祀之神，儀仗略減而已。（清·萬發元：《（光緒）永明縣志》卷十一，清光緒三十三年刻本）

【里社聞徐孝女殉母罷演劇】清·蔣雲寬《紀徐孝女燕婉殉母（節錄）》：雲冥冥，風淒淒，里中簫鼓罷群兒，是日里社演劇，聞女死，哀而罷之。柯山女郎絕命時。女郎有母悲無祿，焚香拜天空禱祝。……堊廬鬼號白日短，青萍

血濺麻衣滿。歸去慈雲化蝶隨，聽來哀淚啼鵑遠。……邦人請旌格令典，千古惟留奇孝名。（清·萬發元：《（光緒）永明縣志》卷四十九，清光緒三十三年刻本）

【瑤人歌謳】瑤人歌謳，倡者以「來裡鄉」爲尾聲，和者以「呼噫啾」爲尾聲，未詳其義，殆如《樂錄》所謂「羊無夷」、「伊那阿」之類。（清·萬發元：《（光緒）永明縣志》卷末，清光緒三十三年刻本）

（光緒）零陵縣志

【演戲留款多至五六十席】立春日，官迎春禮。胥以盤貯小土牛送鄉紳家，謂之送春。正月十五元宵節，街市多翦綵爲燈，有龍魚鼇山諸戲，鼓吹遊觀，午夜不禁。此古俗也。近則又有鄉區爲田禾人畜祈祐神廟。新正值天氣晴明，龍燈鑼鼓，各以百計，詣廟進香，不入人家，是謂遊燈。其次，提燭龍周徧鄉村，盤舞喧鬧，以取笑樂。或冬臘擇子弟教習俗曲，屆期隨龍燈遠涉。拜親戚，聯家族，演戲留款多至五六十席，則費頗繁矣。（清·嵇有慶：《（光緒）零陵縣志》卷五，清光緒修民國補刊本）

【重九黃溪神誕日城鄉演劇】九月九日重陽節，登高飲酒，賦詩唱和，文士間爲之。又黃溪神以重九日生，凡奉是祠者率多宰牲設醮，就祠演劇，鄉村皆然，在城尤盛。（清·嵇有慶：《（光緒）零陵縣志》卷五，清光緒修民國補刊本）

【二女妖曼聲度曲】二年，北鄉唐某家有二女妖据其樓，令某日供一雞並其童媳執役，否則怒，欲火其廬。有時曼聲度曲，了了可聽。其族紳某多隱慝，欲以衣冠恐之。比入門，妖則大聲詬罵，盡發其覆，紳窘而去，數月妖亦杳。（清·嵇有慶：《（光緒）零陵縣志》卷十二，清光緒修民國補刊本）

（同治）新化縣志

【市戶裝演故事迎春】立春先一日，長吏率僚屬迎春於東郊之亭，各市戶裝演故事隨行。次日按交春時候鞭土牛，謂之打春。別以小牛、綵鞭，餽遺鄉達。（清·關培鈞：《（同治）新化縣志》卷七，清同治十一年刊本）

【元宵節童子攜鐙歌唱】正月十五日爲元宵節，市戶各張鐙於堂，鼓吹相聞，揚鐙於市。童子攜鐙歌唱，遍詣人戶送喜，半夜不禁。（清·關培鈞：《（同治）新化縣志》卷七，清同治十一年刊本）

【市井競唱張公斷】張大孝，字慕安，一字蓼庵。世爲巨族。父楫，鄉里稱長者。大孝有夙慧，師事同里劉鳳倫，宿儒也，許以遠到。大孝性卞急，鳳倫規之，遂厚自貶損，言行恂恂，無小過。鳳倫喜曰：「此眞遠到器矣！」登萬曆十七年焦竑榜進士，授舒城知縣，治聲大著。權鎮江府同知。行取戶部主事，轉刑部員外郎。恤刑江西，出爲順德府知府，以憂去。服闋，補鳳陽府知府。遷四川按察司副使，分巡馬湖道。大孝仁明有吏才，居刑曹，多所平反。迴翔郡縣久，所至推誠爲治，慈祥豈弟，頌聲翕作，世稱其善斷疑獄，剖決如流。好事者編爲歌謠，名曰《張公斷》，市井小人競演唱村聚間求食。里娃村媼，時有能誦之者。家居禮故舊、周族黨，尤好獎引後進，至今人樂道之。（清·關培鈞：《（同治）新化縣志》卷二十一，清同治十一年刊本）

【忠孝節義事里閭雜劇可引爲鑒】姜大綸，字鈞鼇，號金溪。……子先元，字士望，懋遷起家，孝友齒讓敦古。處歲稔，間行阡陌，適遇竊稻者，先元微笑曰：「獲少失多，何暴殄若此！」……好論古，每舉忠孝節義事勗其子，即里閭雜劇可引爲鑒者，亦稱道不置。（清·關培鈞：《（同治）新化縣志》卷二十六，清同治十一年刊本）

【謝上位卻假演劇作博者賄金】謝上位，號友松。遇歉歲，里有斷炊者，上位力謀振卹，度歲給貧乏，計口爲備。有族祖時順子孫往蜀，其墓荊榛叢雜，石碣就湮。爲之封識，并置祭田，建祠曰「雙溪」。又經積從祖世揚所捐義學塘田貲，增置田二處。生性嚴正，有欲假演劇作博者，畏不敢發，陰託啗以十金，請於數里外爲場。上位怒卻其金，事遂輟。（清·關培鈞：《（同治）新化縣志》卷二十六，清同治十一年刊本）

（嘉慶）龍山縣志

【迎春禁例】凡迎春禁例，康熙十二年復准。嗣後，直省府、州、縣各官拜迎芒神、土牛，止用鼓吹綵亭。其勒令鹽商、當舖、行戶粧扮故事臺閣，排列金珠、張鼓樂、樹旗幟併科派里長提取馬匹車輛、伶人倡婦等項，嚴行禁止。如有前項糜費，並各官借端派累，該督撫科道題參交與該部議處。（清·繳繼祖：《（嘉慶）龍山縣志》卷五，清嘉慶二十三年刻本）

【鄉村貿易多演劇設賭局】俗好宰耕牛，大抵皆盜來物也。盜則聚而

屠之，貨其肉。或盜而轉售，或藏匿不肖之家。甲盜而令乙售，以彌縫踪跡。市井無賴，貪圖便宜，私宰愈多，盜竊愈甚。尤好賭，城市中耳目易周，尙未敢白晝攤錢，憑陵大叫。各鄉村貿易趕場，如期而至，演劇設賭局，此鬩彼嗔，往往數十兩、百兩爲輸贏。無錢以償，流而爲盜。地方官必懲賭博、禁私宰、嚴窩藏，乃爲清盜之源。（清・繳繼祖：《（嘉慶）龍山縣志》卷七，清嘉慶二十三年刻本）

【迎春扮臺閣故事】立春先一日，印官率僚屬迎春東郊，祀勾芒神，出土牛，散春花，結綵亭，扮臺閣故事。男婦集而觀者如雲，旗幟鼓吹，迎入官署。鄉人掛長鼓隨綵仗歌，擊曰：「送新春。」以土牛色占水旱疾疫，以芒神帽鞋占春遲早及晴雨寒暖。（清・繳繼祖：《（嘉慶）龍山縣志》卷七，清嘉慶二十三年刻本）

【元宵前數日揀十歲以下童子扮演採茶秧歌】元宵前數日，城鄉多剪紙爲燈，或魚、或鳥獸、或龍、或獅，揀十歲以下童子扮演採茶秧歌。至十五夜，簫鼓燈花達旦，曰「鬧元宵」。作油粢（俗作糍）、元宵團相餽遺，彼此延飲，曰「請年客」。（清・繳繼祖：《（嘉慶）龍山縣志》卷七，清嘉慶二十三年刻本）

【龍山梨園皆來自外境】音樂、歌謠：邑無梨園，間村市演劇，皆來自外境，鄙俚不足聽。至於耕夫饁婦，物候驚心，歌聲四起，雖不足以爲詩陳而天籟自鳴，亦司牧者所宜聞而加以教督也。又，乾隆年間，龍邑有謠云：「旗鼓寨鼓上下綦，旗動鼓響車馬亂」，已而匪變，據寨蹂躪，人咸以爲讖。（清・繳繼祖：《（嘉慶）龍山縣志》卷七，清嘉慶二十三年刻本）

【祈禳賽會】祈禳：水旱，延僧道設壇祈請。疾病，服藥外一聽命於巫，許天王愿，病愈醵錢爲會。大門外植傘，設天王位，割牲陳酒禮，燒黃蠟香，匍匐致敬已，乃席地歡飲，曰賽天王愿。鄉民忿爭不白，即舁神出，披黃錢，各立誓詞。又歲時賽會有上元醮、中元醮、土地壽、梓潼壽、城隍壽、伏波壽、火官壽、五通壽外，又延巫宰豕，設儺王。男女二，像巫，戴紙面具，飾孟姜女、范七。即擊鼓鳴鑼，歌舞竟夕，曰還儺愿。巫因以爲利，取媚酒食，不爲所惑者蓋鮮。又立轄神廟，每歲正月初二五更，貧富畢集，迎神出遊，以多放爆竹示敬富者。放至數萬，聲喧不辨人語。其力不及放爆

竹者，科頭裸體，跣跑奔逐，風雪不畏，曰赤膊愿。八月十五亦然，但不名赤膊愿耳。（清・繳繼祖：《（嘉慶）龍山縣志》卷七，清嘉慶二十三年刻本）

【龍山迎春歌】（知縣）李樹毅《龍山迎春歌》：龍山迎春風景好，龍山兒女忙不了。先期結隊來城廂，都願今朝天晴曉。村鑼村鼓聲鼕鼕，魚龍百戲黃堂中。張蓋揚旗伺官出，一齊擁過東門東。東門城外人如雲，土婦苗婦奔紛紛。苗婦項圈圍一尺，耳邊額角皆金銀。土婦兩鬢纏羅帕，紅綠相間衣裳新。聯臂摩肩看官過，暗裡似羨官長尊。肩輿忽到春場上，有人扮做春官樣。手拍春鼓唱春歌，歌聲已帶春聲多。賞以春酒心更喜，春風先從面上起。繪成一幅同風圖，大家都在春臺裡。興闌酒罷日未斜，踏春人散紛還家。我歸一路尋春色，開到庭前寒梅花。（清・繳繼祖：《（嘉慶）龍山縣志》卷十六，清嘉慶二十三年刻本）

【山歌唱採茶】清・趙文珩《春暮隆頭道中》：曲折溪行盡，前村又幾家。田原新斷雨，蕎麥亂開花。野店詢沽酒，山歌唱採茶。竹雞啼不住，落日已西斜。（清・繳繼祖：《（嘉慶）龍山縣志》卷十六，清嘉慶二十三年刻本）

【裸舞】相傳吳著沖為人準頭高聳，上現紅光，必多殺戮。家人知其然，以婦女數人裸體戲舞於前，輒回嗔作喜。土民所以有擺手、祈禳之事。然當年彭城奪地，因著沖為崇，立祠祀之，至今賽焉。殆所謂取精多而用物宏，其魂魄尚能為厲者與？（清・繳繼祖：《（嘉慶）龍山縣志》卷十六，清嘉慶二十三年刻本）

廣　東

（光緒）廣州府志

【喪葬演戲】又有於出殯前夕招集親朋鄰族開筵劇飲，謂之鬧喪。或於停喪處所連日演戲，舉殯之時，復扮演雜劇戲具，非惟於理不合，抑亦於情何忍？（清·戴肇辰：《（光緒）廣州府志》卷四，清光緒五年刊本）

【優伶衣裝禁忌】一、《通禮》載：奴僕、優伶、皁隸許用繭紬、毛褐、葛布、梭布、貉皮、羊皮，其紡絲綢絹緞紗綾羅、各種細毛及石青色衣，俱不得服用。冬帽用染騷鼠、狐貉、獺皮，不得用貂。（清·戴肇辰：《（光緒）廣州府志》卷四，清光緒五年刊本）

【鼇山燈能演戲】立春日，有司送勾芒、土牛。勾芒名拗春童，著帽則春暖，否則春寒。土牛色紅則旱，黑則水。上元作燈市，採松竹結棚通衢，綴華燈，有楮帛、竹縷、菩提、琉璃諸品。又爲花草、蟲魚、人馬之像。其鼇山用彩楮爲人物故事，運機能動，有絕妙逼眞者。鼇山燈出郡城及三山村，機巧殆甚，至能演戲。據黃《通志》、《廣東新語》、郝《通志》修。（清·戴肇辰：《（光緒）廣州府志》卷十五，清光緒五年刊本）

【飾童男女爲故事者百隊】城內外舞獅象龍鸞之屬者百隊，飾童男女爲故事者百隊，爲陸龍船，長者十餘丈，以輪旋轉，人皆錦袍倭帽，揚旗弄鼓，對舞寶燈於其上。（清·戴肇辰：《（光緒）廣州府志》卷十五，清光緒五年刊本）

【二月城市中多演戲爲樂】二月城市中多演戲爲樂。諺云：「正燈二戲。」上巳，農民方里烹豚釃酒祭社祈穀，聚而群飲，有飲蜡遺風。秋社亦如之。（清・戴肇辰：《（光緒）廣州府志》卷十五，清光緒五年刊本）

【粵俗賽會尤盛】粵俗尚巫鬼，賽會尤盛。省中城隍之香火無虛日，他神則祠於神之誕日。二月二日土地會，大小衙署前及街巷，無不召梨園奏樂娛神。河南惟金花會爲盛。極盛莫過於波羅南海神祠，亦在二月，四遠雲集，珠孃花艇，盡歸其間。錦繡鋪江，麝蘭薰水，香風所過，銷魂蕩心，冶遊子弟，彌月忘歸，其糜金錢不知幾許矣！他則華光先鋒、白雲蒲澗及端午競渡，所稱會者，無月無之。他小神祠之會，不可備書。每日晚，門前張燈，焚香祀土地設供，諺所謂「家家門口供土地」也。香火、堂燈不息到天明。堂用紅紙書一切神靈名號，旁插大葉金花，炫輝奪目。粵無巫，以火居道士充之，所居門首懸牌著其姓稱道館。街陌鄉市，道館最多。小兒寒暑災，即呼道士禳之。順星送祟，刺刺不休，亦《周禮》遺意，但其所語神鬼不經耳。遇一頑石即立社，或老榕、龍荔之下指爲土地，無所爲神像，向木石祭賽乞呵護者日不絕。至書所愛養子女名，祝於神子之，謂之契男契女，亦可粲也。《番禺志》。（清・戴肇辰：《（光緒）廣州府志》卷十五，清光緒五年刊本）

【張燈演戲雖罄家貲亦爲之】城西，外省商賈蝟集，不善用財，品物頗繁，多事暴殄，外負富饒之名而內實貧困。喪祭送終之禮，蕩然無制。朝富暮貧，常甘心焉。獄訟關節，齋醮祈禳，張燈演戲，博弈燕遊，雖罄家貲亦爲之。（清・戴肇辰：《（光緒）廣州府志》卷十五，清光緒五年刊本）

【伶人尙玉樓之死】（劉）晟既弒兄，立不順，懼眾不服，乃益峻刑法以威眾。宦者林延遇、宮人盧瓊仙，內外專恣爲殺戮。晟不復省，嘗夜飲，大醉，以瓜置伶人尙玉樓項，拔劍斬之以試劍，因并斬其首。明日酒醒，復召玉樓侍飲，左右曰已殺之，晟歎息而已。歐《史》「南漢世家」。（清・戴肇辰：《（光緒）廣州府志》卷七十六，清光緒五年刊本）

【東莞石龍鄉新街演戲失火焚男女四百餘人】東莞石龍鄉新街演戲失火，焚男女四百餘人。《採訪冊》。（清・戴肇辰：《（光緒）廣州府志》卷八十一，清光緒五年刊本）

【咸豐二年八月十六日新會禮義都演劇失火】（咸豐二年八月）十六
日新會禮義都演劇失火，場中焚死男子一百一十餘人，婦女九十餘人。《新會
續志》。（清·戴肇辰：《（光緒）廣州府志》卷八十二，清光緒五年刊本）

【琵琶楔子】《琵琶楔子》一卷。國朝番禺王隼撰。據《番禺志》。謹案：
此編取古今人詞曲之佳者譜入琵琶，故名《琵琶楔子》。（清·戴肇辰：《（光緒）廣州府志》
卷九十六，清光緒五年刊本）

【蕭奕輔戒伶人演武宗遊幸事】蕭奕輔，字翼猷，麻涌人。父道，為
沅陵簿。民苦邊運，力請得改折，民甚德之。奕輔登天啓元年辛酉鄉薦。二
年壬戌進士，授福建長汀令。丁內艱，貧，不克舉喪，邑紳林向陽賻之，乃
成殮。起補河南葉縣。邑有銀礦，民輸萬金請開採，却之。擢廣西道御史，
巡按浙江。……卒年六十五。奕輔為人忠慎誠篤，子姪以高皇帝刻像粘書室，
奕輔入見，遽趨出，命敬緘之，曰：「此太祖御容，何可褻也！」梨園演武宗
遊幸事，亟起立戒伶人，罷去。家居朔望必望闕拜如禮，其祇敬如此。據《東
莞志》、《浙江通志》、《福建通志》修。（清·戴肇辰：《（光緒）廣州府志》卷一百二十四，
清光緒五年刊本）

【楊居士以法術邀諸伶至】楊居士，無名，亦不知何許人。嘗遊南海，
人不知其所止。有奇術，每至郡會，太守好奇，聞其來甚喜，厚禮之。其僕
偶忤太守，不能容，遂疏之。後太守會宴於郡齋閱散樂，而居士不得與席。
時有數客亦不在太守召中，固謂居士曰：「先生自負有奇術，今太守宴客於郡
齋而遺先生，獨不能設術動之乎？」居士笑曰：「此末術耳！」因命具酒，使
客環席而坐，又命小童入西廡下空室。久之，乃啓其門，有三、四伶人自廡
下來，攜樂器至。諸客驚異，乃命列坐奏樂具歌。客或訊其術，但笑而不言。
飲至夜分，居士謂諸伶曰：「可歸矣！」於是，皆退入西廡下空室中。客相目，
疑其鬼物妖惑。明日，有說者曰：「太守昨夜宴郡閣，諸伶人列坐。無何，皆
仆地。瞬息，又有大風飄其樂懸而去。迨至夜分，諸伶方寤，樂懸亦歸於舊
所。太守質問諸伶，皆云黑無所見，竟不能窮其由。」諸客大驚，因以此事
告太守。太守歎異，即謝而遣之，不敢留於郡。楊歸隱山中，不復露其術。張
《府志》。（清·戴肇辰：《（光緒）廣州府志》卷一百三十九，清光緒五年刊本）

【王隼常自度曲】王瑤湘，隱士王隼女。能詩，擇婿得故人子李孝先，

遂妻之。隼性嗜音，常自度曲，孝先倚而和之，瑤湘吹洞簫以赴節，聽者有月笙雲璈之想。未幾，孝先卒，瑤湘怡然矢節，自稱逍遙居士。隼爲刻《逍遙樓詩》。據鈕琇《觚賸》修。（清・戴肇辰：《（光緒）廣州府志》卷一百四十五，清光緒五年刊本）

【梨園演蘇季子故事】馬淳，成化癸卯舉人，令福建上杭。縣修葺衙宇，一工邱姓者，日箠其徒不少輟。淳怒，謂：「彼亦人子，不供役，則還諸其父母已耳，奈何數撻之？」工曰：「余兒道隆也，欲從塾師學，不願爲工，讀書豈枵腹可能？屢諭之不從，故箠之耳！」淳驚異，適衙前演梨園爲蘇季子故事，因謂道隆曰：「爾爲學，試以對。能，則說父任爾；不能，版築終身無憾也。」遂爲出句曰：「說六國君臣易。」即應聲曰：「處一家骨肉難。」淳曰：「此子不凡，修脯在我。」遂延師教之。三年，將解任，出百金託一紳終其事。後道隆學業大成，登正德進士，適令順德。（清・戴肇辰：《（光緒）廣州府志》卷一百六十一，清光緒五年刊本）

【波羅廟會】波羅廟，每歲二月初旬，遠近環集樓船、花艇、小舟、大舸，連泊十餘里。有不能就岸者，架長篙、接木板作橋，越數十重船以渡。入夜，明燭萬艘，與江波輝映。管絃嘔啞嘈雜，竟十餘夕。爆竹起火通宵，登艫而望，天宮海市，不是過矣！至十三日海神誕，謁神者僅三更，燒猳蠟、燕齎楮帛者絡繹，廟門填塞。不能進廟內，置小桌數百，桌前置香爐燭臺，置席、置籤珓，就席拜者賫以錢。兩廡下賣籤語者、賣符者，僧道巫覡，黥奴乞丐，擁雜不可窮詰。廟前作梨園劇。近廟十八鄉各奉六侯，爲鹵簿葳蕤，裝童女作萬花輿之戲。自鹿步、墩頭、芳園，皆延名優，費數百金以樂神。廟前搭篷作鋪店，凡省會、佛山之所有日用器物、玩好、閨閣所飾、童兒所嗜，陳列炫售，照耀人目。糊紙作雞，塗以金翠，或爲青鸞彩鳳，大小不一，謂之波羅雞。凡謁神者、遊劇者，必買符及雞以歸，饋遺鄰里，謂雞比符爲尤靈，可以辟鳥雀及蟲螣云。祀神畢，登浴日亭，聽銅鉦四響，蘭槳動搖，蒲帆齊舉，海舟悉發矣。潮未長，沙田閣舟倩蛋人推輓，如橇行泥中。駞牽蟻附，歲無賴子業此得升斗者，常數十百人。其有剪柳鑽艙，治以鹿步巡司，惟喝雉呼盧，一擲百萬，連船轟賭，幾同金吾弛禁也。至花朝以後，男船畢退，女舸漸登，近而紅粉村姑，山花插鬢；遠則青樓蕩婦，浪蝶隨身，借祈禱爲名，恣爲遊觀。海光寺裏，坡詩亭子，冶服豔妝，遺釵墮珥，此亦嬉春

舊俗矣。《波羅外紀》。(清‧戴肇辰:《(光緒)廣州府志》卷一百六十三,清光緒五年刊本)

【順德賽北帝神】順德賽北帝神,以少年扮爲神將,鄉人事之惟謹,無敢或怠。父者見之,輒傴僂拜跪。遇諸途則走避,稍逆意,呵叱怒罵,莫不俯首謝過。每扮一神將,衣服鎧甲、鼓樂儀仗、飲食宴會,費至數百金,而少年亦往往殀死云。《粵小記》。(清‧戴肇辰:《(光緒)廣州府志》卷一百六十三,清光緒五年刊本)

【天后顯靈救樂部百餘人】順德大良,天后廟七八所,惟東門外青雲路第一橋者最靈。婦女皆以金線繡韄奉獻,製極精巧。有某樂部,邑人恒召演劇賽神。船偶渡海,忽風雷大作,鴻波獸立,桅折船幾覆。闔樂部百餘人,跪呼天求救,俄見一朱衣婦人立鶂首,船遂定,知聖母之來援也。焚香叩謝,旋於船頭拾得繡鞋一隻。後詣各廟謝,惟東門外廟鞋失一,持配,恰成對。於是演劇三日,婆娑樂神。復每歲誕日,自詣賽神,無煩邑人更召云。此乾隆四十年事。《順德縣志》。(清‧戴肇辰:《(光緒)廣州府志》卷一百六十三,清光緒五年刊本)

【四月十七日神誕禱賽】廣郡金花夫人遺跡,各傳其說。……粵人復建廟於故處,即今仙湖街廟是也。國朝乾隆間,翁學士方綱來視學,適至仙湖街,見男女拜謁,肩輿不能過,怒命有司毀之。粵人於是多往南岸石鰲村禱祀。四月十七日爲神誕辰,畫舫笙歌,禱賽極盛云。《粵小記》。(清‧戴肇辰:《(光緒)廣州府志》卷一百六十三,清光緒五年刊本)

【神不欲演戲欲修路】佛山突岐鋪有社,旁皆居民,俗呼大口社。後有廟,祀華陀,深廣不五步,入廟磬折者趾相錯。蓋病而祈,病已而報者,司祝所入,積金至數百。里老曰:「廟隘,盍以杯珓卜於神,廣之。」不許。或曰:「豈神欲演戲耶?賽色耶?」再卜,復不許。或進曰:「廟前路歁仄,倘神欲修路使行人乎?」復卜,神許,遂甃廟前路以新石,平如砥,始有自他鋪而居者,炊煙盛於舊。吁!神亦靈矣。《南海續志》。(清‧戴肇辰:《(光緒)廣州府志》卷一百六十三,清光緒五年刊本)

【院本以鏖戰多者爲最】會城罕京戲,所謂本地班者,院本以鏖戰多

者為最，犯上作亂，恬不為怪。李文茂者，優人也，素驍勇，善擊刺，日習焉。咸豐四年，竟率其黨倡亂。當事者乃瀦其館曰梨園者，嚴禁本地班不許演唱。不六七年旋復，舊弊之難革如此。《南海續志》。（清・戴肇辰：《（光緒）廣州府志》卷一百六十三，清光緒五年刊本）

【乾隆二十二年佛山顏料行會館演劇遭火斃數百人】乾隆二十二年，佛山顏料行會館演劇，觀者數百人遭火，俱斃。後即其地建旅食祠以妥之。當火發時，有葉兆資者以寡嫂止一子，聞其在場往救，友人阻之，不可，遂入。尋姪不見，火燼前門，人無出路，兆資有臂力，以手援人，俾從其肩背踰墻走，免數人，而兆資與姪同斃於火。又同時有外省商人臂力更大，當前門燼時，奮拳破壁為穴，人有從穴出者，有從商膊上踰墻者，約活三十餘人，而商竟被焚死。火滅後，檢骸爐至竈床底，見一童子熟睡，呼之始醒。問其故，答以火發時有人導之來，云睡此可無虞，後事一無所知。死生有定，不其然歟？陳《佛山志》。（清・戴肇辰：《（光緒）廣州府志》卷一百六十三，清光緒五年刊本）

（同治）番禺縣志

【番禺歲時戲劇】立春日，有司逆勾芒、土牛。勾芒名抎春童，著帽則春暖，否則春寒。土牛色紅則旱，黑則水。競以紅豆、五色米灑之，以消一歲之疾疹。以土牛泥泥竈，以肥六畜。

元日拜年，燒爆竹，啖煎堆、白餅、沙壅，飲柏酒。

元夕，張燈燒起火，十家則放煙火，五家則放花筒。嬉遊者，率袖象牙香筒，打十八閙為樂。城內外舞獅象龍鸞之屬者百隊，飾童男女為故事者百隊。為陸龍船，長者十餘丈，以輪旋轉，人皆錦袍倭帽，揚旗弄鼓，對舞寶鐙於其上。晝則踢毽五仙觀。毽有大小，其踢大毽者市井人，踢小毽者豪貴子。歌伯鬪歌，皆著鴨舌巾，駝毧服，行立榥上。東唱西和，西嘲東解，語必雙關，詞兼雅俗。觀者不遠千里，持瑰異物為慶頭。其燈師又為謎語，懸賞中衢，曰「燈信」。

二月始東作社，曰「祈年」，師巫徧至人家除禳。望日以農器耕牛相市，曰「犂耙會」。

清明有事先塋，曰「拜清」。先期一日曰「劃清」。新塋必以清明日祭，曰「應清」。

三月二十三日為天妃會，建醮扮橇飾童男女如元夕，寶馬綵棚亦百隊。

四月八日浴佛，採麵莊榔，搗百花葉為餅。是日江上陳龍舟，曰「出水龍」。潮田始作。

五月自朔至五日，以粽心草繫黍，卷以柊葉，以象陰陽包裹。浴女蘭湯，飲菖蒲雄黃醴，以辟不祥。士女乘舫，觀競渡海珠，買花果於蛋家女艇中。

夏至，磔犬禳蠱毒。農再播種，曰「晚禾」。小暑小穫，大暑則大穫。隨穫隨蒔，皆及百日而收。

七月初，七夕為七娘會，乞巧。沐浴天孫聖水。以素馨、茉莉結高尾艇，翠羽為篷，遊泛沉香之浦，以象星槎。十四，祭先祠屬為盂蘭會，相餉龍眼、檳榔，曰「結圓」。二十五，為安期上昇日，往蒲澗採蒲，濯蒜蒜水。

八月蓼花水至，有月，則是歲多珠，為大餅象月浮桂酒。剝芋，芋有十四種，以黃者為貴。九日載花糕萸酒，登五層樓雙塔，放響弓鷂。霜降，展先墓，諸坊設齋醮禳彗。

十月下元會，天乃寒，人始釋其荃葛。農再登稼，餅茱以餉牛，為寮榨蔗作糖霜。

冬至日「亞歲」，食鱠，為家宴團冬。墓祭曰「掛冬」。

小除祀竈，以花豆灑屋。次日為酒以分歲，曰「團年」。歲除祭，曰「送年」。以灰畫弓矢於道射祟。以蘇木染雞子食之。以火照路，曰「賣冷」。據《廣東新語》修。（清·李福泰：《（同治）番禺縣志》卷六，清同治十年刊本）

【文昌神生日賽會尤盛】 粵中文會極盛，鄉村俱有社學，文會即集社學中，大小俱至，勝衣挶管，必率以至，不敢規避。令最嚴，毋敢假借者。卷用紅絲欄為式，卷面編千字文號，隱其姓名，別註小冊，分書其號，別藏弄，不使閱卷者知也。主會者具贄謁閱卷者，贄輕重視卷多少。閱定甲乙，各署卷尾，私印鈐發，主會者受之。然後出小冊比對註明，列前者俱有銀帛之貲，謂之「謝教」。鄉村大姓，必於所居水口起文閣祠文昌神。神之生日，賽會尤盛。閣凡二層或三層，高者十餘丈，遠望似浮屠。有閣處，其內多讀書家，有科第。據任《志》修。（清·李福泰：《（同治）番禺縣志》卷六，清同治十年刊本）

【粵賽會尤盛】 粵俗尚巫鬼，賽會尤盛。省中城隍廟香火無虛日，他神則祠於神之誕日。二月二日土地會為盛，大小衙署前及街巷，無不召梨園奏

樂娛神。河南則金花會爲盛。極盛莫過於波羅南海神祠，亦在二月，四遠雲集，珠孃花艇，盡歸其間。錦繡鋪江，麝蘭薰水，香風所過，銷魄蕩心，冶遊子弟，彌月忘歸，其麋金錢不知幾許矣！他則華光先鋒、白雲蒲澗之屬及端午競渡。所稱會者，無月無之。他小神祠之會，不可備書。每日晚，門門張燈，焚香祀土地設供，諺所謂「家家門口供土地」也。香火、堂燈不息到天明。堂用紅紙書一切神靈名號，旁插大葉金花，炫焱奪目。粵無巫，以火居道士充之，所居門首懸牌著其姓，稱道館。街陌鄉市，道館最多，小兒寒暑灾，即呼道士禳之。順星送祟，刺刺不休，亦《周禮》遺意，但其所語鬼神不經耳。遇一頑石即立社，或老榕、龍荔之下輒指爲土地，無所爲神像，向木石祭賽乞呵護者，日不絕。至書所愛養子女名祝於神子之，謂之契男契女，亦可粲也。（清・李福泰：《（同治）番禺縣志》卷六，清同治十年刊本）

【試歌】試歌：主人具禮幣聘善歌者爲主試，正、副二人，鼓樂導引，盛宴之，送歌臺。臺高數尺，主試登臺垂簾坐。獻歌者投卷，自署姓名、歌某曲。卷齊，以次註明於冊。臺下聚看者如堵墻。敘先後唱名，梯而上坐。簾外歌，簾內懸大鈔金。主試者對所納卷諦聽之，歌至某句某字佳，密圈點之。誤則抹，抹則落其卷而金鳴，歌者詘然赧而下。其所取者，榜而覆之，此初塲也。自是而二塲，而三塲，較課至極精，乃加總評分甲乙。然擅高技者，初塲輒不至，以濫竽者多不足爲儕伍也。二、三塲始納卷，一鳴而萬喑，直奪狀頭，往往如此。塲畢榜定，花酒鼓樂送之歸。賀者盈門，賓客雲集。大啓筵席，召梨園。據任《志》修。（清・李福泰：《（同治）番禺縣志》卷六，清同治十年刊本）

【放鴿會勝者演伎樂相慶】廣人有放鴿之會，歲五、六月始放鴿。鴿人各以其鴿至，主者驗其鴿，爲調四、調五、調六七也，則以印半嵌於翼、半嵌於冊以識之。凡六鴿爲一號，有一人而印一、二號至十號、百號者，有數人而合印百號者。每一鴿出金二錢，主者貯以爲賞。放之日，主者分其二，一在佛山，曰內主者；一在會場，曰外主者。於是內主者出教，以清遠之東林寺爲初塲，飛來寺爲二塲，英德之橫石驛爲三塲，期以自近而遠。鴿人則以其鴿往。既至塲，外主者復印其翼，乃放鴿。一日自東林而歸者，內主驗其印翼不謬，則書於冊，曰某月某日某人鴿至，是爲初塲中矣。一曰自飛來而歸，一曰自橫石而歸，皆如前驗印書於冊，是爲二塲、三塲皆中。乃於三

塲皆中之中，內主者擇其最先歸者，以花紅纏繫鴿頸，而觴鴿人以大白，演伎樂相慶。越數日，分所貯金，某人當日歸鴿若干，則得金若干。有一人而歸鴿數十者，有十人千鴿而祗歸一二者。當日歸者甲之，次日歸者乙之。是為放鴿會。據任《志》修。（清·李福泰：《（同治）番禺縣志》卷六，清同治十年刊本）

【粵俗好歌】粵俗好歌，凡有吉慶，必唱歌為樂。以不露題中一字、語多雙關而中有掛折者為善。掛折者，掛一人名於中，字相連而意不相連者也。其歌也，辭不必全雅，平仄不必全叶，以俚言土音襯貼之，唱一句或延半刻，曼節長聲，自迴自復，不肯一往而盡。辭必極麗，情必極至，使人喜悅悲酸，不能已已。嘗有歌試，以第高下，高者受上賞，號為歌伯。其歌之長調者，名曰《摸魚歌》。或婦人歲時聚會，則使瞽師唱之，如元人彈詞曰某記某記，皆小說也。其事或有或無，大抵說孝義貞節為多。其短調蹋歌者，不用絃索，往往引物連類，委曲譬喻，如《子夜》、《竹枝》體，天機所觸，自然合韻。兒童所唱以嬉，則曰山歌，亦曰歌仔，似詩餘，音調雖細碎，亦多妍麗之句。有曰：「中間日出四邊雨，記得有情人在心。」曰：「一樹石榴全著雨，誰憐粒粒淚珠紅。」曰：「燈心點著兩頭火，為娘操盡幾多心。」曰：「妹相思，不作風流到幾時？只見風吹花落地，那見風吹花上枝。」《蜘蛛曲》曰：「天旱蜘蛛結夜網，想情只在暗中絲。」又曰：「蜘蛛結網三江口，水推不斷是真絲。」又曰：「妹相思，蜘蛛結網恨無絲，花不年年在樹上，娘不年年作女兒。」《竹葉歌》曰：「竹葉落，竹葉飛，無望翻頭再上枝。擔傘出門人叫嫂，無望翻頭作女時。」《素馨曲》曰：「素馨棚下梳橫髻，只為貪花不上頭。十月大禾未入米，問娘花浪幾時收？」凡村落人奴之女，嫁日不敢乘車，女子率自持一傘以自蔽。既嫁，人率稱之為嫂，此言女一嫁不能復為處子，猶士一失身不能復潔白也。梳橫髻者，未笄也，宜笄不笄，是猶不肯在花棚上也。十月熟者名大禾，歲晏而米不入，花浪不收，是過時而無實也。此刺淫女，亦以喻士之不及時修德，流蕩而人至老也。有曰：「大姐姐，分明大姐大三年。擔欖井頭共井坐，分明大姐坐頭邊。」言女嫁失時也，妹自愧先其姊也。有曰：「官人騎馬到林池，斬竿筋竹織箵箕。箵箕載綠豆，綠豆餵相思。相思有翼飛開去，只剩空籠掛樹枝。」刺負恩也。有曰：「一更雞啼雞拍翼，二更雞啼雞拍胸，三更雞啼郎去廣，雞冠沾得淚花紅。」有曰：「歲晚天寒郎不回，廚中煙冷雪成堆。竹篙燒火長長炭，炭到天明半作灰。」有曰：「柚子批皮瓤有心，小時則劇到如今。頭髮條條梳到尾，鴛鴦爭得不相尋。」有曰：「大頭竹笋作三椏，敢好後生無置家。敢好早禾無入米，敢好攀枝無晾花。」「敢好」者，言如此好也。其蛋女子蕩恣如吳下唱楊花者，曰「縮髻」。有謠曰：「清河縮髻春意鬧，三

十不嫁隨意樂。江行水宿寄此生，搖櫓唱歌槳過滘。」槳者，搖船也，亦雙關之意。滘者，覺也。如此類不可枚舉，皆以比興爲工，辭纖豔而情深，頗有風人之遺。據任《志》修。（清・李福泰：《（同治）番禺縣志》卷六，清同治十年刊本）

編者案：清・戴肇辰《（光緒）廣州府志》（清光緒五年刊本）卷十五所載與此略同，並謂：「南海、佛山、三山官竇最盛。」

【宣和龍舟】番禺大洲有宣和龍舟遺製，船長十餘丈，廣僅八尺，龍首尾刻畫，奮迅如生。盪槳兒列坐兩旁，皆錫盔朱甲，中施錦幔，上建五丈檣五，檣上有臺閣二重，中有五輪閣一重，下有平臺一重。每重有雜劇五十餘種，童子凡八十餘人，所扮者菩薩、天仙、大將軍、文人、女伎之屬，所服者冠裳、介冑、羽衣、袇帔、巾幗、襦襪之屬，所執者刀槊、麾蓋、旌旗、書策、佩帨之屬。凡格鬥、挑招、奔奏、坐立、偃仰之狀，與夫揚袂、蹙裳、喜懼悲恚之情，不一而足，咸皆有聲有色，盡態極妍，觀者疑爲樂部長積歲練習，不知錦幔之中，操機之士之所爲也。每一舉費金錢千計。沙亭鄉當海岸，有地曰石頭，一巨石作鯉魚形，名曰「鯉魚石」。鄉人歲於此裝造龍船，與諸村競渡，未嘗不得勝。奪標有風雨，龍船益疾。沙亭龍船比他所長大倍之，然出輒飛渡，不可勝。（清・李福泰：《（同治）番禺縣志》卷六，清同治十年刊本）

編者案：清・戴肇辰《（光緒）廣州府志》（清光緒五年刊本）卷一百六十三所載與此略同。上引「番禺大洲有宣和龍舟遺製，……每一舉費金錢千計」一段文字，出自清人屈大均《廣東新語》（清康熙水天閣刻本）卷十八「舟語」。

【莫扮元人新雜劇】清・羅天尺《大洲大龍曲》二首：

（其一）象板鸞笙又十番，粉香流膩欲浮山。鴛鴦有客留心看，更有何人弔白鷳？

（其二）六更頭盡費機關，海上魚龍不易閒。莫扮元人新雜劇，樓船猶認趙家山。（清・李福泰：《（同治）番禺縣志》卷六，清同治十年刊本）

編者案：清・羅天尺《癭暈山房詩刪》（清乾隆二十五年刻三十一年羅天俊增修本）卷十二「七絕」收有《大洲大龍曲》四首，謂：「孔雀屏風照水開，木熙不定任人猜。東船西舫花枝動，渡口喧傳太保來。」「下抵魚珠上海珠，錦帆千里似江都。馬袍十五花丫角，落翠浮香無處無。」「六更頭盡費機關，海上魚龍不易閒。莫扮元人新雜劇，樓船猶認趙家山。」「樂事誰言尚未央，三山路比五山長。

遊船散盡水煙闊，白鳥破煙飛夕陽。」字句與方志所載不同。「六更頭盡費機關」
一首，收入趙興勤、趙韡編《清代散見戲曲史料彙編（詩詞卷·初編）》中冊，臺
灣花木蘭文化出版社 2014 年版，第 209 頁。

　　【紅牙猶愛按新腔】清·莊有豫《珠江雜詠五首（之五）》：魚龍驚起
水淙淙，鐘送潮音渡海幢。一片冰魂將化水，紅牙猶愛按新腔。(清·李福泰：
《（同治）番禺縣志》卷六，清同治十年刊本)

　　【侯王李公廟演戲賽會】侯王李公廟，在傍江村附近。居人建。誕期
二月十二日，演戲賽會，亦如岡尾廟。(清·李福泰：《（同治）番禺縣志》卷十七，
清同治十年刊本)

　　【南海神誕期演戲七日】岡尾廟，在潭山村西，祀南海神。十八鄉居
人建。每歲神誕前筊日出遊，鎮儀仗，執事分鄉輪值置辦，爭新鬥艷，週而
復始。至誕期，演戲七日。歲時祈賽之盛，亞於波羅。任《志》。(清·李福泰：
《（同治）番禺縣志》卷十七，清同治十年刊本)

　　【劉玢好宴樂】吳懷恩，事劉龑為內府局丞，性謹愿，典衛二十餘年，
未嘗小有過。玢襲位，遷內常侍。玢好宴樂，東西教坊伶官千餘，晝夜出入
宮中。懷恩諫曰：「今禁中簫韶府百餘人，善音律，夜宴用此足矣。教坊雜入
禁中，恐雜人竊發，不可不慎。」玢不聽，果為陳道庠所弒。(清·李福泰：《（同
治）番禺縣志》卷三十五，清同治十年刊本)
　　編者案：清·戴肇辰《（光緒）廣州府志》（清光緒五年刊本）卷一百十二所
載與此略同。

　　【道光二十五年夏提學署前演劇失火死三千餘人】時同里以詞賦稱
者虞必芳，字子馨，獨擅駢體文，沈博絕麗，雅健雄深，一時文人無出其右。
道光二十五年夏，提學署前演劇，不戒於火，男女死者三千餘人。好事者收
其骸骼，共冢葬之。必芳擬清明祭共冢文數千言，時以比江都汪中《哀鹽船》
之作。七應提學試，錄取古學者再，卒不得青一衿而卒，年三十二。(清·李福
泰：《（同治）番禺縣志》卷四十八，清同治十年刊本)
　　編者案：清·戴肇辰《（光緒）廣州府志》（清光緒五年刊本）卷一百三十一
所載與此略同。

【崔會妻陳氏不觀劇】崔會妻陳氏，員岡人。少孤，無兄弟，母他適，叔母撫之。叔母亦貧，有女四。陳事叔母如母，愛妹若同胞，以女工助叔母。叔母家事無大小皆委之，治理整整。年二十歸會，會剛嚴善怒，陳順受無忤。荊釵裙布，貞靜有大家風。待人無疎遠，卑幼皆寬厚。世俗婦女賞燈、觀劇、踏青、競渡，陳未嘗一及。會卒，陳年已七十八矣。（清・李福泰：《（同治）番禺縣志》卷五十一，清同治十年刊本）

【惠商大王誕期演劇以祝】跡刪居大通寺，道俗聞風參謁，屢常滿戶。然皆方便說法，不肯開堂豎拂也。寺旁有祠，崇祀惠商大王，靈著一時。每屆誕期，土人宰牲演劇以祝。腥羶雜遝，觸穢伽藍。跡刪爲文禱諭，神像立自傾倒。時人擬之爲破竈墮云。據《咸陟堂文集》修。（清・李福泰：《（同治）番禺縣志》卷五十三，清同治十年刊本）

編者案：清・戴肇辰《（光緒）廣州府志》（清光緒五年刊本）卷一百六十二所載據胡方《行狀》，文字與此相同。

【鑼鼓三】鑼鼓三，譚姓，其技能合鼓吹一部，而一人兼之。初，三貧瞽，有母，三行乞不足以贍。一日，在五仙觀遇一道士，憫其貧苦，問其家何有，三泣曰：「有老母，此時待瞽子。不歸，不知何景況矣。」道士與以數金，使買諸樂器，因傳以技。三每出，有招作技者，布席於地，金鼓管絃，雜遝並奏，唱皆梆子腔，聽者不知爲一人也。每出獲錢數千，家以小康。往覓道士，則觀中無是人。或曰仙人所傳，憐其孝也。據《鄺齋雜記》修。（清・李福泰：《（同治）番禺縣志》卷五十三，清同治十年刊本）

編者案：清・戴肇辰《（光緒）廣州府志》（清光緒五年刊本）卷一百六十三所載與此略同。

【道光二十五年四月二十日學署轅門演劇失火斃一千四百餘人】道光乙巳四月二十日，學署轅門眾酬神演劇。方卓午，有人服煙，忽風颺，其火盤旋棚際，頃之火燄轟烈，竟燒斃一千四百餘人。哀號之聲震道路。初火未然時，一兒在襁負，驚啼不止，其母負之歸，將抵家，兒嬉笑如故。母詰之，答曰：「適臺下紅鬚赤面人數輩，拘扭大眾，見其狀獰惡可怖，故啼耳！」母因囘首遙望，霎時紅光燭天矣。官至，點驗尸骸，見皆層累積疊，各以手相挽，若不使其得逸者，亦異事也。親屬不能認者，瘞於城北七星岡。環以

短垣，立碑題曰：「火化叢葬之冢。」其旁建義莊以祀之。每至清明，來拜掃者竟日不絕。據《南越遊記》修。（清·李福泰：《（同治）番禺縣志》卷五十三，清同治十年刊本）

　　編者案：清·戴肇辰《（光緒）廣州府志》（清光緒五年刊本）卷一百六十三所載與此略同。

　　【學署戲場火前異象】學署戲場火未作先一夕，梨園掌鼓者看守戲箱，假寐場上，見有數紅鬚赤面人，又有無數披頭折脛人，叱之，寂然。甫交睫，復恍惚如夢。又見有似差役手持鎖鍊者三千餘人，擁入戲棚捉人，驚懼而醒，心知有異，質明以告掌班，轉請於司事欲改期，弗許。及金鼓甫作，大鼓忽震裂，掌鼓者覺全身發熱，如坐甑中，汗出不止。適扮加官之優人亦言其戴假面登場，臺下看戲人面目皆異常焦黑，二人遂相與託疾俱去，不移時而災至矣。聞是日男婦闖入學政儀門，由考舍扒墻逃避者尚千餘人，意或不在劫數之內者乎？據《池上草堂筆記》修。（清·李福泰：《（同治）番禺縣志》卷五十三，清同治十年刊本）

　　【巨舸結蓬屋演梨園】市橋鳳船之製，用巨艦一，首尾裝如鳳樣，兩翅能舒能戢，中建神座亭，奉天后神。左右飾童孺爲宮嬪，畫衣鼓樂以侍。前後繪船各二，令健蛋操之，繫纜引。行時，遇便風順流，船行太速，則後二繪船倒牽，如前引。其在鳳船先者，別以巨舸結蓬屋，演梨園，爲水嬉神船。後則彩艇絡繹，綴引水色，皆用孌童扮演故事爲後從。定於端陽節內，遊鎮海面，一時遊人匼匝，畫舸迷津，稱爲勝會。然必十餘年卜於神，神許乃舉，舉必歲登；不許，則居民搖手相戒，以爲逆神有譴。云：「先是，市橋歷建慈濟宮祀天后，康熙元年徙海，祠廟盡廢，而此以靈顯獨存。」雍正七年，劇盜李士雄等竄匿海壖，有司屢捕弗獲。巡撫楊文乾遷怒，不分玉石，建議盡剿茭沙。朝廷特命制軍孔毓珣按之。時水陸官兵數千，洶洶不測。將及市橋，黎明忽見神珠冠象笏，衣紅袍，現空中，言爲生民請命。比抵岸，其夕亦如之。如是者三。制軍異之，議撫之意乃決。兩司生民數十萬，得無恙。是制軍之仁固大，而天后之靈亦赫矣。居民爰造鳳船報神。據任《志》修。（清·李福泰：《（同治）番禺縣志》卷五十四，清同治十年刊本）

　　編者案：清·戴肇辰《（光緒）廣州府志》（清光緒五年刊本）卷一百六十三所載與此略同。

【設牲演戲以侑榕樹神】粵臬署後園有榕樹，棘半截，大數圍，前明物也。有神樓其上，官初下車，必祭以少牢。每朔、望，則設牲演戲以侑。神出現，官必有喜事。嘉慶間，臬使吳公俊曾見之。朱衣銀鎧，儼如武士，人呼爲將軍樹。據《粵小記》修。（清・李福泰：《（同治）番禺縣志》卷五十四，清同治十年刊本）

編者案：清・戴肇辰《（光緒）廣州府志》（清光緒五年刊本）卷一百六十三所載與此略同。

【遊戲曰則劇】廣州謂平人曰「佬」，亦曰「獠」，賤稱也。……角勝曰「鬥」。轉曰「翻」。飲食曰「喫」。遊戲曰「則劇」，雜劇也。訛「雜」爲「則」也。（清・李福泰：《（同治）番禺縣志》卷五十四，清同治十年刊本）

編者案：清・鄭葵《（宣統）南海縣志》（清宣統二年刊本）卷二十六所載與此同。

（宣統）番禺縣續志

【攋交】攋交，本角力之遊戲，宋時謂之「相撲」。《大清會典》：置善撲營，額二百名，用兩人相撲爲戲，以傾跌其敵爲優，謂之「攋交」。廣州謂傾跌爲攋交，或者稱曰攋，蓋但取傾跌之義。《唐韻》「攋」，古貫切，俗讀若慣習之慣。（清・梁鼎芬：《（宣統）番禺縣續志》卷二，民國二十年重印本）

【賽會演劇無益於民事】乾隆四十二年冬，使者視學事竣，例得代以去。番禺蘇孝廉源，戊子典試所得士也，偕同鄉劉廣文達成通款請謁，具道倡建鄉約、聿新神祠本末。乞言紀事，以垂永久。使者喟然歎曰：「善哉！此亦猶行古之道也。竊嘗聞之聖王，先成民而後致力於神，粵人賽會歛錢，清醮演劇，終無益於民事，而濫費多金。是焉得爲美舉乎？（清・梁鼎芬：《（宣統）番禺縣續志》卷五，民國二十年重印本）

【河南戲院渡】石公祠東過，河南戲院渡。石公祠西過，河南紫來街石步頭渡。（清・梁鼎芬：《（宣統）番禺縣續志》卷六，民國二十年重印本）

【河南戲院承商報效學費】番禺官立高等小學堂，在惠愛街。光緒三十年，知縣柴維桐以禺山書院改建。經始於三月，落成於五月。以是年五月開校，招考學生四班。至宣統元年，都計畢業者六十一人。校地逼近市廛，

囂塵湫隘，而建築有法，堂室、塲廊皆極軒豁，林木交蔭，氣象澄鮮，幾忘其爲闤闠焉。建築費玖千弍佰伍拾弍兩。常年經費由歷任知縣陸續規定款目，附載於後。……河南戲院承商報效學費。宣統元年提學使指撥，每年約六千餘元。（清‧梁鼎芬：《（宣統）番禺縣續志》卷十一，民國二十年重印本）

【黎炳瑞善度曲】黎炳瑞，字儕石，板橋人。少以氣白豪，喜交遊。先世有園曰鬚園，爲族祖忠愍公蓮鬚閣故址，頗饒花木池臺之勝。炳瑞日與摯友集其中，復自闢白茆軒居焉。故善度曲，每名流聚處，管絃之聲與吟詠之聲相和答。尤好遊，與陳璞、崔鈺友，往往芒鞋竹杖，攜手同行。華峰先後八至，西樵三至，頂湖四至，羅浮十餘至，而探梅蘿岡者三十餘至焉。道光己亥，英夷變起，各鄉無賴將藉端以逞，炳瑞棄管絃、絕遊覽，與黃璿、劉廷光聯大箍圍諸鄉，申明條約，人心以靖。而廷光請於大吏，欲招勇保省垣內河，大吏許之，邀炳瑞同事。炳瑞止之曰：「勇易招而難散，散必亂，吾不爲禍首也。」未幾，招勇紛起。炳瑞歎曰：「予不死，必目覩世變矣。」復以絃歌自娛，蕩然一放於詩酒。每獨行山巓水涯，咨嗟嗚唈，若憂在旦夕者。咸豐甲寅，紅巾亂作。炳瑞又慨然曰：「吾前知而不能弭，今忍坐視乎？」乃偕鄉人爲蓼水社，首倡團練，賊不敢犯。又以亂後必凶年，捐家貲儲穀以備。後果大饑，出穀平糶。五年正月，官軍剿寇，炳瑞爲導。督鄉團擒獲四千餘，復偕諸紳爲沙茭局，籌善後計，遠近翕然。大吏彙奏，以州同選用，力辭不赴。丁巳，英夷復亂，陷省城。炳瑞悲歌發憤，思與二三同志共倡義舉，然度地與勢俱無可爲，遂不果。同治間，事大定矣。遊興復發，徧泝連江、羊跳峽、禺峽、滇陽、大廟、十里等峽及廣寧諸勝。生平雅愛羅浮，以去鄉遠，乃混跡黃冠以寄志云。據《香草齋集》陳璞撰《序》。（清‧梁鼎芬：《（宣統）番禺縣續志》卷二十二，民國二十年重印本）

【陳蓉裳從不涉足劇場】陳蓉裳，石樓鄉人陳希獻女。希獻自有傳。蓉裳幼稟庭訓，言笑不苟。事親愉色婉容。性儉樸，不事紈綺。鄉中迎神賽會及劇場，從不一涉足。昆景伊、景周亟稱之，有難兄之歎。間從兩兄學爲詩，楚楚有致。適同邑史澄之子悠復爲室，孝翁姑，和姒娣，人無閒言。年二十四，罹娩難歿，榻前懸朱拓。（清‧梁鼎芬：《（宣統）番禺縣續志》卷二十五，民國二十年重印本）

【蔣心餘有傳奇】（徐廷發《可圃詩存》）朱啓連跋曰：可圃徐先生，亡

友雨仁上舍之高祖也。徐氏世多簪纓，近百年來，遊幕者皆有名於粵，子遠郡守最著。芷卿貳尹爲上舍之弟，郡守之從弟，稔於啓連，出先生遺詩一卷，謀重刊之。先生生當雍、乾間，亦遊幕於諸行省。以詩考之，江淮、湖川、浙閩、嶺外，似皆足跡所到，而嶺東、西爲久。卷中於馬文毅彙草辨再三，題詞似當時文毅猶未顯者。厥後，屬樊榭有文、嚴海珊有詩、蔣心餘有傳奇，事久跡見，多得文人以張之。今日於文毅，豈復有不知也？蓋文章之功若此。
（清·梁鼎芬：《（宣統）番禺縣續志》卷三十一，民國二十年重印本）

【俳優雜劇詎儕風雅】《唐家歌詞新譜》　卷。國朝陳澧撰。未見。據《東塾集》。

《自序》：自詩騷道缺，而漢以樂府協律；樂府事謝，而唐以絕句倚聲。及夫詩變爲詞，詞衍成曲，後者代興，前者退舍，徒以篇製具存，傳襲無廢，莫能紀其鏗鏘、定其容與者焉。昔東坡、山谷借【小秦王】、【鷓鴣天】二調以歌絕句，蓋惜古調之已亡，託新聲以復奏。《國朝九宮大成譜》多錄詩餘，即坡、谷之遺意。爰廣斯例，校錄成篇。凡調曲調，名既符、字句亦合者得若干闋，採詞苑之英華，注曲譜之音拍。夫以物之相變，必有所因，雖不盡同，必不盡異。譬夫大輅非椎輪之質，而方圓無改；積水無曾冰之凜，而清濁奚殊。詩失既求諸詞，詞失亦求諸曲，其事一也。且士夫觴詠，不廢絲竹，而俳優雜劇，詎儕風雅？今爲新譜，惟尚古詞，庶追燕樂之遺，亦附文章之末。其有依舊曲琢新詞者，綠筆甫停，清絃已作，將復過旗亭而發唱，有井水而能歌。凡在詞人，亦有樂乎此也。（清·梁鼎芬：《（宣統）番禺縣續志》卷三十二，民國二十年重印本）

【神誕報賽百戲駢集】《金花廟前新築地基碑記（節錄）》：五嶺以南，廣州爲一都會。三江滙其前，巨海環其外，山川清淑，氣象開豁，天下省會語雄壯者，金陵而外無所復讓。……而廟宇以神之靈貺，日以益大。每首夏神誕，報賽者煙花火爆、百戲駢集，歌舞之聲旬月未已。往歲郡耆老紳士增建前庭、右堂，翼以廊廡、齋廚，門外爲偃波亭，留其前爲歌舞之場，猶恨地勢狹隘，不足以容觀者。僉議展而大之，顧其地三面皆水，右通小河，無容增拓。（清·梁鼎芬：《（宣統）番禺縣續志》卷三十六，民國二十年重印本）

【朔望演劇祀榕樹神】廣東按察使署二堂後有榕樹神，老幹槎枒，官吏朔、望演劇祀之。有嘉慶二十年李廉訪《鑾宣碑記》，略云：「榕樹神，其始不可考。古者典籍所載，如周之神叢、秦之叢祠、漢之豫章樹，皆其驗也。

其或有憑焉者乎？」蔣廉訪超伯題聯云：「扶疏遠勝陶廬樹，蔽芾堪齊召芄棠。」近年樹忽生火，橫截數段，猶演劇祀之如故焉。《粵香四筆》卷一。（清·梁鼎芬：《（宣統）番禺縣續志》卷四十三，民國二十年重印本）

【雙鴛祠本事】李亦珊別駕，逸其名，閩縣人。嘉慶丁丑任廣州通判，鬱鬱不得志。旋歿，四壁蕭然。妻蔡氏謂所役老嫗曰：「吾夫死未久，無一過問者，設久殯此，其何以歸，吾將死之，聞者或憐而集貲以歸夫櫬，則吾舅姑亦可藉以返里矣。」乃冠帔拜堂上，自縊死。後任通判爲錢塘何玉池沛雲，室徐氏，爽俠好濟施。入廨後，聞其事於老嫗而憫之，乃囑夫釀金以歸李別駕夫婦之喪，並資其父母旋里，而於署後隙地建祠祀之。南海令泰州仲振履工於音律，爲撰《雙鴛祠》傳奇以表揚節烈。《荷廊筆記》。（清·梁鼎芬：《（宣統）番禺縣續志》卷四十四，民國二十年重印本）

【廣州戲園道光中江南人史某始創】廣州素無戲園，道光中有江南人史某始創。慶春園署門聯云：「東山絲竹，南海衣冠。」其後怡園、錦園、慶豐、聽春諸園相繼而起。《桐陰清語》卷八。（清·梁鼎芬：《（宣統）番禺縣續志》卷四十四，民國二十年重印本）

【外江班】嘉慶季年，粵東鹺商李氏家蓄雛伶一部，延吳中曲師教之。舞態歌喉，皆極一時之選。工崑曲、雜劇，關目節奏，咸依古本。咸豐初，尚有老伶能演《紅梨記》、《一文錢》諸院本。其後轉相教授，樂部漸多，統名爲「外江班」。距今數十年，何戡老去，笛板飄零，班內子弟，悉非舊人，康崑崙琵琶已染邪聲，不能復奏大雅之音矣！猶目爲「外江班」者，沿其名耳。設有梨園會館，爲諸伶聚集之所。凡城中官讌賽神，皆係「外江班」承值。其由粵中曲師所教，而多在郡邑鄉落演劇者，謂之「本地班」，專工亂彈、秦腔及角觝之戲。腳色甚多，戲具衣飾極炫麗。伶人之有姿首聲技者，每年工值多至數千金。各班之高下，一年一定。即以諸伶工值多寡分其甲乙班。之著名者，東阡西陌，應接不暇。伶人終歲居巨舸中，以赴各鄉之招，不得休息。惟三伏盛暑，始一停絃管，謂之「散班」。設有吉慶公所，初名瓊花會館，設於佛山鎮。咸豐四年髮逆之亂，優人多相率爲盜，故事平毀之。今所設公所，在廣州城外。與「外江班」各樹一幟。逐日演戲，皆有整本。整本者，全本也。其情事聯串，足演一日之長。然曲文說白，均極鄙俚，又不考事實，不講關目，架虛梯空，全行臆造。或竊取演義小說中古人姓名，變易

事蹟；或襲其事蹟，改換姓名，顛倒錯亂，悖理不情，令人不可究詰。彼販夫豎子、鄉愚遊手之輩，不知治亂故實，睹此恣睢不法、悖慢無禮，由是頓萌妄念，漸起邪心，此最足壞人心術。屢經有司示禁，而優孟衣冠如故。非得關心民事者別設良法以轉移之，不能泯此屬階也。《荷廊筆記》。（清·梁鼎芬：《（宣統）番禺縣續志》卷四十四，民國二十年重印本）

（光緒）曲江縣志

【鄉民扮獅舞賀春】立春先一日，縣尹隨郡守盛列儀仗，往東郊迎勾芒神及土牛，鄉民扮獅舞賀春。（清·張希京：《（光緒）曲江縣志》卷三，清光緒元年刊本）

【元宵百姓扮故事街遊】元宵坊里神廟張燈結彩，雜鬥管弦，閒人或扮故事街遊。鄉村俱舞長龍燈，徹夜喧闐。（清·張希京：《（光緒）曲江縣志》卷三，清光緒元年刊本）

【玄武帝誕日演劇】三月三日，玄武帝誕，燒香演劇，出巡賽會。以十年一次，先期齋醮通衢，架燈棚，設人物故事，觀者如堵。（清·張希京：《（光緒）曲江縣志》卷三，清光緒元年刊本）

（嘉慶）澄海縣志

【街巷少年強索娶婦家演戲娛眾】近因有惡習，街巷間少年往往以綵繩把住行路，索娶婦家演戲娛眾，許之乃放行。或至爭鬥，而親迎之禮漸廢。（清·李書吉：《（嘉慶）澄海縣志》卷六，清嘉慶二十年刊本）

【正月燈二月戲】十五日為上元節。《舊志》云：十一日夜起，各神廟街張燈，士女嬉遊，放花爆，打鞦韆，歌唱達旦。今俗，元夜各祠廟張燈結綵，競為鰲山人物，臺榭如繪，他邑所未有也。十六日收燈，各鄉社演戲、扮臺閣，鳴鉦擊鼓以娛神，極諸靡態。所聚不下千人，或數百人不等，其有身首裹紅、執刀兵舞踏於神明之前者，俗名乩童。至夜，競賽花燈，稱不夜天。好事者或為藏頭詩句令猜者，什伯為群，曰「燈謎」。延至三月乃止。諺云：正月燈，二月戲。又喜演影戲，鑼鼓徹夜。（清·李書吉：《（嘉慶）澄海縣志》卷六，清嘉慶二十年刊本）

　　【粵人尙歌】聲歌：粵人尙歌，兒女子歲時聚會，每以歌唱相娛樂。吳冉渠《粵風續》、王阮亭《漁洋詩話》皆採之，以爲頗有樂府《清商》、《子夜》諸曲之遺。澄邑亦好之，共矜新調，名曰「輋歌」。郡故與漳、泉接壤，音頗相近，特多有聲無字，且平仄互叶，俗謂潮音。疑無足採，然其觸物興懷，連類見義，詠歎滛液，有使人情深而不能自已者。其詞意雅俗非所論也，採其託情深婉，有合風雅者錄之如左。《釣魚歌》云：「悠悠溪水七丈深，七個鯉魚頭帶金。七條絲線釣不起，釣魚哥兒空有心。」「悠悠溪水七丈流，叶讀勞。七個鯉魚遊過溝。讀作高。七條絲線釣不起，釣魚哥兒枉自勞。」言不遂所求也。有曰：「筒米落臼舂，叶讀精。儉儉食到時清明。有食無食共君忍，勿去外家說君貧。叶讀更。」「筒米落臼搥，儉儉食刦年歲開。有食無食共君忍，勿去外家啼喃淚。叶讀雷。」反刺厭貧者也。又曰：「竈前燃火竈後薰，不是姻緣不對君。日來無食相忍去，夜來無被蓋腰裙。」「竈前燃火竈後燒，不是姻緣不對娘。日來無食相忍去，夜來無被蓋裙腰。」「燒」、「娘」、「腰」三字叶讀，取音在鼻音「尼」、「鳥」之間。言能以義命自安也。有曰：「日遊官路西，叶西平聲。踏上松欘斫松栽。呼鷄亦須一把粟，無粟呼鷄不宜來。」「日遊官路蹊，踏上松欘折松枝。呼鷄亦須一把粟，無粟呼鷄不到邊。叶鄙平聲。」言非無因至前也。有曰：「鷄啼鷄聲壕，阿嫂叫姑起梳頭。叶讀桃。油蠟放在姑几上，後園花開滿樹梢。」「鷄啼鷄聲長，阿嫂叫姑起梳粧。油蠟放在姑几上，後園花開向天光。」《詩》鷄鳴遺意也。又曰：「桃李青青照欄干，桃華李華一樣看。一堂都是親姊妹，一個不來心不安。」「桃李青青映堦苔，桃華李華一樣栽。一堂都是親姊妹，一個不來心不開。」既嫁而思在家之樂也。又《石頭歌》云：「石頭灣灣灣上山，手子細細拜爹官。蚶壳插米煮有飯，這賢娘嫌誰般？」「石頭灣灣灣上坑，取音在『堪』、『可』之間，平聲。手子細細拜姑家。『幾』、『奢』切。蚶壳插米煮有飯，這賢娘畏誰家？」賢婦不得於翁姑之詞也。又如《十二月牧童歌》有曰：「二月趕牛出本鄉，心頭焦焦憶著娘。心頭焦焦解孤結，解這孤結細思量。」「四月趕牛到四洲，四洲溪水長悠悠。亦無銅針結內領，亦無夏葛代多裘。」不能盡錄，要皆自傷孤獨之意也。當春農時，夫男於田插秧，婦子餚餉，撾鼓踏歌相勸慰，是爲秧歌。今俗正月，鳴鉦擊鼓演於燈月之下，又謂之「鬧元宵」。一唱三歎，無非兒女之辭、情性之感也，然天機所觸，襯以土音俚言，彌覺委曲婉轉。信口所出，莫不有自然相叶之韻焉。千古風雅，不以僻處海濱而有間，斯固採風者所不廢也。（清·李書吉：《（嘉慶）澄海縣志》卷六，清嘉慶二十年刊本）

【城隍廟戲臺】城隍廟，祀本邑城隍之神，在縣治西。袤二十一丈，延八丈，周五十八丈。大門內爲正殿一間、後殿三間、道房三間。萬曆三年乙亥，知縣顧奕建。國朝康熙二十一年壬戌，知縣翁與之重修，知縣王岱落成。五十二年癸巳，知縣劉琦齡建兩廡，塑諸司神像。乾隆六年庚申，署縣事吳遴畯倡建門外戲臺，殿左三官堂、文佛堂及僧房。二十四年己卯，署縣事武先愼率邑人陳業起同僧永嘉募修，增廓後殿，修左、右房爲神寢室及佛堂、僧房。乾隆二十九年甲申，堪輿家言，戲臺不利於邑，移建大門內。三十六年辛卯重修。嘉慶十九年甲戌，知縣李書吉率廟僧再修之。（清·李書吉：《（嘉慶）澄海縣志》卷十六，清嘉慶二十年刊本）

【天后廟戲樓】天后廟，在城外校場左。正殿祀天后，後殿設佛像。乾隆二十七年壬午，副將陳應鍾率廟僧曉疊募建，攝縣事同知姜宏正爲之記，未竣。知縣金廷烈落成。乾隆三十五年庚寅，重建戲樓。（清·李書吉：《（嘉慶）澄海縣志》卷十六，清嘉慶二十年刊本）

【林巖禁女巫優伶】林巖，字廷俊，希蔭子，邑諸生。性嚴介，不語於俗。嘗從陳白沙先生學，歸以其業教於鄉。族黨鄰里有事，以私約治之，不煩官府。凡一切女巫優伶，嫁娶昏喪遠禮者，皆力禁焉。尤好施與，鄉鄰有不給者，皆助之。鄉人敬而愛之，無有間言，故終巖之世，無有犯其禁者。所著有《家禮集說》行於時。（清·李書吉：《（嘉慶）澄海縣志》卷十九，清嘉慶二十年刊本）

【鄉人演劇以酧鄉賢鳩工築隄之德】林懷貴，字啓正，蓬洲都人。例貢生。性坦率，好行善事。乾隆甲辰，隴尾隄蟄塌數十丈。鄉人咸惴惴焉，計集腋搶修，勢且弗及。方束手，忽有樂實軒者隱其監名，鳩工築之，費鏹千餘。卒，安堵鄉人演劇以酧其德，究不知其爲誰也。後數年，懷貴卒，家人啓其篋，則修隄之籍在焉，人始知爲懷貴。奔走奠其家者絡繹於道，都人士有輓之以詩者。（清·李書吉：《（嘉慶）澄海縣志》卷十九，清嘉慶二十年刊本）

【蓮洋漁唱】（邑令）金廷烈（吳江人）《澄海八景詩》之五《蓮洋漁唱》：潮音別有腔，漁唱夜深發。如聽水調歌，倚蓬坐涼月。（清·李書吉：《（嘉慶）澄海縣志》卷二十六，清嘉慶二十年刊本）

【鳴洋雷鼓】（邑令）金廷烈（吳江人）《澄海八景詩》之八《鳴洋雷鼓》：
蛟宮鼓淵淵，翻風攪海水。曉看城東門，恐有鷄鵾止。（清·李書吉：《（嘉慶）
澄海縣志》卷二十六，清嘉慶二十年刊本）

（光緒）潮陽縣志

【盂蘭盆會醵金演劇】中元作盂蘭盆會，曰「施孤」。醵金演劇，鄉俗
尤甚。（清·周恒：《（光緒）潮陽縣志》卷十一，清光緒十年刊本）

【寶慶知府鄭之僑嚴禁喪事酣飲演劇】鄭之僑，字茂雲，號東里，金
浦人也。雍正乙卯舉人，乾隆丁巳成進士。除鉛山令，修六橋、築三壩，條
社倉事宜五則，民便之。尋署弋陽，有搶穀案，株連幾二百人，前令坐是被
劾去，僑獨治其魁。未幾，擢饒州府同知。景德鎮爲饒都會，米食仰給楚、
蜀暨江右諸郡，有黠豪嘯聚河壖，禁商船運米上岸。僑密疏點者，將按治，
眾乃驚避，米價頓平。攝篆柳州，永興民李公侯以子受令誣責自經死，控於
上官。命再鞫，不就訊，令親捕之。公侯閉令幽室中褫辱。議者欲原情末減，
僑謂刁頑不可縱，白令誣責罪狀而仍置公侯於法。俄遷寶慶府知府，寶慶俗
信師巫，父母喪，酣飲演劇。僑援《文公家禮》嚴禁之，俗丕變。（清·周恒：
《（光緒）潮陽縣志》卷十七，清光緒十年刊本）

（咸豐）順德縣志

【芙蓉亭院本】《五百四峰草堂詩鈔》二十五卷、《五百四峰草堂文鈔》、
《藥煙閣詞鈔》、《芙蓉亭》院本，並國朝黎簡撰。仝上。

《蒲褐山房詩話》：簡民性好山水，屢入朱明洞天，窮其幽勝。朋儕罕有當意者，惟
與德清許宗周、無錫孫爾準爲詩文交。其詩峻拔清峭，刻意新穎，言人所不能言。苦心孤
詣，竟以是終。

按：詞鈔、院本宜入詞曲類，今以本類無多，不便拆載，統此。（清·郭
汝誠：《（咸豐）順德縣志》卷十八，清咸豐刊本）

【徐勣毀演戲臺】徐勣，號戢齋，浙江鄞縣人。前令周齊曾彌孫也。康
熙甲辰進士，初任三原，有聲，告養。服闋，以二十九年至。……鎮署近學
署，東有演戲臺，勣謂形家爲白虎位，將不利庠士，率諸生毀之。（清·郭汝誠：

《（咸豐）順德縣志》卷二十一，清咸豐刊本）

【慈母不慈曲】岑萬，初名藪，補郡庠，督學改今名。字體一，沙滘人。姚《志》「選舉」作萵岸人。中嘉靖乙酉鄉舉，連登進士。觀政工部，授戶部主事，管九江鈔關，著廉聲。……擢福建左布政，以持正忤巡按使者。會祝嘏，御史曾佩拜堂上，萬引却之曰：「拜，下禮也。」曾銜之，論謫廣西參政。陞按察使。靖江王不得於其母，作《慈母不慈曲》，令伶人歌讌藩桌。萬遽起曰：「此非所忍聞也。以子仇母，於法爲不孝，一旦上聞，以此督責，王奈何？」王悚謝，立命焚之。子母遂歡如初。（清・郭汝誠：《（咸豐）順德縣志》卷二十三，清咸豐刊本）

　　編者案：清・戴肇辰《（光緒）廣州府志》（清光緒五年刊本）卷一百二十二所載與此略同。

【譚洪猷卒日遽停演劇】譚洪猷，字彬友，甘竹人。康熙己卯副貢，門多中雋。事母菽水必躬奉，婉愉容色，數十年不改。痛父不逮，祭必掩泣。恕御僕隸，求歸宗者必還其券。歲歉捐粟舉賑，不憚勞瘁，存活者眾。銓大埔教諭，未任而卒。卒日，鄉方演劇，遽停之。（清・郭汝誠：《（咸豐）順德縣志》卷二十五，清咸豐刊本）

【迎鑾雅樂】乾隆末，大駕南巡，駐蹕西湖，恭進《迎鑾雅樂》，取浙中故實之有關民事者爲曲九齣。（清・郭汝誠：《（咸豐）順德縣志》卷二十六，清咸豐刊本）

【梁珍受折葦爲舟渡河觀劇】梁珍受，字伯賢。四歲失怙，母馮撫之。長通經傳，勇於爲義。鄉西有豪猾戴希由者，聚黨肆凶暴，商其地者稅之，過其居者必令釋屨，人號紅棍軍人。洪武間有詔，天下凶惡害民者，許執赴西都按問。珍受設法獲希由，解都伏法。歸入廬山，久之得活人術。歸，治病立起。會疫行，多賴全活。又修橋利行人、置田贍族士。嘗夜與所交渡河觀劇，折葦爲舟，令閉目，瞬息即渡。藩司嘗及其從祖仁隱門，亢旱，禱不效。延珍受祈，即得雨。從父宗玉嘗爲贅婿於黃連，珍受夜念諸弟，頃刻輒至。相傳沒時香滿室云。子民安、孫昕，皆自有傳。梁氏《譜》、《採訪冊》。（清・郭汝誠：《（咸豐）順德縣志》卷三十，清咸豐刊本）

編者案：清·戴肇辰《（光緒）廣州府志》（清光緒五年刊本）卷一百四十所載與此略同。

【文獻班】大良天后廟七八所，惟東門外青雲路第一橋外最靈顯。婦女皆以金線繡鞋獻，製極精巧。每年三月二十三誕日，各村賽神演劇，必延名部。大良馮牧虞有文獻班，海鄉雇之，駕舟渡海。忽雷雨大作，桅折篷飛，船上將百人跪，籲求神救，瞥見一婦人衣朱衣，於煙霧中飛臨鶂首，船遂定，知天后來救也。風浪息，船頭得繡鞋一，未知何廟神物。事竣，持鞋訪至青雲廟，鞋失其一。持而對之，恰相配。乾隆四十年間事。《粵屑》。（清·郭汝誠：《（咸豐）順德縣志》卷三十二，清咸豐刊本）

【鳳仙魂習歌】康熙年間，族祖偉客翁長女名鳳仙，七歲殤，已十餘年。一日附婢，言生前事甚悉。婢本駃，自附魂後言詞婉娩，且能歌，按拍甚叶。親者詰其故，鳳仙自謂葬處爲象弼山，近岡頭康帥府廟，演戲賽酧者多，予故習之。（清·郭汝誠：《（咸豐）順德縣志》卷三十二，清咸豐刊本）

（宣統）南海縣志

【道光十六年紅花廟演劇失火】（道光）十六年，九江堡紅花廟演劇失火，婦女奔迸，橋折墜水，溺斃多人。（清·鄭榮：《（宣統）南海縣志》卷二，清宣統二年刊本）

【光緒六年十月初九日北帝廟演戲失火焚斃數百人】（光緒）六年十月初九日，下金甌堡儒村鄉北帝廟演戲失火，焚斃數百人。（清·鄭榮：《（宣統）南海縣志》卷二，清宣統二年刊本）

【光緒二十六年大風倒戲棚傷斃人口】（光緒）二十六年，佛山猝遭大風，倒戲棚，塌房屋，傷斃人口。（清·鄭榮：《（宣統）南海縣志》卷二，清宣統二年刊本）

【鬥蟋蟀場中日演梨園】粵俗好鬥鵪，七、八月捕鵪者鬻於市，在西城魁巷、午市巷，滿至不可過車馬。新鵪佳者值數金，其老鵪善鬥者則恒值數百金，謂把而熟之也。鬥場分柵，集者如市，一日間勝負計數千金。近則此風已息。又喜鬥蟋蟀，每當秋至，乘夜秉炬於空山曠野，尋聲捕之。擇其

善鬬者，或售於人，或自持往鬬。於是，里中惡少有「打豬」、「打餅」各名目，豬每斤折銀若干，餅每斤折銀若干，連結豪胥猾吏，擇地開場，名曰「開獵」；就勝者所得而抽其利，名曰「抽頭」，一日間勝負亦數千金。場中日演梨園，以招集四鄉浪遊子弟。花船畫舫，麕集河干，近日尤盛。此賭博而兼佚遊之風，雖上官屢申禁誡，然賭徒恃有護符，此風迄未少息。據《任志》及《採訪冊》參脩。（清・鄭葵：《（宣統）南海縣志》卷四，清宣統二年刊本）

編者案：清・李福泰《（同治）番禺縣志》（清同治十年刊本）卷六所載與此同。

【正月廿六日白衣觀音廟前梨園演劇】金利司官窰鄉有白衣觀音廟，前臨河，後倚岡。俗傳，正月廿六日爲觀音借庫之期，故該廟每年以是日開庫。廟前倩梨園一部，燈火連宵，笙歌達旦，前後數日。遠近到廟祈禱者絡繹不絕，士女雲集，畫舫塞河。禱畢，藉藁坐地，以蜆肉拌飯、生菜作包食之，云取生子之兆，故俗人多挈眷往禱。邇來小輪日盛，逐利者多賃小輪，以備香客來往。每日小輪十餘艘，往返五六次，仍異常擠擁。遊人之多，可與悅城之龍母誕、波羅之南海神誕鼎足而三。粵人迷信鬼神，於此亦可見一班矣。據《採訪冊》脩。（清・鄭葵：《（宣統）南海縣志》卷四，清宣統二年刊本）

【涌邊坊戲院】梁氏五全兩等小學堂。在涌邊坊戲院左便黃家祠，光緒三十一年開辦。（清・鄭葵：《（宣統）南海縣志》卷六，清宣統二年刊本）

【優人百戲徙之他邑】朱次琦，字浩虔，一字子襄，號稚圭，九江太平約人。父成發，《續志》有傳。次琦生而僬異，方五歲，多夜，其母持火籠溫被藉次琦寢，次琦遽曰：「此時窮人無綿被者眾，可憫也！」母嘗問所願，曰：「願天下人眾咸愛兒耳！」及長，厲志聖賢經世之學，於書無弗讀，尤沈潛於經史掌故，英襟偉識，嘐嘐自好。……縣號晉腴壤，前宰告幫稱壽，率輦千百金。次琦一切禁絕，淡泊質素，寖已化俗，優人百戲至徙之他邑。

（清・鄭葵：《（宣統）南海縣志》卷十四，清宣統二年刊本）

【郭汝舟禁吸煙演戲】郭天錫，字錦元，大同堡朝山鄉人。爲人仁孝勤儉，有隱德。……子汝舟，字莊甫，好學有志節，勇於任事。充縣學生，屢困棘闈，而門下多掇巍科者。光緒六年庚辰，桑園圍大脩，眾舉汝舟相與協理，嗣是十堡、橫檔基、白飯圍、新陂閘、郭村閘先後倡修，厥力尤多。粵

自賭博弛禁，由是承餉，開賭者莫可防制。汝舟深痛其害，糾集同志，籲請大吏，循例繳餉，照舊申禁。廣屬多盜，何軍門大舉清鄉，汝舟時主局，與之協力，盜風遂戢。金甌堡及南順六堡皆延辦局務，其爲人信服如此。他若敬宗睦族，脩祠治路，墾荒平糶，禁吸煙演戲，息爭訟械鬥，立自治規約，訂儉婚簡章，並能切中時弊。（清‧鄭葵：《（宣統）南海縣志》卷二十，清宣統二年刊本）

【節婦鄺氏不觀魚龍百戲】節婦鄺氏，扶南堡伯和鄉人，奇槎鄉麥鏡猷妻。鏡猷母老家貧，貧販爲活，朝夕不給，節婦紡績佐之。……節婦事姑，務得姑歡，朝夕紡績是勤，雖魚龍百戲，近在里社，未嘗一觀也。（清‧鄭葵：《（宣統）南海縣志》卷二十三，清宣統二年刊本）

【樓船將軍楊僕廟歲爲神會】樓船將軍楊僕廟在廣州城北，不知何年而立。相傳祈禱輒應，有入廟不敬者，必得奇禍。人家薦奠，少間缺，輒病瘴，發讝語曰：「將軍神鞭撻我。」歲爲神會，作魚龍百戲，共相賭勝。簫鼓管絃之聲，達晝夜，其相沿由來舊矣。（清‧鄭葵：《（宣統）南海縣志》卷二十六，清宣統二年刊本）

編者案：清‧戴肇辰《（光緒）廣州府志》（清光緒五年刊本）卷一百六十所載與此略同。

（道光）新會縣志

【親迎日多用鼓吹雜劇】婚姻論才（財），濫於飲食。郭《通志》。親迎日多用鼓吹雜劇，糜費無等，所當亟爲之挽。《採訪冊》。（清‧林星章：《（道光）新會縣志》卷二，清道光二十一年刻本）

【元宵雜劇之戲絡繹不絕】元宵張燈燕飲，行遊街市，簫鼓喧闐，雜劇之戲，絡繹不絕。十六夜，小民婦女多鏡聽，有出遊者謂之「走百病」。大家無之。（清‧林星章：《（道光）新會縣志》卷二，清道光二十一年刻本）

【武廟石戲臺】武廟一在新東城門內，明萬曆二十七年，千戶陳其印買地一畝二分二厘二毫九絲四忽創建。廟前有石橋，橋外綽楔曰天地正氣、曰精忠大節。外建石戲臺。乾隆二十五年，知縣熊宗說捐俸倡修，開擴規模。

貢生區大勤、生員趙景良、監生何元煇、區大麟踵事勸題，在廟左置地一段六厘，創建神三代後殿正堂三間，大堂三間，頭門三間，以奉秩祀。又在戲臺後置地一分九厘四毫三絲三忽，改建戲臺。其所置地稅，撥入禮義一圖官戶。(清·林星章：《(道光) 新會縣志》卷四，清道光二十一年刻本)

【翁萬可隨演劇人入北洋】張氏，許家奴翁萬可妻。可時隨演劇人入北洋，適官兵滅北洋賊，可混死於兵。張求屍不得，遂絕飲食。(清·林星章：《(道光) 新會縣志》卷十，清道光二十一年刻本)

【迎親送殯禁用鼓吹雜劇】《四禮儀式》。明丁積撰。賈《志》「名宦」。明成化中知縣。……一、親迎不許用鼓吹雜劇，迎送交餽。……一、用鼓吹雜劇送殯者，罪之。(清·林星章：《(道光) 新會縣志》卷十一，清道光二十一年刻本)

（同治）新會縣續志

【咸豐二年八月十六日禮義都帝臨堂廟演劇失火】(咸豐) 二年八月十六日，禮義都帝臨堂廟演劇失火，場中焚死男子一百一十餘人，婦女九十餘人。(清·彭君穀：《(同治) 新會縣續志》卷十，清同治九年刻本)

【里人醵金演劇以答神庥】道光二十九年十月八日，賊匪數人用雲梯踰惠民門城，入劫華美街質庫。時方四鼓，城樓守兵數名中，有一兵出門外小遺，適賊即入，脅守兵，不敢聲。小遺者見之，遂奔報。賊開城門，納其黨百餘人，直往劫質庫。城守張朝顯聞報，即率兵十餘名來援，賊開礮擊斃。朝顯之甥奪門走。參將羅成光、知縣胡湘隨到，賊將劫貨物亦到，人眾門狹，欲速奔不得。賊用火罐擲上城樓，反墜，遂焚藥桶，盡將貨物及賊燒燬，皆焦頭爛額而潰。明晨，往圭峰諸山搜捕，疊獲數十人，皆臥創樹下。亦有城內獲者，監於獄中。人詢之，賊云：「有二道士，戰甚力，故敗。」考其故，惠民門內有廟，供奉長生大帝，街南煉丹井有廟，供奉李眞人，皆二神之佑也。事後，里人醵金演劇，以答神庥。(清·彭君穀：《(同治) 新會縣續志》卷十，清同治九年刻本)

【梨園子涎李氏姿容】李氏，江門蜑婦，有姿容，年十八歸梁某爲妻。梁遠客外洋，歲一歸。其姑酷而貪，常利人財，逼李爲行露，李不從，輒加

鞭撻。有梨園子涎李色，以重金啗其姑。姑受之，逼李尤甚，欲夜強致焉。李度不免，先時赴水死。越日，屍浮江濱，姑不爲殮。李氏嫂訟之官，冤卒不白，聞者至今傷之。道光二十二年九月事也。（清·彭君穀：《（同治）新會縣續志》續卷八，清同治九年刻本）

（光緒）吳川縣志

　　【中秋演劇張燈】芷芎，爲海口市船所集，每歲正月後，福、潮商艘咸泊於此。盛《志》。近則貨船聚於水東赤墈，而芷芎寂然矣。黃坡生意頗盛，而賽神會集，漸趨奢侈，一日遊觀，費數百金。數年來，墟北之沙崗，創爲中秋之會。一切陳設，均與梅菉、登高頡頏。演劇張燈，爭妍鬥靡，嘗有夕酬神而詰朝歇業者，可嘆也。《採訪冊》。（清·毛昌善：《（光緒）吳川縣志》卷二，清光緒十四年刊本）

　　【天后宮戲臺】天后宮，在縣城南門外左邊，西向，三座，各三間。乾隆四年，官紳創建。……一在黃坡墟興隆街，南向。前後三層，各三間。門外有戲臺，前明李、鄭、黃、吳十甲倡建。（清·毛昌善：《（光緒）吳川縣志》卷三，清光緒十四年刊本）

（道光）肇慶府志

　　【封官授職是優人演劇所爲】陶世鳳，字威仙，會稽人。知開平縣，引水灌田，開闢疆場，民樂利之。調新興，監生趙簡祥合七邑匪徒幾萬人於社墟，歃盟授官爲不軌。世鳳廉得狀，飛檄上聞，躬率壯勇往，猝禽其魁，獲逆名簿，乃佯笑，揚言曰：「封官授職是優人演劇所爲也，詎可以呈上官耶？」當眾焚之，左右將反側者乃安。世鳳仍默識其渠首，間道歸，獲之。事遂寢。縣民立祠報德。總督李侍堯具其事入薦剡，陞澳門同知，所至有聲。（清·屠英：《（道光）肇慶府志》卷十七，清光緒二年重刊本）

　　編者案：清·阮元《（道光）廣東通志》（清道光二年刻本）卷二百五十九所述與此略同。

（光緒）四會縣志

　　【賽會演戲】今吾粵神祠香火特盛，神誕日必賽會或演戲。又有三年、

五年、十年、三十年一舉以酬神者，吾邑亦沿其俗。各神誕賽會演戲外，復於子、午、卯、酉年建大會，第五日備鼓樂儀仗，會首具衣冠到各廟進香，曰行香。然但城廂事耳。咸豐元年辛亥，曾起萬人緣會，合一邑五十二舖之人，各出銀若干分，牖首、緣首、表首、正份以別多寡，交會總辦理。屆期，畢會聚飲，皆素筵，曰食齋。嗣後，辛酉、辛未皆踵行之，辛巳乃不復舉。兵燹後，城廂各街又於正月初間爲阮佛建賀誕醮會，演戲行香，悉沿故事。然近十年來，會景漸形冷淡，則物力之艱可知矣。（清・吳大猷：《（光緒）四會縣志》編一，民國十四年刊本）

【署舊在關帝廟戲臺後】署舊在縣學西，明世宗嘉靖二十五年丙午，知縣莊深建。後以居者多不安，遂廢。神宗萬曆三十三年乙巳，知縣彭名世就其地移建敬一亭，別建訓導署於舊明倫堂右。國朝高宗乾隆二年丁巳，改建學宮時拆，不知何時移建於西門內關帝廟戲臺後。（清・吳大猷：《（光緒）四會縣志》編二，民國十四年刊本）

【關帝廟戲臺】武廟即關帝廟，在西門內。今上光緒十六年庚寅重修，廟前舊有戲臺，文宗咸豐間燬，尚未建復。《舊志》：旗纛廟今爲關帝廟。（清・吳大猷：《（光緒）四會縣志》編二下，民國十四年刊本）

【城隍廟戲臺】城隍廟在西門坊，創建年月不可考。……文宗咸豐十一年辛酉，署縣張作彥以十年庚申守城事歸功於神，具詳大憲，奏請封號，得旨加封「顯應」二字。廟前有戲臺，今毀。（清・吳大猷：《（光緒）四會縣志》編二下，民國十四年刊本）

【天后廟戲臺】天后廟，在縣城東南隅。《舊志》：在縣治南、學濠塘左。聖祖康熙三十七年戊寅修，增高加廣，退後二丈，庭中建香亭，廟外建戲臺。高宗乾隆二年丁巳小修。四十五年庚子，里人梁煒中倡捐重修，增建先代宮於廟右。仁宗嘉慶十四年己巳，里人吳曰焜捐修，增闊戲臺。（清・吳大猷：《（光緒）四會縣志》編二下，民國十四年刊本）

【孝女陳氏絕跡賽會演劇】孝女陳氏，名指嬌，相魁舖西門坊太學生文芝女也。母吳氏，父早亡。有兩弟先後歿，母哭之慟。女時年十六，傷母之痛無已也。一日，長跪白母曰：「母無苦，母無男有女，謂女不如男，以

女不能終事母故。今女幸未字人，立志不嫁，女不猶男乎，母毋苦。」母曰：
「咄，女獃矣！女不嫁，母心安乎？」女曰：「母不安，患女志不堅耳！」
遂焚香告天，矢誓母前。自是，事母益謹。凡女子事母，有爲男子事母力所
不能致者，其事至周且悉。女承歡無間，母憐甚，久亦安之綏。俗賽會演劇，
歲恒有婦女往觀，習爲常，而女絕跡不與。貞靜，其天性也。母死獨處，粗
糲終其身，卒年五十有九。古所稱北宮嬰兒子，是耶？非耶？允宜登諸志乘，
庶幽光不至湮沒云爾。（清·吳大猷：《（光緒）四會縣志》編七上，民國十四年刊本）

　　【舊訓導署在西門內武廟戲臺後】舊訓導署，在西門內武廟戲臺後，
久毀。（清·吳大猷：《（光緒）四會縣志》編九，民國十四年刊本）

　　【舊文明門當在后廟戲臺側】據《採訪冊》所云，則舊文明門當在今
天后廟戲臺側。（清·吳大猷：《（光緒）四會縣志》編九，民國十四年刊本）

　　【李能剛家園戲臺】用儀亭，在橋下坊通判李能剛家園內。園地甚寬，
中建戲臺，花竹翳如，足供遊宴。文宗咸豐十年，燬於兵燹，故址猶存。（清·
吳大猷：《（光緒）四會縣志》編九，民國十四年刊本）

（宣統）高要縣志

　　【上元觀燈或作鞦韆百戲】上元觀燈，或作鞦韆百戲，以花爆相勝，
童子擊小鼓相應，謂之「柏鼓」。鄉落亦然。（清·馬呈圖：《（宣統）高要縣志》卷
五，民國二十七年重刊本）

　　【龔驂文欲彈劾某侍郎家演劇】清·許乃濟（字青士，仁和人）《宗人府
府丞龔公墓表》：公諱驂文，字熙上，號簡庵。姓龔氏，祖起龍，自山東掖縣
徙居肇慶郡城西。父鎮國，號康齊，任英德清遠把總。再世以公貴，贈如公
官。祖母郭、前母陳、母郭，皆夫人。康齊公生公兄弟三人，公居次。少敏
悟，長益好學。乾隆甲午舉於鄉，癸未成進士，改庶常。散館，授職檢討。
大考以詩遺誤一字，休致。旋丁內艱。服闋，迎駕山東，授士事。復丁外艱。
服闋，補官刑部，轉禮部。丁未，由郎中擢江西道監察御史。戊申，駕幸天
津，當召試迎鑾諸生。公疏言：「大臣弟子不得與寒士競。」進得旨，報可。
復言軍機章京子弟請一并扣除，奉旨：「所奏甚公，均永著爲例。」時京師久

旱，有某侍郎家演劇。公將列之彈章，侍郎聞而盈止。公喜其悔過，立削藁。次年，擢光祿寺少卿。（清·馬呈圖：《（宣統）高要縣志》卷七，民國二十七年重刊本）

編者案：同書「附誌下」亦收此文。另，清·屠英《（道光）肇慶府志》（清光緒二年重刊本）卷八所載與此相同。

【金洲義冢】金洲義冢，在金洲塔岡側。光緒十八年十月，朝眞祖廟前演戲失火，延燒棚內，斃男女約二千餘人。檢拾殘骸，市棺分殮，均葬於此。（清·馬呈圖：《（宣統）高要縣志》卷七，民國二十七年重刊本）

【肇雅戲院報効作公立中學堂經費】高要闔邑公立中學堂，光緒三十四年即星巖書院故址開辦。原定學生二班，五年畢業，經費有總局猪市、鼎湖山報効，魚埗租、迪村田租、包公祠司祝捐，鐸陽書院田租、石欄杆鋪租、肇雅戲院報効，駁艇捐、屠牛捐等，共收入銀五千八百餘元。（清·馬呈圖：《（宣統）高要縣志》卷十二，民國二十七年重刊本）

【咸豐四年九月優人李文茂突境】優人李文茂，新會人。素剽悍，擅技擊，集無賴數萬人，踤踞佛嶺市，爲省城北路患。九月十三日，官軍攻破佛嶺市，焚毀土臺，賊壘二千餘座全行燒滅，獲大礮多尊。文茂等進退失據，遂率黨數千，艟艨百舸，走泊肇慶。江干紛擾，踰月始沿江西上，直竄梧州。（清·馬呈圖：《（宣統）高要縣志》卷二十五，民國二十七年重刊本）

【迎春冠服規仿優伶】四年冬十二月中旬，賊首伍百吉、關鉅、陳開、陳潮，伯爺宏茅仔、窯區潤、大灣帶、梁培友，副爺法謝廣、大難俤、而音二（而音妹之弟）、麥蘇狗、斬辮李等分十五隊，迎春於東教場。冠服錯雜，規仿優伶，市人傳以爲笑。端州循環報。（清·馬呈圖：《（宣統）高要縣志》卷二十五，民國二十七年重刊本）

【光緒十八年冬十月金利劇塲大火斃人二千有奇】（光緒）十八年冬十月十一夜，金利劇塲大火，斃人二千有奇。壬辰冬十月，金利鄉神廟演劇。十一夜四更，劇塲驀報火警。路狹人眾，退避無地，焚斃男娬，有名可指者一千七百口有奇。遺骸狼藉，其不可以數計者約有數百。里人設道塲禳祓，叢葬金洲，設義塚以祀之。（清·馬呈圖：《（宣統）高要縣志》卷二十五，民國二十七年重刊本）

【光緒二十年冬十月白土劇場大火斃人十餘口】（光緒二十年）冬十月初五夜，白土劇場大火。甲午冬十月，白土墟報賽演劇。初五夜二更，劇場火災。市集店肆，焚燬一空，斃人十餘口。（清・馬呈圖：《（宣統）高要縣志》卷二十五，民國二十七年重刊本）

【伶人奸僧聚會處】出城西里許，臨江有宅曰齋堂。塔腳後街亦然，非廟非寺，無僧無道，僱一二老役應門，常晝閉，夜相往來。或有來遊者，扣門亦延之入。見其灑掃潔清，齋廚夙備，詰之，曰：「適有客遊山，傍晚當返，為此供具耳。」詰其創造何人，曰：「佛山瓊花會館子弟醵金為之。每年散班，遊山翫水，與高僧往還，借此款洽。老年退班者，得此養閑，誦佛懺悔，無他故也。」每歲有一二日延附近男婦食齋，無論眾寡赴者，皆醉飽而歸。道光末年，賊氛日熾，或疑其比匪，密告於官。官令尉捕之，皆逸。摻其室，無凶器、策籍。拘守者訊之，荅如前。遂封兩宅，亦無追究。未幾亂作，多伶人、奸僧、賭匪、遊棍，隱語皆驗，此其往來聚會謀逆處也。詩曰：「我聞有命，不敢以告人。」若此，不啻告知矣。如不悟何哉？《續志稿》。（清・馬呈圖：《（宣統）高要縣志》卷二十六，民國二十七年重刊本）

【人間何事非戲劇】宋汪浮名藻詩云：「人間何事非戲劇。」厄首咸豐甲寅之變，直戲場中惡作劇也。當紅逆肆亂時，諸賊首優孟衣冠，徒黨紅巾纏頭、紅綃束腰，自署元帥、將軍、先鋒名號，割據郡邑，以竢眞主。先建號曰太平，小民無知，視同兒戲，皆耳濡目染，誤習戲文。金陵隱語：火藥改為紅粉。礮子改為元。馬遺矢為調化，溺為潤泉。百姓為外小。以崽呼孩，以疏附稱文報，以升天稱死亡。大礮以為洋莊。心為草。眞草，好心也；反草，變心也。起程為裝身。飲費為科炭。廣東隱語：脅人取財物曰打單。擄人勒贖曰拉參。攻城曰跳圍。賊首曰紅棍、曰老媽。同黨曰義伯、曰義兄。拜旗曰做戲。擄長官曰拉公仔。放火曰發花。金銀曰瓜子。食飯曰□沙。放礮曰吠犬狗。飲茶曰飲青。連錢曰穿心。牛曰大菜。猪曰毛瓜。人曰馬小。刀曰衫仔。大刀曰綯紗。鞋曰躂街。蟒袍曰袋裝。番攤曰咕堆。雞曰七。鴨曰六。湯曰太平。船曰屐。煙曰雲霞。朋友曰黿公、契弟。殺曰洗。穢褻蕪雜，皆戲文中之新名詞也。不知為從大逆也。賊平，署守郭汝誠示禁演本地班戲，聞廣州亦然，唯外江班逭焉。未幾，皆轉託外江班牌，復同歌舞太平矣。（清・馬呈圖：《（宣統）高要縣志》卷二十六，民國二十七年重刊本）

（康熙）龍門縣志

【祈禱演戲靡費民貲】其太甚者，龍民重於事神，而昧於所以事神之道。祈禱報賽，自有常科。……一費於演戲、唱賽，再費於誦《青苗經》，合計歲之所需，過於正供。風俗所囿，賢者不免。有告以少從簡約者，倘歲或薄收，則歸罪其人，誰其任之？（清・章焞：《（康熙）龍門縣志》卷四，清康熙刻本）

【龍神廟唱戲賽神】俗尚龍神，凡村堡城市，多建龍神廟。秋熟無不醵錢作會，唱戲賽神，具祭尤謹。（清・章焞：《（康熙）龍門縣志》卷五，清康熙刻本）

【春秋祈報優人作戲】春秋祈報，長者斂貲，少者趨事，備牲醴祀神。優人作戲，各家邀親識來觀。祀餘，坐饗神餕。（清・章焞：《（康熙）龍門縣志》卷五，清康熙刻本）

【民間演戲獻神必三日】民間演戲獻神必三日，小堡亦然。婦男相聚觀劇，謂龍神好唱賽，官府莫能禁。（清・章焞：《（康熙）龍門縣志》卷五，清康熙刻本）

【上元節演戲爲樂】上元節，公擬一人作燈官，地方官給以箚付，擇日到任。儀從擬□長，各舖戶具賀貲以爲工役費。街房燈火，不遵命者，扑罰無敢違。自十四至十六三日夜爲度。縣城及各堡多建燈廠，并立木竿，曲折環繞，擎燈三百六十一盞，名九曲黃河燈。男女中夜串遊，名爲去百病。又隨處演戲、辦社火、唱秧歌及節節高等戲以爲樂。（清・章焞：《（康熙）龍門縣志》卷五，清康熙刻本）

編者案：「節節高」，清代涉劇詩、詞中亦有提及，如龔士稚【怨三三】〈李逸齋恒山署中觀耍孩兒演節節高，和宋又宜韻，贈歌者三兒〉等。參看趙興勤、趙韡編《清代散見戲曲史料彙編（詩詞卷・二編）》上冊「前言」，臺灣花木蘭文化出版社 2015 年版，第 31 頁。

【龍潭廟演劇臺】清・章焞《重修龍潭廟記（節錄）》：翠屏之山，有泉逆流，沿平陂以上於高崗，山居之民灌溉資焉。相與神之，以爲其中有龍，號曰龍潭。旱則求雨，見有物如蜒蜒出領，人意取其水祀之輒雨。余至龍門之三年，夏旱，親詣其地，禱之果大雨。夫雨，陰陽之氣，積潤而下行。龍

之能，至能興之以甦民命，可謂神矣。廟而祀之，誰曰不宜行。……今年戊子，居人重修龍神廟。廟南向，謂將軍之廟亦宜南向，遂更之。居人爭其向背以爲佑庇。雖南向，竟微偏於西，神啓之矣。龍神廟三楹，將軍廟一楹。其右爲住持所居，司香火，繚以短垣，門外爲演劇之臺，粗備矣。（清·章焯：《（康熙）龍門縣志》卷十五，清康熙刻本）

（道光）陽江縣志

【陽江歲時演劇】春正月元旦，五鼓起，拜神祇祖先，燒爆竹。卑幼於親長及執友相厚者，各攜果酒致敬爲歡。戚里交相拜賀。

立春先一日，預置土牛、芒神，裝點春色雜劇，有司迎春於東郊。俗謂幼者以豆撒牛，可以稀痘。親朋招飲，啖春餅、生菜。

元夕，城市張燈。年前生子，必送花燈於祖堂廟觀。初十、十一晚開燈，十六晚散燈，各邀親友聚飲，謂之「飲燈酒」。好事子弟裝成綵龍、鳳諸色物類，沿門慶演，謂之「賀元宵」。間或扮故事，裝採蓮船，以姣童飾爲採蓮女。花燈千百計，鑼鼓喧天，遨遊城市，觀者塡衢塞路，徹夜始散，謂之「鬧元宵」。

二月二日，傳爲土神誕日，各處慶賀祈年，設席聚會。秋社亦然。

清明日，士女遊郊，曰踏青；子孫展墓，曰剗青。自是日起，至穀雨乃止。

夏五月五日，天中節，插蒲艾，書彩符，以五色縷繫小兒臂，並置小荷囊，裹菖蒲、雄黃佩之。又取漬酒而飲，以丹荔、角黍互相餽送。江中自初一至初五棹龍舟，簫鼓喧闐，親友相邀結綵船遊玩，備采物，放錦標，視先後爲勝負。兩岸老幼聚觀，至晚始散。鄉人於城西相打岡，分上、下方，擲石角勝。聞往昔海寇入掠，鄉民拒之，恃擲石以爲長技，寇不敢犯。或俗以此爲肆武之端，然而不可爲訓。

五月二十八日，相沿爲城隍誕日，官民具牲醴詣廟致祭，演劇慶祝。

六月，村落中各建　小棚，延巫女歌舞其上，名曰「跳禾樓」，用以祈年。

秋七月七夕，是日曬書籍衣物。其夜，女子有羅酒果乞巧及請紫姑者。

中元前一日，無論貧富，皆剪楮衣、陳牲醴祭先祖。又或村社斂貲延僧禮懺，曰「盂蘭會」。

八月十五日，中秋節，以果餅、新芋薦先。親朋互相餽遺，招邀飲玩，

至月影沉西乃罷。兒童以瓦礫壘塔，實柴薪燒之，劇觀爲樂。

九月九日，重陽節，士人結伴登高，飲菊花酒。童子放紙鳶或懸藤弓其上，半空嘹喨，響徹雲衢。

冬至，以粉糍及酒饌祀先，燕飲，不行拜節禮。

臘月二十四日，掃舍宇，設果酒，齋儀餳糖以祀竈。

除夕，換門神、更新聯、貼紅錢祭各神，告歲功成也。是晚，長幼宴集，有通宵不寐者，曰守歲。（清・李澐：《（道光）陽江縣志》卷一，清道光二年刊本）

【關帝廟戲臺】關帝廟在崇善坊，萬曆四年建，康熙十八年知縣周玉衡改建。嘉慶二年知縣李協伍倡捐重修，添建戲臺，命拔貢譚英董其事。每歲春秋仲月及五月十三誕期，俱致祭。又一在宣化坊，洪武二十七年，千戶張均德建，康熙十八年修，嘉慶十三年重修。（清・李澐：《（道光）陽江縣志》卷二，清道光二年刊本）

【城隍廟戲臺】城隍廟在縣治西南。元天曆間，知州張允明建。康熙十一年，知縣孫廷鐸修；二十六年，知縣范士瑾修；乾隆五十八年，知縣唐淳修。嘉慶二十四年，知縣李應均倡捐平基重建，命邑紳鍾榮玉、譚惪董其事。購廟前之地，移戲臺於大門外，宏廠壯麗，遠勝於前。（清・李澐：《（道光）陽江縣志》卷二，清道光二年刊本）

（同治）連州志

【巾山寺戲臺】巾山寺。在東嶽廟左側。乾隆十六年知州王灝倡眾修。同治九年紳民捐題重修。寺前戲臺，亦重新之。（清・袁泳錫：《（同治）連州志》卷三，清同治九年刻本）

【天慶觀前雨花亭歲時演戲】天慶觀，舊在興賢門外。隆慶丁卯，另闢地鼎建北山寺後，州人蔡魁記，載「藝文」。乾隆二十七年，知州顧芝捐俸倡眾修，至道光十七八年間，經城紳簽題民金，與北山寺同時修建，觀前添築雨花亭一所，歲時演戲於此。（清・袁泳錫：《（同治）連州志》卷三，清同治九年刻本）

【立春先一日官府迎春盛列百戲】立春先一日，官府迎春於先農壇。盛列百戲，前陳鼓吹，以導芒神、土牛。老幼填集街巷，謂之「看春」。鄉落

之人，遇土牛用五穀擲之。（清・袁泳錫：《（同治）連州志》卷三，清同治九年刻本）

【州人率錢雇百戲迎劉瞻】唐劉瞻，字幾之。其先本彭城，後徙桂陽。……僖宗即位，徙康、虢二州刺史，召爲刑部尚書，復以中書侍郎同平章事將還長安，兩市人率錢雇百戲迎之。瞻聞之改期，由他道入。居相位三月卒，人以爲韋、路之黨劉鄴者鴆之也。（清・袁泳錫：《（同治）連州志》卷七，清同治九年刻本）

編者案：清・朱偓《（嘉慶）郴州總志》（清嘉慶二十五年刻本）卷三十所載與此略同。

（光緒）清遠縣志

【城隍廟演劇臺】城隍廟在縣治西南鳳凰臺，即舊縣治故址。明洪武十四年建，嘉靖二十二年知縣林繼賢重脩。國朝乾隆二年，知縣陳哲重修，埠商葉宏智捐助，又創建後樓一座。陳哲《重修城隍廟碑記（節錄）》：……廟門外爲臺，昔傳鳳凰所集，臺之所由名也。茲並新之，以供邑人祈報演劇之場。羽衣霓裳，老幼聚觀，所云與民同樂者，未必不在乎此。（清・李文烜：《（光緒）清遠縣志》卷四，清光緒六年刊本）

【康熙四十七年禁民賽會】（康熙）四十七年禁民賽會及巫蠱、淫詞小說。（清・李文烜：《（光緒）清遠縣志》卷十二，清光緒六年刊本）

（光緒）香山縣志

【魚龍百戲祀南海神】坦洲自白瀝港村發源，渡水崒起高阜，鳳凰、鐵帽諸山之水直出，涌前入海。洲中林木葱鬱，東望鵝槽，西距燈籠，南連蜘洲，北顧孖洲，實金斗灣之奧區，田廬漁戶，成一水國。同治初，鄉人建廟山椒祀南海神，歲時報賽，魚龍百戲，雜遝煙波浩淼中。（清・田明曜：《（光緒）香山縣志》卷四，清光緒刻本）

【唱鶴歌】元宵燈火，裝演故事遊戲通衢，舞者擊鼓，以三爲節；歌者擊鼓，以七爲節。《粵東筆記》。又春宵結隊，彼此酬答，曰「唱燈歌」，又曰「唱鶴歌」。《採訪冊》。（清・田明曜：《（光緒）香山縣志》卷五，清光緒刻本）

【邱才穎生辰百姓演劇稱祝】邱才穎，字翼廬，福建光澤縣人。道光

戊子舉人，挑發廣東。十七年到粵，署大埔、饒平，補西甯縣。歷署佛山同知，新會、東莞縣。咸豐二年，補高明縣。四年二月，調香山。……在任七年，刻無暇晷。惟六年孟春生辰，百姓演劇稱祝，乃歡讌三日焉。（清・田明曜：《（光緒）香山縣志》卷十二，清光緒刻本）

【何展鵬二子連捷武進士鄉族醵金演劇】何展鵬，字鵬飛，小欖人。族以勳閥顯，展鵬幼承家學，負奇志。稍長，習騎射，有神力。數奇，屢躓文武試。俗重士輕農，道光二十四年會纍滋蔓，展鵬洽比田間，曉諭利害，族黨相戒，無從匪者。張斗之變，駐防官潘慶散脅殲渠，展鵬默運機宜。事平，拔外委補千總，隨征西省，調江南，以母老病未赴。寇日亟，展鵬先期來城，與邑紳何贊清等籌防勦。咸豐五年，都紳何瑞丹等擒賊，復小欖。展鵬商之瑞丹，集萬金脩水口九閘，東西海遂免水患。是役也，瑞丹倡築大圍，先任艱鉅，都人尤嘉展鵬繼起之功焉。同治初元，展鵬二子以武科連捷進士，鄉族醵金演劇，藉酬勞勩。展鵬倍益己貲，移脩普濟橋第一埒石路。（清・田明曜：《（光緒）香山縣志》卷十五，清光緒刻本）

【程氏不觀賽會演劇】小隱村黃瑞麟妻程氏，性貞靜，寡言笑，鄉人賽會演劇，未嘗從女伴一觀。道光十年瑞麟歿，程年二十六，矢死靡他。遺孤懋勳甫四齡，拮据撫育。庶姑蔡氏年九十，喪明，程奉侍弗懈，戚里賢之。（清・田明曜：《（光緒）香山縣志》卷十八，清光緒刻本）

【三合會演戲入會曰出世】二十二年，三合會再起，始事者石門甘秀，踞老巢嘯聚。至於刼掠拒捕者，則隆都高明遠、周配琚也。初起時，撰妖書、造隱語，傳教者曰亞媽，引入會者曰「舅父」，又曰「先生」，曰「升上」。主文字者曰「白紙扇」，奔走者曰「草鞋」，各頭目曰「紅棍」。拜會曰「登壇」，演戲入會曰「出世」。（清・田明曜：《（光緒）香山縣志》卷二十二，清光緒刻本）

編者案：清・戴肇辰《（光緒）廣州府志》（清光緒五年刊本）卷八十一所載與此略同。

【菊會夜張燈綵作梨園樂】欖鄉人善作盆菊，每植一株，分數十枝或百枝，三丫六頂，如太極兩儀之相生。一枝止留一蓓蕾，扶以小竹杖，長短相從，至花時齊開，層層如規之圓，尤以葉色青蔥茂密經霜不脫者爲上。盛開時，集鄉人所植各種設賞格、評高下，曰「菊試」。聯二三知己，傾樽籬

下，索句花前，曰「菊社」。至於菊會，起止凡三日，夜張燈綵作梨園樂。花路、花橋、花樓，絡繹數里。各族祠宇、門庭、齋舍，悉選花之佳者布列點綴，間以名人字畫及古玩器開筵迎客，幽香滿座。四方來觀者千萬人，雖農夫牧豎從芳馥中行，亦旋改其面目。邑令彭竹林詩所謂 「欖市花期韻欲仙」是也。會無常期，自乾隆壬寅爲初會，辛亥爲第二會，嘉慶甲戌爲第三會。時和年豐，又值是歲花事倍勝，則爲之。（清・田明曜：《（光緒）香山縣志》卷二十二，清光緒刻本）

　　編者案：清・戴肇辰《（光緒）廣州府志》（清光緒五年刊本）卷一百六十三所載與此略同。

（乾隆）潮州府志

　　【康熙三十四年冬十月虎乘演劇賽神噬人】（康熙）三十四年乙亥，大饑，斗米錢五百文。冬十月，弓洲鄉虎噬人。是日鄉人方演劇賽神，男女聚觀。日未晡，忽二虎各噬一人去。觀劇者奔走駭散。及鳴鑼追之，已無及矣。嗣是，東自弓洲黃坑至高陂，西自大麻黨溪至三洲各鄉，日聞虎傷人物。山斷樵採，路斷行人。佈毒弩陷阱，百方治之，其患不息。（清・周碩勛：《（乾隆）潮州府志》卷十一，清光緒十九年重刊本）

　　【喪葬無不用僧尼鼓樂】民間喪葬，附身附椁之具，皆知愼重。有弔唁者，必盛筵款飲，謂之「食炊飯」。送葬輒至數百人，澄海尤甚。葬所，鼓樂優觴，通宵聚樂，謂之「鬧夜」。至旦，復設酒殽。喪家力不給，則親朋代設。凡遇父母喪，無不罄囊鬻產，倣效成風。惟田野之民，猶從簡陋，有一日殮者，亦有三日始殮者；有七日服成者，亦有十四日服成者。各邑微有不同，無不用僧尼鼓樂，徹戶聲喧。（清・周碩勛：《（乾隆）潮州府志》卷十二，清光緒十九年重刊本）

　　【潮州府歲時演劇】海陽：元旦後五日，迎牲以儺，謂之「禳災」。
上元，婦女度橋投塊，謂之「度厄」。
四月八日，士女咸集寺廟，謂之「浴佛」。
端陽，汲江水貯於家，經久不敗，謂之「節水」。
七夕，酒讌必用龍眼，謂之「結星」。
中秋玩月，剝芋食之，謂之「剝鬼皮」。
冬至，祭祀用米團或粘糕，謂之「餇耗」。

臘月二十四日祀竈，謂之「小年」。

除夕，設火井於廳，相圍而食，謂之「圍爐」。

潮陽：四月朔日。邨邨金鼓喧闐，謂之「轉龍船」。

清明上墳，男婦漫山遍嶺，設酒殽以祭，紙錢飛夾於道。

饒平：自清明至四月八，稱爲閉墓日，皆可掛掃。

多至以糯米爲丸，薦祖之餘，家人聚食，謂之「添歲」。

臘月二十四日，謂之「交年」。

除夕，祀祖先，擊牲設宴，謂之「辭歲」。老幼歡飲，通夕不寢，謂之「守歲」。然燈床下，謂之「照虛耗」。更闌人靜，抱鏡出門，潛聽市人語，以卜來年休咎，謂之「響卜惠來」。

元旦，戚族鄰里相過，謂之「賀歲」。

立春日，官長鞭春畢，爭取鞭碎土牛，謂之「壓邪」。雖得丸泥片紙以爲吉，不則意沮氣餒，故奮臂直前，擁擠雜沓，官法不能禁也。

三月三日，出郊修禊，謂之「踏青」。

七夕，剪紙爲衣，供九子母，謂之「床前母」。

澄海：五月五日，插綵旗於江心，而懸以銀牌，聽龍舟競取，謂之「奪錦標」。

大埔：立春前一日，胥吏以小土牛貽里社，謂之「發春」。

正月十三日，有善歌者自爲儕伍，粧演古人陳跡，迎神街巷，瓊簫畫鼓、象板銀笙，迭奏於燈月交輝之下，謂之「遊春」。文人學士懸謎語於通衢，射中者酬以筆墨，謂之「燈猜」。

驚蟄日，以石灰散門庭，柱礎或炒米糝之，謂之「殺蟲」。

中元日，延僧爲盂蘭盆會，沿河放燈，謂之「普度」。

揭陽、普寧二邑與海、潮諸縣，雖稱名有異，大略相同。

豐順較爲質樸，而逸春送臘、乞巧登高，又全郡俱然也。（清・周碩勳：《（乾隆）潮州府志》卷十二，清光緒十九年重刊本）

【正月燈二月戲】社會：九邑皆事迎神賽神，海陽有雙忠會，以慶張巡、許遠。屆三年小會，五年大會。小會數百金以上，大會數千金以上。潮陽有土地會，揭陽有三山國王會。澄海、惠來鄉社，自正月十五日始至二、三月方歇。銀花火樹，舞榭歌臺，魚龍曼衍之觀、蹋踘鞦韆之技，靡不畢具。故有「正月燈，二月戲」之諺。夜尚影戲，價廉工省而人樂從，通宵聚觀，至

曉方散。惟官長嚴禁，囂風斯息。大埔，春、秋二仲月，里社各宰牲設醮，猶古者春祈秋報之意。豐順所稱社會，則有公王、國王諸名色，不知始於何代。舉邑若狂，雖足粉飾太平，而揸攤、壓寶、鬥殿、攘竊，皆由此起。凡社中以演劇多者相誇耀，所演傳奇皆習南音而操土風。聚觀，晝夜忘倦。若唱崑腔，人人厭聽，輒散去。雖用絲竹，必鳴金以節之。俗稱馬鑼，喧聒難聽。又競以白鏹青蚨，擲歌臺上。貧者輒取巾幘、衣帶、便面、香囊擲之，名曰「丟彩」。次日則計其所值而贖之。伶人受值稱謝，爭以爲榮。村氓歌唱，多有聲無字，咸矜新調，名曰「畬歌」。農者春時，數十輩插秧田中，命一人摣鼓，每鼓一巡，群歌競作，連日不絕，名曰「秧歌」。此又不期而會者矣。
（清·周碩勛：《（乾隆）潮州府志》卷十二，清光緒十九年重刊本）

【黃廷新言無不驗】黃廷新，潮人，寓興寧東郊。少遇異人，授秘術。家故貧，業屠自給。成化中，長樂尉江璟攝縣篆，適賊攻城，廷新以遁法解之。……鄰居道人設醮歸，廷新潛以竹葉插其門，鄉人往候，見百雀飛出，帳中不見道人。以問廷新，廷新曰：「茅去竹葉。」果見道人趺坐床上，雀亦無。有一日偶呼其子曰：「邱婿死矣，汝往譏之。」子曰：「昨夕觀劇南郊，何云死？」廷新曰：「南郊正死所也。」往視，果死。言無不驗。（清·周碩勛：《（乾隆）潮州府志》卷三十，清光緒十九年重刊本）

【雜劇演韓湘子冒雪度叔事】清·饒堂《韓湘子辯（節錄）》：世傳韓湘子爲八仙之一，究不知牽合附會，昉自何人？乃近代演爲雜劇，有冒雪度叔事。惠、潮所在昌黎廟，亦塑湘子像，乘雲在側，並有所謂張千、李萬者作步雪狀，謬妄相尋，不可解也。（清·周碩勛：《（乾隆）潮州府志》卷四十，清光緒十九年重刊本）

【趙執信觀劇非時被劾落職】趙執信，字伸符，號秋谷，山東益都人。康熙己未進士，官左春坊左贊善。以觀劇非時被劾落職，遂浪跡江湖，與聞喜張克嶷扚齋善。克嶷守潮州，念秋谷不置，每大醉，取呼其字，繼之以哭。已而趙至，張喜甚，聯榻清談，往往宵分不寐。秋谷雅善書，潮州昌黎廟碑東坡眞蹟久亡，後人摹刻者亦毀。張要趙書而勒諸石，趙有詩紀其事。
（清·周碩勛：《（乾隆）潮州府志》抄存潮州府舊志小序，清光緒十九年重刊本）
　　編者案：清·盧蔚猷《（光緒）海陽縣志》（清光緒二十六年刊本）卷三十四所載與此略同。

（光緒）海陽縣志

【婦女賽會觀劇】其婦女之俗，百金之家不晝出，千金之家不步行，日勤女紅，布帛盈箱，不棄麻枲。女子十一二歲，母為預治嫁衣。……無貧富，咸信鬼神。疾病，託命於巫。更有稱能覓死者，名曰「師姑」，述生前事，愚婦聽至哭泣。此風今稍息。至賽會時，則玩燈觀劇，多有結袂聯裾於街巷者。同上。（清‧盧蔚猷：《（光緒）海陽縣志》卷七，清光緒二十六年刊本）

【正月燈二月戲】上元設燈樹、彩花、放煙火。婦女度橋投塊，謂之度厄；或相攜以歸，謂之宜畜。此風今稍息，而鞦韆之戲、魚龍曼衍之觀無不具。仲春祀室神，祝平安，各鄉奉廟中神像巡行，村落謂之神遊，多演劇。諺曰：「正月燈，二月戲。」（清‧盧蔚猷：《（光緒）海陽縣志》卷七，清光緒二十六年刊本）

【採茶歌】燈節有魚龍之戲。又每夕各坊市扮唱秧歌，與京師無異。而採茶歌尤妙麗，其詞有曰：「二月採茶茶發芽，姊妹雙雙去採茶。大姊採多妹採少，不論多少早還家。」（清‧盧蔚猷：《（光緒）海陽縣志》卷七，清光緒二十六年刊本）

【海陽賽會尤盛】俗崇尚巫鬼，賽會尤盛。正月，青龍廟安濟王會，自元旦後三日擲珓諏吉，郡城各社（有上水門、下水門、下市、後巷等社）即命工人用楮帛繪綵，製為古今人物如俳優狀，而翊以木石花卉，名曰「花燈」。每社若干屏。俗稱一臺為屏。屆時，奉所塑神像出遊，簫鼓喧闐，儀衛烜赫。大小衙門及街巷，各召梨園奏樂迎神。其花燈則各燒燭隨神馭夜遊，燦若繁星，凡三夜。四遠雲集，縻費以千萬計。嗣是，二月有古觀音堂玄天上帝會，三月有關帝廟會。各鄉都又次第踵行，所謂賽會者殆無虛日。近因賽會不時，道府縣經於青龍廟各尊神，每年出遊一次外示禁。其祠、廟、庵、觀，無一都一鄉不有。每有所事，輒求珓祈籤以卜休咎。有曰降乩者，自稱為人禳災，呪水書符，亦似仿祝巫招弭意，但踵而日甚，至登刀梯（造竹梯數丈，每級架刀曰「刀梯」）、臥釘床（以床裝鐵釘曰「釘床」）、走火路（鋪炭於路，蓺之曰「火路」）等事，則多屬不經，為可粲耳。據《採訪冊》修。（清‧盧蔚猷：《（光緒）海陽縣志》卷七，清光緒二十六年刊本）

【潮州賽神詞】清·黃釗《潮州賽神詞》一首：金錢洒空姹女笑，蠻絃樂神閟社廟。銅荷捲蠟香霧迷，雷車闐闐七門埽。盤鴉隔竹脂雲膩，縣蠻細語燒香字。午潮沸湧人龍魚，侲子敲鑼導神至。珊塵飛起金城下，金鎖童男能走馬。天吳紫鳳扶海立，蜃雛入雲香汗溼。（清·盧蔚猷：《（光緒）海陽縣志》卷七，清光緒二十六年刊本）

編者案：黃釗（1787～1853），字香鐵，鎮平（今屬廣東）人。嘉慶己卯（二十四年，1819）舉人，官翰林院待詔。有詩名，著有《讀白華草堂詩》。見《藝舟雙楫》卷三、《晚晴簃詩匯》卷一二八等。《潮州賽神詞》，見黃釗《讀白華草堂詩初集》（清道光刻本）卷七。趙興勤、趙韡編《清代散見戲曲史料彙編（詩詞卷·初編）》下冊（臺灣花木蘭文化出版社 2014 年版，第 448～450 頁）收黃釗詩作，然未收本詩。

【潮州神絃】清·黃釗《潮州神絃》二首：怪霞射海蛟血殷，犁頭瘴母方霉顏。天妃巡海來海堧，丁丁海水鳴佩環。金虬尾帖青鳳翰，馬銜嚮導頭如黿。蒼水使者圭秉元，人身龍首高兩顴。鞠躬迎立未敢前，鸞帆不動安如山。黃頭叫娘語雜聞，迴沽塞港百貨闐，共釀壯貝攤神絃。魚龍曼衍大牙喜，鏡面菱花八千里。右天妃。

黿皮冒煙日卓午，蜥蜴上天求作雨。城南大隄擠士女，呪香作雲蒸花礎。神之來騎蜀時虎，青條蜿蜒誰敢侮？滇山高高神所宇，被除瘴癘食妖蠱。千年土花駁銅鼓，諸蠻帖耳拋毒怒。蘆灰百石奠平土，潮人奉神曰若禹。帶牛佩犢爾勿頑，神今馴爾如馴蠻。右青龍神。（清·盧蔚猷：《（光緒）海陽縣志》卷七，清光緒二十六年刊本）

編者案：同書卷二十四收有黃釗小傳，謂：「黃釗，號香鐵，鎮平人。嘉慶己卯舉京兆試，充國史館繕書。將次銓知縣，辭，就教職。素能詩，以『天空雁一聲』著名京師，有一聲翁之目。鄭邸欲延課其世子，惠邸亦屬程春海侍郎聘為記室，皆辭焉。道光丁酉司鐸揭陽，旋居郡城，掌教韓山、城南兩書院。樂波羅園之勝，移家僦居其間。所著有《讀白華草堂詩》三集、《賦鈔》、《經餕》、《史咰》、《鐵盦叢室》諸書。」可參看。上引文字中的《鐵盦叢室》，當作《鐵盦叢筆》。

另，黃釗《讀白華草堂詩初集》（清道光刻本）卷七收錄本詩，題作《神絃二首》。趙興勤、趙韡編《清代散見戲曲史料彙編（詩詞卷·初編）》下冊（臺灣花木蘭文化出版社 2014 年版，第 448～450 頁）收黃釗詩作，然未收本詩。

廣　西

（嘉慶）臨桂縣志

【立春前一日各行扮雜劇迎春】立春前一日各行扮雜劇，名曰「迎春」。
集東郊栖霞書院，候府縣官至，祭芒神、土牛畢，復迎入城中，遍謁各衙門，
鄉城人士競觀。(清·蔡呈韶：《（嘉慶）臨桂縣志》卷十二，清嘉慶七年修光緒六年補
刊本)

【元夜初十至既望辦戲劇】元夜，自初十至既望，結棚懸綵及各種燈，
燃花炮、辦戲劇，鼓樂喧衢達旦。親友會飲，啖春餅，出隱語相猜為樂。晝
則挈榼遊郊野，名曰「踏青」。(清·蔡呈韶：《（嘉慶）臨桂縣志》卷十二，清嘉慶七
年修光緒六年補刊本)

【郎當舞】《赤雅》：桂林競渡，舟長十餘丈，左右衣白數人。右麾白旗、
左麾長袖為郎當舞，中扮古今名將，各執利兵，傍置弓弩，遇仇敵不返。兵
勝則梟而懸之，鐃歌合舞。十年一大會，五年一小會。遇甲戌年為之，有司
毫不敢詰。(清·蔡呈韶：《（嘉慶）臨桂縣志》卷十二，清嘉慶七年修光緒六年補刊本)

【花腔腰鼓】化腔腰鼓。《虞衡志》：出臨桂職田鄉，其土特宜鼓腔，村
人專作窯燒之，油畫如花紋以為飾。(清·蔡呈韶：《（嘉慶）臨桂縣志》卷十二，清
嘉慶七年修光緒六年補刊本)

【世俗每遇稱壽大率演劇】清·陳鍾琛《重修橫山大堰記 (節錄)》：臨

邑每村皆有堰，甃以石而梁其上，以濟行人。四、五月之間，遇天雨稍紲，則村眾舁土塞其下，蓄水以灌田畝。吾橫山之堰，在村西南，由來舊矣。人跡駢闐，水勢衝激，歷數稔則須修理，方免傾側之虞。……余行年五十，因憶文恭公周花甲之日，昆弟群從群思開筵上壽。文恭公曰：「世俗每遇稱壽，大率高會演劇，徒耗財物。於修德祚年之意，殊無所當，何不輟此無益之耗費，量爲可行之義舉？」（清・蔡呈韶：《（嘉慶）臨桂縣志》卷十六，清嘉慶七年修光緒六年補刊本）

（光緒）恭城縣志

【新生子面有紅花如演劇者之臉譜】光緒二年，老軍堡賴老社之妻生一子，面有紅花，如演劇者所塗。然賴恐後禍，殺而埋之。（清・陶墫：《（光緒）恭城縣志》卷四，清光緒十五年刊本）

四 川

（乾隆）大邑縣志

【迎春禮】立春前一日，率寮屬迎芒神、土牛於東郊，扮粧故事，執持春花。各官朝服儀仗，鼓樂喧闐，齊至東郊，行兩拜禮祀芒神。畢，迎芒神、土牛回縣署，儀門外棚廠內安設，芒神西向安設，土牛南向。各官晏罷，退。次日，清晨時刻致設酒菓祭芒神，禮行三獻，讀祝曰：「維神職司春，令德應蒼龍，生意覃敷，品彙萌達。某等忝牧茲邑，具禮迎新，戴仰神功，育我黎庶，尚饗。」祝訖，復行四拜禮。各官執綵鞭立土牛旁，長官擊鼓三聲，鼓齊作，各官環擊土牛者三，繞牛三匝，以豆撒牛，人爭拾豆。嬰兒食之，痘瘡稀少。（清·宋載：《（乾隆）大邑縣志》卷一，清乾隆十四年刻本）

【媒神聖母誕日演劇】聖母廟，在縣北七里。三月三日，邑人慶祝媒神聖母誕日，演劇，求嗣者眾。鄰封州縣士女進香。（清·宋載：《（乾隆）大邑縣志》卷三，清乾隆十四年刻本）

【孟春演劇】孟春天臘元旦，黎明合家齊起，設香案燈燭，禮拜天地神祇祖考畢，即點放花炮，開門向吉。方出行，齎香楮於祠廟寺觀進香。間日於祖先塋掛紙錢拜掃，上新年墳。初七日爲人日靈辰，古詩曰：「人日題詩到草堂。」是日，登高遠眺，更宜晴明。十五日爲天官賜福之辰，名上元節。預於初八、九日，城內四街、城外四鄉，以高竿二丈餘，懸紙燈三十三盞，按三十三天之數。火樹銀花，燦爛花封。又巧紮龍燈、裝扮雜劇故事，逐戶盤旋，簫鼓喧闐。以米粉包糖爲團相餽遺，慶賞元宵。是月浴蠶種，十五日

祭竈。（清‧宋載：《（乾隆）大邑縣志》卷三，清乾隆十四年刻本）

【仲春演劇】仲春朔，爲中和節，朔三日爲文昌帝君聖誕，士庶演劇慶祝。十五日，爲花朝節。（清‧宋載：《（乾隆）大邑縣志》卷三，清乾隆十四年刻本）

【季春演劇】季春，初三日爲媒神聖母降誕、眞武帝降誕，楚人會館眞武宮，集梨園慶祝。城北聖母殿亦如之。觀者如堵。上巳日，修禊事，持香燭於水濱拜祭，盥手濯足，以袚除不祥。十一日，爲城隍尊神降誕，邑人預於初七日具儀仗扮演故事迎神，於南郊駐節演劇預祝。至初十日回馭。是日演劇稱觴上壽，遠近輻輳進香者不下萬餘人。二十八日，爲東嶽大帝聖誕，城東有廟，亦演傳奇申祝。鄉村市鎮有廟處所亦然。清明簪柳，拜掃先塋。（清‧宋載：《（乾隆）大邑縣志》卷三，清乾隆十四年刻本）

【孟夏演劇】孟夏朔日，爲江西會館蕭公欽啓王降誕，豫章客民演傳奇介神麻，聚觀多人。是月爲麥秋節，蠶老麥黃，故主伯亞旅、婦子閨流拮据不遑。古詩云：「鄉邨四月閒人少，纔了蠶桑又插禾」，非獨爲大邑賦也。（清‧宋載：《（乾隆）大邑縣志》卷三，清乾隆十四年刻本）

【仲夏演劇】仲夏五日爲天中節，又爲端午節。地臘之神，邑人繡鍼㡇、製香囊，以五綵絲線結爲纂組，繫於小兒臂上，謂之「續命縷」。紮造小艾虎，簪頭上。以角黍、果品相遺贈。尊者以香袋、綵扇、雄黃荷包、針㡇賜卑幼。門旁插艾葉、菖蒲，門楣貼天師、懸艾虎，啖角黍，飲菖蒲雄黃酒，往拜親友，竟日爲歡。十三日，關聖大帝降誕，秦晉會館工歌慶祝。二十三日，爲分龍節。過此以往下雨各有方向，且採百藥。（清‧宋載：《（乾隆）大邑縣志》卷三，清乾隆十四年刻本）

【季夏演劇】季夏初六日，節名天貺，以宋祥符四年六月六日天書降故名。又鎮江王楊泗將軍神誕演戲。是日針灸、收藥、晒書畫、晾衣服。二十三日，馬神降誕，邑之牧馬者祀以少牢，亦有用鷺雞祭獻者。二十四日，川主神降誕，鄉人皆演戲慶祝。三伏日，凡居家者，咸及時造麵醬、豆油、米醋。（清‧宋載：《（乾隆）大邑縣志》卷三，清乾隆十四年刻本）

　　編者案：陳國棟《（民國）隆德縣志》（民國二十四年石印本）卷一「建置」謂：「考楊泗將軍，見道家《搜神記》。又郭嵩燾《湘陰縣圖志》楊泗將軍廟注。

案：宋嘉熙二年，有四郎神封順聖將軍，旋封助順侯。或云神楊姓，或又云楊泗將軍即柳將軍。《續通考》：明嘉靖三十二年詔立柳將軍廟。將軍名匡，山東人，宋時從軍，戰歿，嘗見神於河道爲水神，以其著靈楊泗之交，故相傳以爲楊泗將軍。然欽定《續通典》、《續文獻通考》暨《皇朝通典》、《文獻通考》，河神中俱無此神，惟俗傳金龍四大王爲楊泗將軍云。」

【孟秋盂蘭盆會】孟秋七日，爲道臘之辰，亦晒書畫、衣服。爲中霤土地之神降誕，祭以雞酒，飾以楮紙、旗傘。至夜玩銀河巧雲，女兒以瓜果祭織女星乞巧。明晨視瓜果盤有蜘蛛絲，喜爲得巧。十五日，祀先祖考，謂之「鬼節」。釋氏修齋，以此日設盂蘭盆會，追薦亡人。道家建醮，以此日爲中元地官赦罪之辰，以楮紙包封冥錢，具酒饌以薦先人。(清·宋載：《(乾隆) 大邑縣志》卷三，清乾隆十四年刻本)

【仲秋演劇】仲秋朔，爲江西會館許眞君降誕，亦演劇慶祝，多聚觀者。三日爲竈神誕，隨宜祀之。十五日爲中秋，以月餅、桂酒餽親朋。至夜，設酒饌玩月。火神降誕，常例建火星祛瘟齋。醮訖，搬演傳奇。(清·宋載：《(乾隆) 大邑縣志》卷三，清乾隆十四年刻本)

【季秋演劇】季秋九日，爲重陽節。眞武成道，楚人集會館演戲。霜降節，駐防武弁祭旗纛演兵。邑人佩茱萸，登高避厄，飲茱萸菊花酒，或園中賞菊。其月醞酒，味香美可久。(清·宋載：《(乾隆) 大邑縣志》卷三，清乾隆十四年刻本)

(乾隆) 郫縣志書

【城鄉居民各扮演故事迎春】立春先一日迎春，城鄉居民各扮演故事，齊集東郊，迎至縣治。士庶聚觀，以兆一年之勝。(清·李馨：《(乾隆) 郫縣志書》卷八，清乾隆十六年刻本)

【賽神演劇富者破慳囊貧者盡錙銖】譙會：郫之習尚，於日用所需，每多儉嗇。獨至賽神演劇，赴會趕場，富者既破慳囊，貧者亦盡錙銖。呼朋覓類，至則群聚轟飲，或酒入舌出，妄搆是非；或酒酣氣盛，動輒鬥毆。甚至男女混雜，因醉成姦；貨物叢轇，乘醉爲竊，而廢時失業之害，猶其小焉

者矣。夫鬻豕爲酒，非以爲禍也，而獄益繁，酒之流爲禍如此。史言諸葛亮之治蜀，路無醉人，此風胡不再覿乎？誠禮以先之，刑以後之，吾士民當不甘爲彼昏之不知也。（清・李馨：《（乾隆）郫縣志書》卷八，清乾隆十六年刻本）

（嘉慶）漢州志

【二郎神祠祭賽】翟顥《通俗編》云：今二郎神所在多奉，而俗以《封神演義》謂神爲楊戩，不知《封神》爲明嘉靖道家妄作，以夸道教之尊，書出未久也。灌縣城西十里，背山臨江，大樹陰翳，廟貌崇隆，父子竝祠。每春賽，士女趨赴，不絕於途。六月二十六日爲二郎生辰，祭賽戶甚焉。（清・劉長庚：《（嘉慶）漢州志》卷十四，清嘉慶十七年刊本）

【漢州報賽演劇所用腔調】音樂：婚喪用之。尋常喜慶延賓亦不設。至報賽演劇，大約西人用秦腔，南人用崑腔，楚人土著多曳聲曰高腔。（清・劉長庚：《（嘉慶）漢州志》卷十五，清嘉慶十七年刊本）

【十二月賽會】元旦酬神，祀先代。設天地水府三官位，香花供奉，謂之「迎歲」。向貴人方拜之，謂之「迎喜神」。早出，散拜年帖，親友子弟則登堂而叩享酒食。（清・劉長庚：《（嘉慶）漢州志》卷十五，清嘉慶十七年刊本）

【上元天官會演劇】上元天官會演劇於城隍廟。（清・劉長庚：《（嘉慶）漢州志》卷十五，清嘉慶十七年刊本）

【上元前後爲魚龍獅象之戲】上元前三夕試燈，十六送燈，城市連宵結綵，爲魚龍獅象煙火之戲。鼓樂喧塡，親友各以餈團相餽，名元宵。《酉陽雜俎》：牢丸，湯餅也。（清・劉長庚：《（嘉慶）漢州志》卷十五，清嘉慶十七年刊本）

【平安清醮會】春社後，設壇建醮，作紙龍船，坐瘟、火二神像，周巡四隅。眾扮執役，呵導前行，一道士仗劍隨之。鼓樂齊鳴以逐疫，謂之平安清醮會，是古儺遺意。（清・劉長庚：《（嘉慶）漢州志》卷十五，清嘉慶十七年刊本）

【三月十八日演劇賽神者眾】（三）月十八日，城內聖母宮進香，演劇賽神者眾，各衙門官弁鎭會。（清・劉長庚：《（嘉慶）漢州志》卷十五，清嘉慶十七

年刊本）

【演劇祀青苗】鄉人於栽種畢，農工稍閒，建壇爲青□會，祀青苗土地。擊鼓燒錢，舁神周巡四隅，間有演劇者，此迎貓祭虎遺意。（清·劉長庚：《（嘉慶）漢州志》卷十五，清嘉慶十七年刊本）

【五月二十八口城隍廟會演劇】五月二十八日城隍廟會，相傳是日爲州城隍生日。□州士民以次演劇，視鄰邑爲最。各衙門官弁鎮會。（清·劉長庚：《（嘉慶）漢州志》卷十五，清嘉慶十七年刊本）

【中秋街巷土地會各演劇】中秋拜賀如端陽，以胡麻粘餅肖月，謂之月餅，親友相餽。是日街巷土地會各演劇，夜間供月晏賞，盡歡乃已。自後晝短夜長，百工夜作。（清·劉長庚：《（嘉慶）漢州志》卷十五，清嘉慶十七年刊本）

【十月朔四鄉演劇報賽牛神】十月朔以稉飯搗之成餅，名曰「餈巴」。粘兩牛角尖，否□□，淚灣灣下，四鄉以次演劇，報賽牛神。（清·劉長庚：《（嘉慶）漢州志》卷十五，清嘉慶十七年刊本）

【雅樂之則】又案：雅樂之作，人聲最貴。《郊特牲》曰：歌者在上。《尚書大傳》曰：不以竽瑟亂人聲。人聲之不可不講也，明矣。夫絃歌之學，聖門不廢。歌聲若出金石，非講習其孰能之？乃後儒以伶工所習，恥言其法，是以制氏能記雅樂之鏗鏘鼓舞而卒不傳，此漢儒之失也！唐、宋以來，論樂者爭言眾器之清濁高下，而歌法則第付之樂工口授，無有筆之於書者也。史載：宋用四清聲而過高。夫四清聲不過於十二律呂之外遞加兩聲，未爲噍急，而當時聽者病之，何也？竊思其故，豈非歌者隨氣遞高而人聲失之亢厲歟？夫由今可以通古，試以時俗歌南曲之法証之，即笛之工字一調，其高至於高六字，其低至於低上字，共有十九聲，高者幾於人聲所不能及，低者鄰於無聲，此豈可用之雅樂哉？濂溪周子云：樂聲淡，則欲心平和，則躁心釋。古人論琴，亦云大小得中而聲音和。此雖兼論眾器，實則歌詩之法，不外乎得其中也。前編中，莊親王等奏議曰：凡物之聲，有高有低，高可至於震霆，低可至於希微，皆聲也，而不可以爲樂，故以六律六呂管之，去其兩端而用其中。此義實發前人所未發，歌者所宜取則也。蓋調有十四，而歌必中聲；旋宮傳調樂器之音遞高，而歌者仍取中聲。是以不必用力，鏘然於齒頰之間，

高下之音，無不適合，此眞出於自然，不假造作，而能與天地同和者也。若夫沈約四聲，雖非古法，《中州音韻》亦非古音，然非四聲則其字不眞，非中州韻則其聲不清，故歌譜均有取焉。臣等現奉恩旨，刊刻御製詩歌，頒發天下，俾聞者皆踴躍興起，誠化民成俗之要務，天下臣民之大幸也。其聲字自可按譜而得。第恐歌者拘於樂器之高下，未得用中之道，故謹識於此，以示雅樂之則焉。（清‧劉長庚：《（嘉慶）漢州志》卷十五，清嘉慶十七年刊本）

編者案：此文頗見於各家方志，如：清‧黃宅中《（道光）大定府志》（清道光二十九年刻本）卷八「冠篇八」、清‧黃樂之《（道光）遵義府志》（清道光刻本）卷二十三、清‧俞渭《（光緒）黎平府志》（清光緒八年黎平府志局刻本）卷四下、清‧余良棟《（光緒）桃源縣志》（清光緒十八年刊本）卷五。

【莫看百戲】(州刺史) 楊名《勸農亭記 (節錄)》：余暇日嘗讀諸子集，則見西山眞先生屢爲太守，有《諭同官》、《諭俗》、《諭州縣》、《勸孝》、《勸學》、《勸農》諸作，義明旨遠，言約事盡，要皆可以牖入爲善。……食足充口，不須貪味；衣足蔽體，不須奢華。莫喜飲酒，飲多害事；莫喜賭博，好賭破家。莫習魔教，莫信邪師，莫貪浪遊，莫看百戲。凡人皆由妄費無節生出許多事端，既不妄費，自不妄求，自然安穩無諸災難，此便是節用。（清‧劉長庚：《（嘉慶）漢州志》卷三十六，清嘉慶十七年刊本）

【班春】宋‧何耕《錄二叟語》：立春日，通天下郡邑設土牛而磔之，謂之「班春」，所從來舊矣。其說蓋微見於《呂令》而詳於《續漢禮儀志》，大抵先王謹農事之遺意也。成都大都會，自尹而下，茗、漕二使者之治所在焉。將春前一日，有司具旗旄、金鼓、俳優、侏儒、百伎之戲，迎所謂芒神、土牛以獻於二使者，最後詣尹府，遂安於班春之所。黎明，尹率掾屬相與祀勾芒，環牛而鞭之三匝，退而從民磔牛。民讙譁攫攘，盡土乃已。俗謂其土歸置之耕疇之器上，則繭孳而稼美，故爭得之，雖一丸不忍棄。歲率以爲常。

紹興丙子，余往視焉，見二叟立牛側，一叟撫牛而歎曰：「是孰象似汝？孰丹堊汝？孰引群吏俎豆而羅拜汝？方旗旄、金鼓、俳優、侏儒、百伎之戲，雜然而前陳，以導汝至此，而空一府之人以觀汝也，不亦榮而甚可樂歟？俄而挺者競進，擊者交下，而汝始碎首折骨。及譟者、奪者、負者、趨者，而汝始蕩爲遊塵、散爲飄風矣！鳴呼悲哉！今夫富貴之家，高明之門，倚勢而怙寵，役物以自奉，噓吸生風雲，叱咤爲雷霆，偓然自以爲莫己若也，有不

似茲牛之始至者乎？及其權移而運去，大者隕身赤族，小者觸刑抵罪，雖三尺孺子莫不聞而哀之，有不似茲牛之既磔者乎？吾悲大禍福之無常，而慶弔之相躡於俯仰之間也。吾又悲夫造物者之戲人所爲而至斯極也！吾是以歎。」

一叟局局然笑曰：「子何言之陋耶！是安從生？自土而爲泥，自泥而爲牛，土不知其爲牛也。自土而遭磔，磔而復土，土不知其非牛也。彼既不知其爲牛矣，則雖象似之，丹堊之，俎豆而羅拜之，與夫旗旄、金鼓、俳優、侏儒、百伎之戲迎而致之，空一府而觀之，彼且何榮而何喜乎哉？彼既不知其非牛矣，則雖擊之、碎之、敗之、負之，彼且何懼而何戚乎哉？牛固無所喜慍，而世之人方且認外物以爲己有，其未得也，挾術用數，以致其必來；而其既去，則猶殫智力，以幸其少留也，可不爲之大哀乎？共有愧於茲牛多矣，而造物者初何與焉？莊子曰：『適來時也，適去順也，安時而處順，憂樂而不能入也。』子無庸歎，嘗試以是觀之。」

余悚然異其言，迫而問之：「若何爲者也？」二叟皆不告而去。余歸而錄之。蜀固多隱君子哉！（清・劉長庚：《（嘉慶）漢州志》卷三十九，清嘉慶十七年刊本）

（嘉慶）羅江縣志

【李驥元讀書不觀劇】清・李調元《李驥元傳（節錄）》：李驥元，字其德，號鳧塘，羅江人。生不好弄，天性愛書。甫四五歲，見群童入塾，即跟隨不回。父香如尋歸，問之，則曰：「我亦欲讀。」父曰：「汝能識字乎？」對曰：「先生教彼認書，我從旁聽之，十已記其八矣。」試之，果然。父奇之，遂留自課。南村有龍神堂，在大溝北，中有文昌宮，每年二月初三日誕會演劇，闔村士女無不聚觀，弟獨絕跡不出。父憐其體弱，恐勞瘁成疾，誆令出觀。不得已隨去，隔溝而望，仍挾一書且看且讀。及父至劇場，回視之，則已回塾矣。人皆以爲異。（清・李桂林：《（嘉慶）羅江縣志》卷三十六，清嘉慶二十年修同治四年重印本）

【文昌宮帝君誕辰優伶歌舞以爲樂】清・李化楠《新建文昌宮碑記（節錄）》：文昌之宿，在奎璧之次，主文柄，而帝君之尊配武曲，厥祀遍天下，於吾蜀尤謹。……二月二日帝君降誕，則兩村之人及附近各村並走，相與焚香祝獻，優伶歌舞以爲樂。（清・李桂林：《（嘉慶）羅江縣志》卷三十六，清嘉慶二十年

修同治四年重印本）

【梓潼宮帝君聖誕演戲慶祝】清・李化楠《梓潼宮記（節錄）》：今之團堆，舊名瀰水壩。一河縈帶，眾山環繞，中起一峰，蜿蜒如龍，蓋形勢之所聚而地脈之所鍾也。康熙辛丑，鄉人於其上建梓潼宮，供帝君像。每逢聖誕，演戲慶祝，歲以爲常。（清・李桂林：《（嘉慶）羅江縣志》卷三十六，清嘉慶二十年修同治四年重印本）

【牛王廟樂樓】清・李調元《略坪牛王廟樂樓碑記》：牛王者何也？牛於農有功，故神之爲王而共祀之也。樂樓者何也？演劇必有樓，所以悅神而共樂之也。牛王廟不知始於何時，惟《列異傳》載秦文公立怒特祠，應肇於此。諸廟多塑像如觀音，而以牛爲坐騎，稱之爲牛王菩薩，不知何故。考《清異錄》，陽翟莊舍有田老者，謂牛爲黃毛菩薩，大抵皆農人以牛爲命，故尊之曰王，而親之曰菩薩也。王制，諸侯無故不殺牛。註：穀者，民之命，牛植穀，王法禁殺。故國朝世祖章皇帝首重殺牛之戒，而各處地方有司，並嚴湯鍋之禁，蓋爲此也。夫戒殺牛，非細事也。昔齊宣王不忍一牛，孟子以爲是心足王，使今人而盡推此心，則君即堯舜也，臣即皋、夔、稷、契也。不忍於牛，即不忍於人矣，故曰足王。扈今之祀牛王而並建樂樓者，豈非不忍之心所感，而並思悅牛神以求保眾牛哉。考《大玉匣記》，牛王神誕本在七月二十五日，今以十月初一爲祭日者，蓋七月農方收穫，故相沿改期以便民也。略平牛王廟本無樂樓。今之樂樓，乃嘉慶三年眾士民捐貲所創立，例刻名於碑陰，而總其事者，覃泰山也。（清・李桂林：《（嘉慶）羅江縣志》卷三十六，清嘉慶二十年修同治四年重印本）

【梨園遣興】清・李調元《梨園遣興》：即醒園。

（其一）笑對青山曲未終，倚樓閒看打魚翁。歸來只在梨園坐，看破繁華總是空。

（其二）生涯酷似李崆峒，投老閒居杜鄠中。習氣未除身尚健，自敲檀板課歌僮。（清・李桂林：《（嘉慶）羅江縣志》卷三十六，清嘉慶二十年修同治四年重印本）

編者案：清・李調元《童山集》（清乾隆刻函海道光五年增修本）詩集卷二十六收有此詩，題作《醒園遣興二首》。趙興勤、趙韡編《清代散見戲曲史料彙編

（詩詞卷・初編）》（臺灣花木蘭文化出版社，2014年3月）收有李調元詩作，然未收本詩。

（乾隆）彰明志略

【愚俗無知親喪招飲演劇】親喪固所自盡，盡以禮耳。衣衾棺槨，所以為質；題主誌銘，所以為文。彰邑詩禮之家，亦或留心質文之數，而愚俗無知，往往以喧嘩為美觀，或招飲演劇，情同喜慶；或連日販僧，不嚴內外。與其耗無益之費於失禮之地，曷若盡心於附身、附棺之際乎？（清・陳謀：《（乾隆）彰明志略》「風俗志」卷九，清乾隆二十八年刻本）

（嘉慶）洪雅縣志

【洪雅歲時演劇】歲時：元旦，家長夙興，率卑幼設香燭，肅衣冠，先向堂下拜天地，祝君王，後上堂拜家神祖宗畢，男婦長幼，各以次進拜，擇方向出行，往親戚、師友家致賀。更作宴會，謂之「年酒」。

十五夜元宵節。自九日至此夜，辦燈火，唱採茶、紡綿等歌，跳獅子、龍馬諸戲，名曰「鬧元宵」。城□三年建醮，設燈會，尤極華靡。是夜，小兒女等各取桃梗襯青衣為紫姑神，向廁中焚香迎之，卜一年休咎。至十六日，各趨田功矣。

二月初三日，祀文昌，遂有娛神演劇者。

三月上巳日，祀三霄神，蓋古者祀高禖意也，士夫家或流觴曲水以為樂。

清明前後十日，掃墓，祭祖先，豕一、羊一，貧者三牲，酒醴不廢。祭罷受福，以竹標楮而去。是日婦女貼勝於鬢，名柳葉符。

四月八日，作浴佛會。十五日祀炎帝。

五有五日，家造角黍，設雞子酒肴，門懸艾虎，泛菖蒲、雄黃於酒飲之。十三日，俗傳關帝單刀會。二十七日，傳城隍神誕，皆演劇，極為煩囂。

六月六日，晒衣節，士夫家出書籍曝之，以避蠹蝕。是日，商賈祀鎮江神。二十一日，祀晉德陽令許遜。二十四日，祀隋眉山太守趙昱，又祀青苗神，蓋社公也。

七月七夕，不□歲，多燃爆竹，於是少者行辭歲之禮。（清・王好音：《（嘉慶）洪雅縣志》卷三，清嘉慶十八年刻本）

（乾隆）安岳縣志

【喪事演劇】愼終追遠，民德歸厚。惟喪與葬，凡附身、附棺，爲人子者尤宜盡心焉。貧富稱家有無，大率以分給白布之多爲尚。縉紳之家葬時，必請官長或鄉宦書銘旌以表，路題木主以棲神，禮也。其貧不能葬者，親鄰各助薪米錢帛，謂之「孝義會」。又有苦無墓地者，給其地埋之，謂之「討地葬」。俗喪以不能致客爲恥。甚至喪前演劇，鑼鼓喧襟，近已悉行禁革。惟延請僧道，逢七作佛事超薦，積皆相沿，只可聽之耳。（清・張松孫：《（乾隆）安岳縣志》卷一，清乾隆五十一年刻本）

【龍神廟歌樓】清・沈清任《新建龍神廟碑記（節錄）》：歲在疆圉作噩之夏涂月，攝安岳令袖東徐司馬緘書至郡。⋯⋯下瞰城市，風雲吞吐，即其地爲正殿三間、兩廡四間、殿門一間、歌樓三間，繚以丹垣，布以文石，飾金堊彩，象神而祀之，蓋煥然矣。（清・張松孫：《（乾隆）安岳縣志》卷八，清乾隆五十一年刻本）

【城隍廟戲樓】城隍廟，在城內正街。康熙三十四年乙亥邑令張邦垣修正殿五楹、拜廳三楹、戲樓三楹、大門三楹。（清・張松孫：《（乾隆）安岳縣志》卷八，清乾隆五十一年刻本）

【火神廟歌樓】清・郭佑達《建修廟碑記（節錄）》：蓋聞祝融司令洪蒙，已肇其官。⋯⋯因易卑隘而擴充之。後殿宇而前歌樓，增以黝堊，飾以丹漆，鐘鼓俱備，迎神入祠。復招僧住持，以奉祀事。（清・張松孫：《（乾隆）安岳縣志》卷八，清乾隆五十一年刻本）

【川主廟戲樓】川主廟，在城外小西街，即明察院行臺舊址。康熙五十七年，邑令鄭古士修正殿三楹、東西兩廡四楹、戲樓三楹。康熙五十八年，署邑令姚孔鏞修後殿三楹。康熙六十年，復修東廟五楹。（清・張松孫：《（乾隆）安岳縣志》卷八，清乾隆五十一年刻本）

【濂溪祠歌樓】《重修濂溪祠碑記》：太上有立德，其次有立功，其次有立言。⋯⋯今則堂高數仞，榱題數尺，斯革斯翬也。他如兩廟歌樓以及垣墉露臺，則既堅既好，如砥如矢。（清・張松孫：《（乾隆）安岳縣志》卷八，清乾隆五

十一年刻本）

（同治）會理州志

【文昌宮戲樓】文昌宮有三：一在州內城文廟東偏，明洪武中，副千戶指揮楊遇春建。一在東門外東山頂，明經魁胡衡於嘉靖年中建，年久圯廢。國朝康熙二十一年，衛遊擊吳永祚、守備江九鼎、生員王問仁重修。乾隆五十八年，通學捐資，移魁星閣於後殿，添修戲樓、兩廂山門、抱廳。至道光初，又復傾頹。武舉蘇必和等倡捐，徹底重修，於道光二年十月起，至九年五月落成。南北山門二座、戲樓一座、魁星樓三層、桂香殿三楹、南北廂樓四間、正殿三楹、南北兩廊二間、三代祠三間、韋馱殿一間、觀音殿三楹、南北兩廊碑記各二楹。正殿之北爲孚佑帝君三楹、右廂房三間；正殿之南爲花廳三楹、左廂房三間、倉房二間、小樓三間、住持房三間。一在迷易所。（清·鄧仁垣：《（同治）會理州志》卷二，清同治九年刊本）

【陳發和善度曲】陳發和，江西人。少賈於蜀，頗獲重利。然性揮霍而戇介，曾有貸千金者，貧不能償，陳終身不問。非其人一錢不與，亦一錢不取也。喜作書，殊遒勁。善度曲，能百餘齣。所至之處，笛一，茗盌一，月夜啜苦茗，高歌以自適。愛州中山水，遂不南歸，寓迷易之城隍廟。年七十餘歲卒。（清·鄧仁垣：《（同治）會理州志》卷六，清同治九年刊本）

【元宵粧演故事】元宵節，競於外首各立燈架，列炬輝煌，或粧演故事，或舞獅燈、龍燈，歡逢達旦。近年自初八九日即有獅燈、龍燈。（清·鄧仁垣：《（同治）會理州志》卷十，清同治九年刊本）

【立春日粆扮故事】立春日粆扮故事，高臺舁行，迎春東郊。近年係立春前一日。（清·鄧仁垣：《（同治）會理州志》卷十，清同治九年刊本）

【廟有觀優之樓】（知州）王燕瓊《募修禹王宮引（節錄）》：神禹地平天成，功在萬世，今即廟祀遍天壤，何足報其功德哉？……夏后氏在天之靈，降格拎茲，以妥以侑，則何福如之？因憶曩者廟有觀優之樓，雕刻鉤心，綵畫奪目，其所費當以鉅萬計。以歌舞之場，頓違卑宮室之遺意。（清·鄧仁垣：《（同治）會理州志》卷十一，清同治九年刊本）

【笙簫疊勸飲流霞】清・廖坤培《癸巳夏日七十晉七初度適當重遊泮水子佽亦入州庠賦七律六章徵和（之六）》：笙簫疊勸飲流霞，連日演劇。隆貺頒來敢拜嘉。且喜筵賓歌綠竹，還期老圃對黃花。三千客至聞聲鶴，八十年來畫足蛇。多謝敦槃酬酢意，稱觴齊祝壽無涯。（清・鄧仁垣：《（同治）會理州志》會理州續志，清同治九年刊本）

貴　州

（咸豐）興義府志

【試院戲臺】由北行折而東，周以回廊，中爲植桂軒。南向，凡五楹，極宏敞。庭中多桂樹，知府張鍈有《記》。有聯云：「筦簟肇修，盤龍井，踞鳳巖，宏開甲第；幨帷暫駐，瞻青山，眺綠水，小憇庚郵。」對軒有平臺一軒，爲公讌處。臺爲演劇處，臺額曰「觀文成化」。聯云：「想有奇文參活相，全憑巨眼識眞詮。」臺左側額曰：「半面全神。」臺右側徑通試院二堂。（清·鄒漢勛：《（咸豐）興義府志》卷二十，清咸豐四年刻本）

【寺中作佛劇】（明遂甯知縣）梁森（安南人）《玉皇閣石牆記（節錄）》：事固貴於謀始而尤貴於圖終。終之不慮，並其始之謀者胥失焉。寺後山修玉皇閣，功垂成而工食缺乏，眾皆束手，莫知所措。求助於朱參軍、羅撫軍，猶不足，群聚而商。適有優人寓此，乃曰：「吾儕盍於寺中作佛劇以勸諸人，凡老稚之聚觀者，歛其錙銖，裒多益寡，或金集而閣成。」咸曰：「可。」凡作劇七日，而得金足，始克有濟。（清·鄒漢勛：《（咸豐）興義府志》卷三十三，清咸豐四年刻本）

【興郡風俗】自正月初十日始，城中有龍燈、花燈及唱燈之戲。元宵城中觀燈遨遊，漏下三、四鼓不絕，謂之「遊百病」。言元宵之遊，百病消除也。二月初，行春儺以逐疫。三月初，將祈靈於東嶽之神，首士鳴鉦告眾。三月二十日散花。二十一日，行大儺於東嶽廟，謂之「出會」。或以小木彩樓，頂

之於首，曰「頂案」。或作乞勺狀，或作罪人狀，以酬神願。喧闐盈途，至二十八日止。舊俗頂案者或作昏迷狀，至民家僞作神語，怒擊毀物，令酬願，謂之「發案」。鎮守郡弗禁行儺，嚴禁發案，城鄉皆以三月初三、六月初六、九月初九祀土地神。六月初六爆（曝）書，立夏食炒米。此興郡風俗之大略也。（清・鄒漢勛：《（咸豐）興義府志》卷四十，清咸豐四年刻本）

【興義府竹枝詞（之五）】（道光副貢生）張國華（興義府人）《興義府竹枝詞》：唱燈纔過又龍燈，男婦歡聲動四鄰。負女攜兒遊百病，元宵出遊，名爲遊百病。滿城都是月中人。（清・鄒漢勛：《（咸豐）興義府志》卷四十，清咸豐四年刻本）

【興義府竹枝詞（之六）】（道光副貢生）張國華（興義府人）《興義府竹枝詞》：三月春深看會場，二十一日始，二十八日止。神迎東嶽競拈香。紙枷木案紛償願，有枷鎖、乞勺、木案諸願。愚婦愚夫勢若狂。（清・鄒漢勛：《（咸豐）興義府志》卷四十，清咸豐四年刻本）

【跳腳】又有跳腳之俗。將焚之前，姻黨群至，咸執火以來，至則棄火，而聚其餘炬於一處，相與攜手吹蘆笙，歌唱達旦，謂之「跳腳」也。（清・鄒漢勛：《（咸豐）興義府志》卷四十一，清咸豐四年刻本）

【跳端公】苗俗跳端公，《田居蠶室錄》嘗言其詳。《田居蠶室錄》云：端公，見《元典章》，其稱古矣。今民間或疾或祟，招巫驅禳必以夜。至其所奉之神，製二鬼頭：一赤面長鬚，一女面，謂是伏羲、女媧。臨事，各以一竹承其頸，竹上、下兩篾圈，衣以衣，倚於案左右，下承以大椀。其右設一小棹，上供神曰「五猖」，亦有小像。巫黨椎鑼擊鼓於此。巫或男裝，或女裝。男者衣紅裙，戴觀音七佛冠，以次登壇歌舞，右執者曰神帶，左執牛角，或吹、或歌、或舞，抑揚拜跪以娛神。曼聲徐引，若戀若慕，電旋風轉，裙口舒圓，散燒紙錢，盤而灰去，聽神絃者如堵墻也。至夜深，大巫舞袖揮袂，小巫戴鬼面，隨扮土地神者導引，受令而入、受令而出，曰「放五猖」。大巫乃踏閾，吹角作鬼嘯，側聽之，謂時必有應者，不應，仍吹而嘯，時擲筊，筊得，謂捉得生魂也。時陰氣撲人，香寒燭瘦，角聲所及之處，其小兒每不令睡，恐其夢中應也。主家亦然。間有小兒坐立間無故如應人者，父母不覺，常致奄奄而斃。先必斬茅作人衣，禱者衣履，至是歌侑以酒食，載以

茅舟，出門焚之，曰「勸茅」、「送茅」，謂使替災難也。事畢，移其神像於案前，令虛立椀中，歌以送之，仆則謂神去。女像每後仆，謂其教率娘主之，故迎送獨難云。《老峒溪纖志》言：苗祭用巫，設女媧、伏羲位，則此乃相沿苗風也。今士大夫家亦行之。沅湘以南尙巫鬼，自古而然，固不足怪。特其捉生魂替代，大與滇人之埋魂、放蠱同干法紀。今其教衰且賤，地方官若禁其泰甚，必今日教下，明日即不爲。（清・鄒漢勛：《（咸豐）興義府志》卷四十一，清咸豐四年刻本）

【那般傀儡不登場】清・廖大聞《黎峨雜詠（之六）》：一條冰案對朝陽，縣署向東。長吏親民持敬堂。二堂名也。前官有額尚存。水碓尙鳴聞翠浪，環城東南皆山澗，有水碓。火竿誰舉看紅光。縣人於竿頭舉火焚之，謂之「火竿」，惡俗也。嚴禁乃止。纔爲雅服披山繭，衣細惟遵義繭。又飭官廚刴野羊。《本草》所謂山羊，又名青羊者是也。其皮可褥，其膽與血皆可藥，惟其肉膻，不可食。差喜兔猴雞狗日，那般傀儡不登場。境內各場期，惟按地支十二屬相以爲先後。兔、猴、雞、狗，又收稅之期也，場中相禁演劇。（清・鄒漢勛：《（咸豐）興義府志》卷五十八，清咸豐四年刻本）

編者案：同書本卷謂：「其後有廖大聞者，桂林人。舉人，十八年署興義縣知縣事。性剛介，居官廉潔。工詩文，著有《黎峨雜詠》三十首，專詠縣之風土，邑士傳誦。」

雲　南

（道光）昆明縣志

【二月三日**觀劇**】二月三日，謁寶成門外文昌宮，觀劇，遊龍泉觀。還，憩石觜莊。（清·戴絅孫：《（道光）昆明縣志》卷二，清光緒二十七年刊本）

【四月小澤口觀吳西園演劇】立夏日，插皂莢枝、紅花於戶以壓祟，圍灰牆腳以避虵。是月，小澤口觀吳西園演劇。匝三旬，或遊南壩晏公廟。（清·戴絅孫：《（道光）昆明縣志》卷二，清光緒二十七年刊本）

（乾隆）續修河西縣志

【馬之信禁演劇】馬之信。□□□□□□易訓在□黨中，於一切公正□□□□爲□□終□□□□修□□□□。禁止村中春日演劇，至今人皆□之。子孫科名顯耀，是其報也。（清·董樞：《（乾隆）續修河西縣志》卷一，清乾隆五十三年刻本）

【**選點優人携伎來**】（邑令）宋昌琤《泛杞麓湖》：春曉煙籠湖水綠，漁父村前漁艇簇。下馬登舟作勝遊，空濛萬頃開朝旭。選點優人携伎來，八音齊集兩邊排。行府不用旅肴核，湖魚使足傾金罍。呼取漁人沉大網，中流緩緩打雙槳。歌聲搖曳酒行遲，雲影天光互駘宕。長蝦鮮鯽續續投，前者水烹後水養。忽驚赤鯉墮網起，絲管乍停齊拍掌。酣觴繼奏船再進，白鷗翠羽相飛趁。百壺欲盡日欲斜，秀山啓見堆煙鬢。秀山主人是周郎，添趣迎懽携酒漿。（清·董樞：《（乾隆）續修河西縣志》卷一，清乾隆五十三年刻本）

（宣統）楚雄縣志

【樂】古之雅樂，無不知者惟祭，覺宮樂舞而已。至世俗所尚，以八音成調，謂之「鈞天廣樂」、「大洞仙樂」，下此則僧道之鈕鐃鼓版、巫現（覡）之區鼓鐵圈，不足論矣。他如四山夷人跳月踏歌、吹葫笙竹笛、彈月琴以和其聲，謂又則成一種。（清·崇謙：《（宣統）楚雄縣志》述輯卷二，清宣統二年鈔本）

【節令與演劇】上元夕，比戶點紗燈，以糯麵煮團爲食，謂之元霄（宵）節。城鄉有花燈、龍燈之鬧熱，次晚遊豐宮泮池，謂之「走百病」。二月八日，鄉間跳神演劇，巫上方（刀）山、舐火犁，觀者如堵。清明插柳於門。三月廿八日，東嶽宮會，談經演戲。（清·崇謙：《（宣統）楚雄縣志》述輯卷二，清宣統二年鈔本）

【龍華會】龍華會，凡十二年舉行一次，以首年十二月擇吉迎旨，次年三月，擇吉延儒、釋、道三教諷經行法，上供、戒葷，裝神演戲，起止七日，觀者如堵，遠近若狂。（清·崇謙：《（宣統）楚雄縣志》卷五，清宣統二年鈔本）

【西靈宮戲臺】西靈宮，在戛峜山左麓坳，一名塔凹。城陷，毀。里人重建大殿。光緒十三年，邑紳謝墀修兩廂、戲臺、大門。（清·崇謙：《（宣統）楚雄縣志》卷五，清宣統二年鈔本）

（乾隆）蒙自縣志

【尹均少不觀劇】尹均，字佐平，一字松皋，宗梁三子。燕處危坐，不負幽獨，以行誼重於鄉。事父母能察形聲。親喪，廬墓三年，不入寢室。兄弟早逝，撫其子猶子也。好施與，吉凶無以爲禮者輒伏之，或倩人轉給，不令知名。其惡見德如此。薦於鄉，成進士。入詞垣，典籍薇省，與千叟宴。宦都三十載，不隨時脂韋而視鄉人如手足。滇南邸寓有三寢傾圮，均倡率同里重修。公車輻輳，歲時讌談，於是賴焉。其疾痼者，輒掃榻延入調治。而浮梗無依及旅櫬淹久，必力爲摒擋，俾返厥閭。滇人德之。生平耽經史，尤精制藝。均之少也，值宅內演劇，獨挾冊咿唔室中，視者以爲難。乾隆丁未卒，年七十三。（清·李焜：《（乾隆）蒙自縣志》卷四，清乾隆五十六年抄本）

（咸豐）鄧川州志

【迎神演劇謂之春臺】元旦備素饌，供天地祖先。往來賀歲，接期，各邨先後迎神演劇，謂之「春臺」。（清・鈕方圖：《（咸豐）鄧川州志》卷四，清咸豐四年刊本）

（光緒）浪穹縣志略

【春臺】二月迎佛，各鄉演劇迎神，謂之「春臺」。自正月起，俱各有其日。（清・羅瀛美：《（光緒）浪穹縣志略》卷二，清光緒二十八年修民國元年重刊本）

【七月二十三日念佛演戲祀河頭龍王】中元作盂蘭會。二十三日，為河頭會，於苴湖結綵舟、念佛演戲，往祀河頭龍王。或曰此日為慈善殉節之期，故以弔也。（清・羅瀛美：《（光緒）浪穹縣志略》卷二，清光緒二十八年修民國元年重刊本）

【施孝子負其父觀劇】清・趙輝璧《施孝子傳（節錄）》：邑有施姓者，乾隆時人，距今將百年，無論遠近老幼過其門者，皆稱為施孝子之宅。余耳之久矣，而未詳其實。一日，有老人謂余曰：「吾邑中有某孝子者，子知之乎？」余曰：「知之而未盡也。公知之乎？願聞命。」老人曰：「孝子名學山，少好學，而不為塲屋之學，隱於市廛，頃刻不離父母膝下。孝子之至性過人，已不待言，即其無形無聲先意承志之事，亦難縷述，僅述其一二足以動人耳目者。憶余丱角時，孝子已五十六矣。其父八十餘，有足疾，喜觀劇。每邑有戲塲，孝子必親負其父往觀之。父又喜諷經，孝子雖不知經，每日必於父前朗誦四子書以娛親。」（清・羅瀛美：《（光緒）浪穹縣志略》卷十一，清光緒二十八年修民國元年重刊本）

【張正泰驕兵觀劇】（恩貢）楊國喬《浪穹戎事記（節錄）》：浪穹，介大理、鶴慶之間，僻在一隅。兵興後，杜文秀據於南、張正泰起於北，蹂躪幾無虛日，故遭難較慘於他邑焉。……張正泰始發兵攻劍川二嶺村，續攻鄧川寺塝村，奪回上關。先聲所至，郡中回奪氣，幾棄城走。而正泰驕甚，留喜洲二十餘日，張筵觀劇，不急攻城。回得修戰守具，迨屢攻，不克，力頓挫。回逆開城迎敵，兵敗，上關復為回有，正泰退守鶴慶。（清・羅瀛美：《（光緒）浪穹縣志略》卷十一，清光緒二十八年修民國元年重刊本）

【七月佛會泛舟演劇】（邑人）呂咸熙《遊甯湖賦并序（節錄）》：浪穹甯湖，一名茈碧湖，景致之佳，爲邑中冠。余雖生是鄉，從未泛舟一窮其勝。即同儕諸君，數年以來，率皆散處四方，無暇及此。歲宣統紀元孟夏，余與諸友人俱在籍。姚熙臣孝廉倡遊湖，約就餞余行，眾韙其議。於是，訂期於月之十三日開纜，且曰不遊則已、遊必卜晝卜夜，作五日之暢遊，興不盡勿返也。……余謂，自有此湖以來，未有如斯之暢遊五日者矣。而且群季俊秀，座無俗客，一觴一詠，暢敘幽情。以視七月佛會，官乘彩艦，泛舟演劇，海馬交馳，男女雜遝，朝急而往，暮促而還，入夜則放水燈，共佛事梵音喃喃，鐃鼓聒耳，其雅俗眞不啻霄壤矣！如此暢遊，誠不可不紀其勝。（清·羅瀜美：《（光緒）浪穹縣志略》卷十一，清光緒二十八年修民國元年重刊本）

陝　西

（雍正）陝西通志

【婦女觀賽社演劇】 婦女好遊，觀賽社演劇，男女雜沓無別。（清‧沈青崖：《（雍正）陝西通志》卷四十五，清文淵閣四庫全書本）

【立春前一日樂人扮雜劇】 立春前一日，職官迎春於東郊，樂人扮雜劇，女童唱春詞，街民捧盒酒獻官長。鑼鼓綵旗，聚觀雜沓。設春盤捲春餅，謂之「咬春」。《臨潼縣志》。（清‧沈青崖：《（雍正）陝西通志》卷四十五，清文淵閣四庫全書本）

【立春前一日里市各扮故事】 立春前一日，有司迎勾芒神。里市各扮故事，表曰慶豐年。是日，男婦攜兒女看春，俟土牛過，爭以豆、麻撒之，謂之「散疹」。《城固縣志》。（清‧沈青崖：《（雍正）陝西通志》卷四十五，清文淵閣四庫全書本）

【除夕優人扮鍾馗】 除夕，優人扮鍾馗，遍詣人家，鳴鑼擊鼓，曰驅鬼。《渭南縣志》。（清‧沈青崖：《（雍正）陝西通志》卷四十五，清文淵閣四庫全書本）

【臨塋設臺作戲宜嚴禁】 臨葬，紙紮人馬、幢幡之類，俱不得過二十件，以省無益之費。至臨塋設臺作戲，扮隊搶紅、雜耍等項，尤宜嚴禁。孝子哀痛之際，何得有供人戲樂之情？（清‧沈青崖：《（雍正）陝西通志》卷四十五，清文淵閣四庫全書本）

【木人百戲】馬鈞，扶風人。巧思絕世。傅玄序之曰：「馬先生，天下之名巧也。爲博士，居貧，舊綾機五十綜者五十躡，六十綜者六十躡，先生患其喪功費日，乃皆易以十二躡。爲給事中，與常侍高堂隆、驍騎將軍秦朗，言及指南車，明帝詔先生作之。都內有地可爲園，患無水以灌之，乃作翻車，令童兒轉之，灌水自覆，更入更出，其巧百倍於常。其後人有上百戲者，能設而不能動。帝問：「可動否？」曰：「可動。」「其巧可益否？」曰：「可益。」受詔作之。以大木彫構，使其形若輪，平地施之，潛以水發，設爲女樂舞象，至令木人擊鼓吹簫，作山嶽；使木人跳丸、擲劍、緣絙、倒立，出入自在；百官行署，舂磨、鬥雞，變巧百端。見諸葛亮連弩，曰：「巧矣，未盡善也。作之可令加五倍。」又患發石車，敵人之於樓邊懸濕牛皮，中之則墮，石不能連屬而至。欲作一輪，懸大石數十，以機鼓輪爲常，則以斷懸石飛擊敵賊，使首尾電至。嘗試以車輪懸瓴甓數十，飛數百步。先生之巧，雖古公輸般、墨翟、王爾，近漢世張平子，不能過也！」《魏志・杜夔傳》注。（清・沈青崖：《（雍正）陝西通志》卷六十四，清文淵閣四庫全書本）

【皇帝梨園弟子】《教坊》「唐紀」曰：「玄宗置左右教坊於蓬萊宮側，帝自爲法曲俗樂以教宮人，號皇帝梨園弟子。」《長安志》。（清・沈青崖：《（雍正）陝西通志》卷七十二，清文淵閣四庫全書本）

編者案：清・舒其紳《（乾隆）西安府志》（清乾隆刊本）卷五十五所載與此略同。

【賜李晟女樂八人】李晟宅，在永崇坊。馬《志》。興元元年，賜晟永崇里甲第，詔宰臣、諸郎將會送。是日，特賜女樂八人、錦綵銀器等。令教坊太常儲樂，京兆府供具鼓吹迎導，集宴京師，以爲榮觀。（清・沈青崖：《（雍正）陝西通志》卷七十三，清文淵閣四庫全書本）

【賜渾瑊女樂五人】渾瑊宅在進昌坊，馬《志》。興元元年賜，兼賜女樂五人，錦綵銀器等。宰臣、郎將會送，有司儲饌，次於李晟焉。（清・沈青崖：《（雍正）陝西通志》卷七十三，清文淵閣四庫全書本）

【梨園】梨園，在光化門北。光化門，禁苑南面西頭第一門，在芳林景曜門之西也。中宗令學士自芳林門入，集於梨園，分朋拔河，則梨園在太極宮西禁苑之內矣。開元二年，置教坊於蓬萊宮上，自教法曲，謂之梨園弟子。

至天寶中，即東宮宜春北苑，命宮女數百人爲梨園弟子。是梨園者，按樂之地，預教者名爲弟子。凡蓬萊宮、宜春苑，皆不在梨園之內也。《長安志》曰：文宗幸北軍，因幸梨園，又令太常卿王涯取開元雅樂，選樂童按之，名曰《雲韶樂》。樂成，獻諸梨園亭，帝按之會昌殿。此會昌殿即在梨園中矣。唐末，芳林十哲即自此門入，交中官，故十人者冠戴芳林名號，如鴻都賦徒也。《雍錄》。（清·沈青崖：《（雍正）陝西通志》卷七十三，清文淵閣四庫全書本）

【梨園弟子按梁州】清·王士禎《驪山懷古》：內殿傳呼菊部頭，梨園弟子按梁州。善才零落龜年老，渭水猶明羯鼓樓。（清·沈青崖：《（雍正）陝西通志》卷九十七，清文淵閣四庫全書本）

編者案：此詩乃王士禎《驪山懷古八首》之四，見《帶經堂集》（清康熙五十年程哲七略書堂刻本）卷二十五「漁洋續詩三」。清·史傳遠《（乾隆）臨潼縣志》（清乾隆四十一年刊本）卷八亦收此詩。另見趙興勤、趙韡編《清代散見戲曲史料彙編（詩詞卷·初編）》上冊，臺灣花木蘭文化出版社 2014 年版，第 153 頁。

（乾隆）西安府志

【趙貞女墓】趙貞女墓，賈《志》：在縣李趙村，漢議郎蔡邕妻也。按：中郎妻不載史傳。宋陸游詩云：「斜陽古道柳家莊，負鼓盲翁正作場。死後是非誰管得？滿村聽說蔡中郎」，是其說南宋已有之。至事本屬牛僧孺之子牛繁，唐人小說載繁與同人蔡生舉進士，才蔡生，欲以女弟適之，蔡已有妻趙矣。力辭不得，後牛與趙處，能卑順自將。蔡仕至節度副使，不知何時遂以屬之中郎。元人高則誠復衍爲傳奇，以譏不花丞相，蓋蒙古語謂牛爲不花也。見沈德符《顧曲雜言》。（清·舒其紳：《（乾隆）西安府志》卷六十三，清乾隆刊本）

【江南遇天寶樂叟】唐·白居易《江南遇天寶樂叟》：白頭老叟泣且言，祿山未亂入梨園。能彈琵琶和法曲，多在華清隨至尊。是時天下太平久，年年十月坐朝元。千官起居環珮合，萬國會同車馬奔。金鈿照耀石甕寺，蘭麝薰煮溫湯源。貴妃宛轉侍君側，體弱不勝珠翠繁。冬雪飄颻錦袍暖，春風蕩漾霓裳翻。歡娛未足燕寇至，弓勁馬肥胡語喧。豳土人遷避夷狄，鼎湖人去哭軒轅。從此漂淪落南土，萬人死盡一身存。秋風江上浪無限，暮雨舟中酒一樽。涸魚久失風波勢，枯荓曾沾雨露恩。我自秦來君莫問，驪山渭水如荒村。新豐樹老籠明月，長生殿闇鎖春雲。紅葉紛紛蓋欹瓦，綠苔重重封壞垣。

惟有中官作宮使，每年寒食一開門。（清·舒其紳：《（乾隆）西安府志》卷六十七，清乾隆刊本）

【立春前一日樂人扮雜劇】《臨潼志》：立春前一日，職官迎春於東郊，樂人扮雜劇，女童唱春詞，街民捧盒酒獻官長。設春盤，捲春餅，謂之「咬春」。（清·舒其紳：《（乾隆）西安府志》卷七十四，清乾隆刊本）

【除夕優人扮鍾馗遍詣人家】《渭南志》：六月六日，藏水待用，云久不壞。又除夕優人扮鍾馗，遍詣人家，鳴鑼擊鼓，曰驅鬼。（清·舒其紳：《（乾隆）西安府志》卷七十四，清乾隆刊本）

【落葉哀蟬曲】《拾遺記》：漢武始穿昆靈之池，泛翔禽之舟，自造歌曲，使女伶歌之。時日已西傾，涼風激水，女伶歌聲甚遒，因賦《落葉哀蟬》之曲。（清·舒其紳：《（乾隆）西安府志》卷七十九，清乾隆刊本）

　　編者案：清·沈青崖《（雍正）陝西通志》（清文淵閣四庫全書本）卷七十三、九十八、清·舒其紳《（乾隆）西安府志》（清乾隆刊本）卷七十九所載與此相同。

【杜甫春遊雜劇所指】《紫桃軒雜綴》：王敬夫再謫以及永錮，皆長沙秉國，時盛年屏棄，作爲歌謠。及《杜甫春遊》雜劇，力詆西涯。嘉靖初，纂修《實錄》。議起，敬夫有言於朝者曰：「《遊春記》，李林甫固指西涯，楊國忠得非石齋，賈婆婆得非南塢耶？」吏部聞之，縮舌而止。（清·舒其紳：《（乾隆）西安府志》卷八十，清乾隆刊本）

（乾隆）臨潼縣志

【立春前一日樂人扮雜劇】立春前一日，職官迎春扵東郊。樂人扮雜劇，女童唱春詞，街民捧盒酒獻官長。鑼鼓綵旗，聚觀褋沓。設春盤，捲春餅，謂之「咬春」。（清·史傳遠：《（乾隆）臨潼縣志》卷一，清乾隆四十一年刊本）

【謝阿蠻善舞】謝阿蠻，《太眞外傳》：阿蠻，新豐女伶，善舞。上與妃子就按於清元小殿，寧王吹玉笛，上羯鼓，妃子琵琶，馬先期方響，李龜年觱篥，張野狐箜篌，賀懷智拍板，自旦至午，歡洽異常。曲罷，妃子命侍兒紅桃取紅粟玉臂支賜阿蠻。後上自成都還，復幸華清宮，從官嬪御，多非舊人。上命阿蠻舞《凌波曲》。舞罷，上淒然垂涕。（清·史傳遠：《（乾隆）臨潼縣

志》卷七，清乾隆四十一年刊本）

編者案：清·沈青崖《（雍正）陝西通志》（清文淵閣四庫全書本）卷六十四、清·舒其紳《（乾隆）西安府志》（清乾隆刊本）卷七十六所載與此相同。

【遺事猶傳菊部頭】清·崔龍見《華清宮詠》：開元天子親戲亂，御宇承平事遊晏。早從繡嶺闢離宮，至今仙液分溫殿。古時新月與今同，歌舞銷沉禁籞通。碧甃龍池人自浴，紅泉蓮蕊色還空。却思落日留王母，宮中行樂清平譜。長生私語定誰知？短笛潛聽鎖相許。詞賦崢嶸粉黛鮮，美人才子俱黃土。朝元夜雨似淋鈴，故國霜前雁字橫。羯鼓悲涼鼙鼓震，羽衣零亂白衣行。繁華過眼如轉轂，落葉哀蟬舊時曲。遺事猶傳菊部頭，香魂難傍黃幡綽。佛舍梨花恨馬嵬，園陵松徑殘金粟。不湏惆悵月明時，曠古風流合在□。□皇鼎雁千秋閉，褒女龍綮一笑迷。幾許興亡剩煙樹，澠弔斜陽客來去。曲江蒲柳亦先秋，少陵野老今何處？（清·史傳遠：《（乾隆）臨潼縣志》卷八，清乾隆四十一年刊本）

（乾隆）盩厔縣志

【元宵演戲賽神】元宵懸綵燈於門首，先代神主前亦設燈燭。小兒騎竹馬，奔走馳逐。隨以金鼓遊街巷，或至夜分不息。亦有合數十人，各醵金於廟中，演戲賽神，家各置麪繭，相與飲酒宴聚。（清·楊儀：《（乾隆）盩厔縣志》卷九，清乾隆五十八年補刻本）

【邑民四季皆賽神演劇】婦女服飾之侈，始自興平之會。邑民賽神演劇，謂之「作會」。四季皆有之。（清·楊儀：《（乾隆）盩厔縣志》卷十四，清乾隆五十八年補刻本）

（光緒）藍田縣志

【城隍廟戲臺】城隍廟，在縣城內東南隅。皇清康熙五十八年知縣范理、嘉慶二十三年知縣邵琨重修。同治十三年，知縣呂懋勳同闔邑紳耆籌款重修。又因門樓三間未見宏壯，改造五間。戲臺五間，門樓、捲棚、照壁俱各高加數尺，遂覺壯麗可觀。（清·袁廷俊：《（光緒）藍田縣志》卷八，清光緒元年刊本）

【城隍廟演劇臺】清・呂懋采《重修城隍廟碑（節錄）》：邑之有城隍，所以禦災捍患，爲民請命者也。由來尚矣。……門外有屏以壯觀也，門內有臺以演劇也。舊制狹隘，咸與擴新。其兩廡廟貌之剝落者，召募巧工，重加修飾，改厥觀焉。（清・袁廷俊：《（光緒）藍田縣志》「藍田縣文徵錄」卷一，清光緒元年刊本）

（光緒）高陵縣續志

【葬日演劇害義悖禮】昔孔子言禮之本曰：喪，與其易也甯戚。又曰：葬之以禮。孟子曰：不得不可以爲悅。合觀之可以知孝矣。縣俗樸厚，儀節疏略，葬速葬緩，從宜從俗，均不大戾於禮。惟葬日用樂，三周演劇，盛饌燕戚友，則爲害義悖禮之甚。（清・程維雍：《（光緒）高陵縣續志》卷三，清光緒十年刻本）

（光緒）麟遊縣新志草

【城隍廟歌臺】城隍廟在什字街西，明嘉靖間知縣周誥有《記》，不錄。國朝乾隆間，知縣孫朝盛重建。嘉慶初，知縣黃端書復建，均有《記》，漫漶。道光末，知縣陳典大加修葺，增置歌臺、鐘鼓樓各一。（清・彭洵：《（光緒）麟遊縣新志草》卷二，清光緒九年刻本）

【吳汝爲祠演劇報賽】吳汝爲，山東霑化進士。順治八年任麟。在明，歲輸一萬一千有奇。崇正末，流賊蹂躪，民遂彫殘。順治初，復有李養氣之亂，編戶僅存八百餘丁。遣官清丈，有以闖逆時舊冊上者，當事不知，歲徵如冊，逋賦益集，莫何也。汝爲至，請於軍門金公礪、撫院陳公極新、王公繼文及諸大府。牘凡三上，每牘千餘言，迫切動人。事聞，得旨俞允如所報地徵。先是，麟富庶，食鹽歲課三百金。鼎革後，民尤困之。汝爲復請於鹽院朱公綬，更定今例，民乃便。凡學校、志乘、耕織、樹蓄諸廢墜者，皆賴以舉。以母憂去官。麟人戴如慈父母，稱曰吳爺，爲祠以祀。歲十月鼓吹迎神，演劇報賽，三日乃已。（清・彭洵：《（光緒）麟遊縣新志草》卷四，清光緒九年刻本）

（乾隆）咸陽縣志

【賓興演劇】賓興：《周禮・大司徒》：「以鄉三物教萬民，而賓興之。」

後之鄉舉，里選公車，吏偕昉此也。沿及制科，遵而行之。其典，於歲當大比，博士弟子員高等應舉者，縣官於赴闈之前，卜期肅啓禮燕，詩歌而迎送之。舊傳，儀門外作昇仙橋，高廠華麗，植桂花於橋上，設宴公堂，率僚屬肅迎演劇。既成禮，則揖送由橋出。優人扮仙女簪花，諸生乘馬，鼓吹、綵旗前導，縣官率僚屬肩輿送出。東郊復設宴演劇。禮畢回署，諸生各歸治裝。此禮文之具，誌以存之，不沒古也。（清·臧應桐：《（乾隆）咸陽縣志》卷四，清乾隆十六年刻本）

（乾隆）興平縣志

【生員葛三畏生平不觀戲劇】 張時傑，字際三，岳阜村人。道光丁酉舉人。學極精博，《十三經》疑義隱字，無不考辨詳晰。性矜嚴，雖盛暑必正衣冠。謹於擇交，不苟言笑，不喜近婦人。咸豐改元，舉孝廉方正，不仕而卒。年七十六。時張耳村生員葛三畏，亦以嚴重稱，生平不觀戲劇，坐立必莊，行無旁睨。居距桑家鎮裁里許，足不入市者二十年。善醫術，拯人之危，不受饋謝。里人有爭競，得其一言，咸折服焉。（清·顧聲雷：《（乾隆）興平縣志》士女續志卷二，清光緒二年刻本）

【邊長庚之妻曾氏不觀演劇】 生員邊長庚之妻曾氏，留位村人。幼讀書史，樂道古賢女孝婦事。笄年，適長庚，侍姑疾，夜不解衣者累月。鍼黹織紝，並工絕。時或小誤，為姑指駁，則惶愧自責，若負重疚。長庚才雋而早卒，時曾年甫二十，清操皭然，動成儀矩。邑俗好演劇，歲時集會，男女分曹對觀，不以為異。曾自少至□，未嘗一寓目。少其姊十七歲，幼時嘗吮姊乳，姊夫亦提抱之。及為孀婦，適母家，姊夫不得一見。有疾不許醫診視，令婢子傳說疾狀而已。疾病，預囑家人曰：「屬纊後，俾某某更衣，某某收殮，某某舁尸入棺。」皆親串婦女也。男子概不得近前。臨歿，復固囑之，其嚴如此。以道光三十年卒，卒年五十。子輈，歲貢生。孫葆謙，庠生。世傳詩禮不衰。論者以為節孝之遺澤云。（清·顧聲雷：《（乾隆）興平縣志》「士女續志」卷二，清光緒二年刻本）

【吳師賢之妻王氏不觀戲劇】 吳師賢之妻王氏，蔡家莊人。寡居時年二十，子朝陽生甫六月，家貧無依，資鍼黹奉姑。筵宴不赴，戲劇不眺。及朝陽子善美入塾，束脩應試之費，猶出其手。卒年七十有六。（清·顧聲雷：《（乾

隆）興平縣志》「士女續志」卷二，清光緒二年刻本）

（光緒）武功縣續志

【縣署演劇臺】縣署規模，見前《志》。同治十二年，知縣陳重修大門樓、儀門各三間，諸吏房二十一間，堂四各五間。大堂內右庫外左廡，廡並神祠，共四十一間。後中亭三間，東、西房各四間。西後院神龕一間。西北房共五間。二堂後東、西廊各五間。東後廚五間。西後院三，共房三十五間。三堂後演劇臺三間。東舫、西軒各三間。四堂後臺一，亭樓、塢、射圃各一，碑廊五間。右內宅共房三十二間。署基共從五十五丈，橫北十四丈八尺，南十九丈，有碑。（清・張世英：《（光緒）武功縣續志》，清光緒十四年刻本）

（光緒）同州府續志

【村村賽戲已登臺】朝邑士習民風敦愨仍舊，訟獄希少，囹圄常空，惟兵燹後，富者多貧，民氣凋敝，猶未能除華崇實。其邑人國子監學正楊樹椿《竹枝詞》云：「上元射虎市燈開，忘卻前年賊馬來。忙罷新糧纔數斗，村村賽戲已登臺。」（清・饒應祺：《（光緒）同州府續志》卷九，清光緒七年刊本）

【戲當禁嚴而盡裁】明・左蘿石《崇儉書（節錄）》序曰：余自壬申冬吏秦韓，癸酉旱，甲戌大旱，乙亥又旱。其間高山深淵，無不求董子《繁露》之書。……又有葉子戲之賭。今之戲，則昔之所謂優也。此二者，其來皆已久，而其事常相因。觀閭里演戲之場，未有不設賭局者，即未有不沽茶酒者。則賭以戲為端，茶酒之費亦惟賭與戲更甚。然閭里之賭者，皆無賴子耳；其演戲皆無知之民耳。乃若士大夫，無不荒於賭與戲，可怪也。父師之教不嚴，少年子弟方在學舍，便已竊賭；或近地十餘里有名優，則公然相率往觀。及一上進，郡城、都省以此二者為風流矣；及一宦達，私署、官廨，惟此二者為快樂矣。他繁華地吾未遊，京師南城歌館十餘，皆隱其名曰「茶園」，非齋日無不演戲者，堂會則弗可計其數。通計一日戲費，約不下四、五千金。觀戲者歸且縱飲，以盡一日之歡。少息而起，又聚賭，終夜拇蒱，一擲百萬；而一歌童之昵，至不恤竭貲，眾爭羨，以此為豪華名輩，然窮匄號呼滿市，乃不肯少出囊錢以給之。即此而推，賭與戲之耗費無益於世，較甚茶酒明矣。……故賭也、戲也、水菸也，不可不禁嚴而盡裁也。……若戲，今京師

南城有而內城無有，知朝廷本自有禁，而陸稼書先生亦有禁菸之文，獨未及水菸耳。……余嘗遍觀閭里，莫不各有神祠，其大者費或千萬金，小者亦費數百金。既創之後，歲祀費若干，時修葺費又若干，不時修葺而使大壞，爲之費又如其舊，民至有典衣粥田而應之者。是一有神祠，直貽害於無窮也。至問其所祀，不特妄干非分，往往有世無其神，爲道家之所託、小說之所傳、俳優之所演、巫覡之所飾，而民爭奉之以爲靈，此猶不如佛之爲佛，雖曰異端，尚屬古時外國之人。顧甘捐衣食之所資，甚至狂悖淫妄、敗行滅身而不悟，何與？昔狄梁公毀淫祀，僅餘閔子、子胥等祠。凡當祀之神，皆有當祀之地，非其地非可祀者，如與寺觀均去之，天下無貧民，亦無姦民矣。（清・饒應祺：《（光緒）同州府續志》卷九，清光緒七年刊本）

　　編者案：同書卷十五載劉蔭樞《創建左蘿石先生祠堂碑記》略謂：「左蘿石先生，諱懋第，字仲及，山東萊陽人。明崇禎時，韓舊令也。由進士來令於韓，在官凡六年，召入諫垣。方流寇陷都，時公奉命江南，察核兵餉。及我朝定鼎南都，立授公兵部侍郎，持國書北行通好，執政愛其才，欲官之，公堅執不可而死。其詳，有國史載之，稗官野史傳之，海內之騷人俠士、貞夫烈女歌詠而流播之，毋俟余之過贅也。」

　　又，清・李恩繼《（咸豐）同州府志》（清咸豐二年刻本）卷二十七載其小傳，謂：「左懋第，字次公，號蘿石，山東萊陽人。崇禎辛未進士，知韓城。仁明清正，愷悌慈祥，而氣概雄毅。初至韓，未代，遇流賊寇河津，即徵兵調餉，防河守城。是歲春夏旱，懋第隨處祈禱；秋霜又殺穀，歲不登；冬又無雪。流寇千餘，自黃河西渡來侵，即戎服入山五十里，督戰士於河上驅之。次年春，賊又自宜川來侵，會守將李培素，令帥健兒追逐一百二十里，斬百餘級。而春又無雨，民饑甚，食草根、樹皮，至人相殘，捐俸以賑之。不給，又設各里賑。各里法又不足，以官穀賑之。收遺嬰，掩棄骼，日無暇晷。是時，斗米六錢以上，饑兵五百，且日夜待哺。又爲平準法，以防其弊，而集市始有米矣。乙亥七月，流寇數千攻芝川，以司訓張繼載馳方署，馳令守之，擊殺賊甚眾。十一月，又攻薛峰，賊數萬，勢如風雨，薄城下。懋第以火器擊之，以步兵接戰，伏義兵，設火炮，賊不能炮，意在坐困。公閉三門，留其一，數爲啓閉，以資薪米。賊乘門開，或誘人爲奸細，公令士民力搜之，置極刑，或故縱之令去，賊爲奪氣。如是者凡二十日，復攻芝川，環圍十里。公委縣丞趙懋成專守，懋成以大炮擊之，立陳方署，賊不能入。前後共攻四十餘日，言引去。始賊圍城

時，懋第令紳士分守四門，而身親巡歷調度西門，當寇衝。每夜宿其上，法令嚴明，意氣激烈。閱兵書至達旦，或從容賦詩不休，見者疑爲神人。自蒞任後，設常平倉，刻《崇儉書》，爲韓民根本，計至悉。尤嚴典祀，崇表古蹟。山有虎食人，爲文告山神祛之，虎遂絕跡。癸酉分試鄉闈，歸爲尊經社，日率士子講義讀書。韓人知通經學古，實自懋第始。丙子登科者八人，皆社中士也。性至孝，重節義，初蒞任，升堂率遲，人疑之，久乃知奉母飲食後始眂事耳。民以事至縣廷，稱家有老親，即釋去。間有因而爲僞者，或以爲言，懋第曰：『吾非不盡覺，令民知以父母故得免，倘有因之興起於孝者，即所得不既多乎？』其仁厚如此。邑界在山水中，土田隘甚，又以大河衝崩，自龍門下數十邨，共沒民田二百二十六頃餘，貧民賠賦者率鬻妻子，其逃亡比比也。懋第對之，每泣下，力請行清丈法，計邑之地廣糧輕及有地無糧者，率多嫁名詭寄豪家強族，咸爲丈出，有田則有糧，無田則無糧，今所傳《左公魚鱗冊》可攷也。懋第仁孝天植，至性所激，以忠君愛國爲本，而雅好人倫，拔引孤寒，不遺餘力。軒車所至，人望之如景星慶雲。任六載，以報最入授戶科給事，爲懷宗御車所點第一人。遷吏科左給事，敢言，直聲動天下。甲申，在南都，以兵部侍郎抵京師，放歸。至滄州追還，改禁太醫院。金陵陷七日，不食，唯請一死。世祖聖德寬大，未忍遽允，而懋第卒不屈，遂殉節。都門賦《絕命詩》云：『峽圻巢封歸路迥，片雲南下意如何？寸丹冷魄消難盡，蕩作寒煙總不磨。』懋第爲諸生，即負海内盛名，學本六經，爲文高古雄奧，不可一世。令韓時，著有《蘿石山房集》、《梅花塢詩》、《崇儉書》、《韓城集》、《皇明制義》、《尊經社文》行世。」

【楊彥魁不觀優】 楊彥魁，字子俊。少失恃好學，嘗於廢寺中篝燈獨誦。及長爲文，筆快而奇。年二十九入庠，館邑薛氏家，學愈純。一日對案食，貪觀書，誤以箸濡硯。食畢，墨汁淋淋滿口旁，不自知也。輯「四書」諸家講義，參酌折中，顏曰《釋疑》。以家計迫，賈客中州二十餘年，復歸教授。爲人醇謹質直，不飲酒，不觀優，與人接溫厚和平。以少育於叔母，每有佳饌，必親饋食。授徒功課，老益嚴。偶以農忙力作歸自田，猶爲生徒畢日所講。年七十二卒。屬纊時，告家人某處積金若干，爲叔母異日喪葬費。

（清・饒應祺：《（光緒）同州府續志》卷十一，清光緒七年刊本）

【董文煜禁花鼓戲】 董文煜，字質生，舉人。廷爵孫。幼有至性，道光乙未登賢書，授湖北當陽知縣。有兄弟爭產者，其兄以三百金求直。文煜

置金案上，諭以骨肉之誼，兄弟感泣而去。當陽地丁銀皆納以錢，吏胥因緣爲姦。文煜定章刊示，宿弊以清。禁花鼓戲、龍船會，設育嬰堂，收養貧民之棄女。（清‧饒應祺：《（光緒）同州府續志》卷十一，清光緒七年刊本）

【戲文有張公九世同居】李氏，郃陽党宏祖妻。于歸時，夫家數世同居，口數十，供食必七層，中饋苦之，計析居。李曰：「觀戲文有張公九世同居。新婦入門即析居，何不幸也！」眾爭之，李曰：「饔飧我一人親之可乎？」姑面義之，李遂請製七盤，以次分饋，數年無懈，家人終皆化之。（清‧饒應祺：《（光緒）同州府續志》卷十三，清光緒七年刊本）

【停演劇興義學】清‧李元春《義學記》：義學之設，爲貧家子弟不能讀書者設也。何以曰義？不使學者自出學俸也。或自官設之，或富者設之，或共斂資設之，或營公資設之，事不必同，皆可曰義。心期成物一也。予里文昌廟，本河濱夫子之父司徒公，以祈得河濱而建，舊即爲學所，傾廢已久。先君倡眾修之。因廟基旁水田，便思立爲義學。先兄蓬山繼主其事，與予商之，社眾停每歲祀神演劇，以此積多田畝，學遂以成。顧兄歿，事又廢矣。壬辰春，河濱之裔族弟長齡值管廟計，又恐義學一設，貧家子弟多聚於此，妨里中諸貧士之舌耕爲業者，爲規但代出學俸，聽各任意擇師。質之眾，僉以爲可，並具呈縣公常，存案以圖永久，而其事乃定焉。大義本至公，何往而不仕？在人知爲之與肯爲之否耳。予見鄉村多有祠廟，廟多有官貲，然或侈爲雜劇，或群肆侵蝕，不則徒供一時醼飫而不思實受其益，可惜以有用之公資不費而足爲惠者未有人焉。爲之謀，竟等空擲，毫無濟於大眾也。此事既成，與社人約，有贏資，但多置田，無乾沒杜費，積而日增，何義之不可爲？今義學之設，其嚆矢已。（清‧饒應祺：《（光緒）同州府續志》卷十四，清光緒七年刊本）

（乾隆）白水縣志

【居喪鼓樂】居喪不鼓樂，不作佛事，不食肉飲酒，禮也。鄉民父母歿，凡遇殯葬，戚友畢至，量給白帽孝衣，又設酒席相款，孝子飲啖無異平時，並張搭高棚，遍掛紙札樓臺人物，加以音樂戲劇，習以爲常。（清‧梁善長：《（乾隆）白水縣志》卷一，民國十四年重印本）

【拆后土廟戲樓】后土即社。社以地言，后以神言。社之有后土，猶郊之有上帝也。天稱帝，地稱后。地有配天之功，故曰后也。秦、漢時，上巡幸則祀后土，今縣內隨處有廟，視為方社之神矣。同治六年九月二十七八九日，捻匪擾害，知縣唐正息恩，欲拆毀是廟，合聯頭商酌。後捻匪北竄不復至，遂拆戲樓。（清・梁善長：《（乾隆）白水縣志》卷二，民國十四年重印本）

【香火迎神演劇】縣必立市，市之大者曰鎮。古來鎮將居守之地，後為商賈之區，遂借以為名也。趁市曰集，又曰會。集者聚也，朝而聚集，日昃而散也。會者就也，四方商貨所就會也。歲春、冬，一、二大會，必張棚蓋廠，迎神演劇，俗謂之「香火」。會則市，會亦因報賽而名焉。然其中有一種無賴之輩，以賭博為生涯，借會集為網局，招群引類，設法圈騙富家子弟入其阱內、甲長里排墮其術中，因而耗費家貲，拖欠國賦，甚且索逋而爭，窮極為匪。人命、盜竊，多從此起。凡官斯土者，宜留意焉。（清・梁善長：《（乾隆）白水縣志》卷二，民國十四年重印本）

（道光）大荔縣志

【陳功元負母於十數里外觀演劇】陳功元，字德潛，平原坊人。世業農，父早卒，事母至孝。母以多病素食，功元以母故，終身不御酒肉。貧無車馬，每負親於十數里外觀演劇。母歿三年，未嘗見齒云。（清・熊兆麟：《（道光）大荔縣志》卷十三，清道光三十年刻本）

（咸豐）咸豐初朝邑縣志

【鄉間神祠多本小說優場妄造】鄉間神祠，率皆愚民以意為之，不特祀所不當祀，或者世並無其神，乃本小說、優場妄造。梵刹異端之祀更盛，一村觀音廟，每至十餘，惑世耗財，為害匪細？（清・李元春：《（咸豐）咸豐初朝邑縣志》上卷，清咸豐元年刻本）

【喪禮用樂】上有禁，均當凜也，水菸其次耳。壯兒逐博、少婦遊會，從來到處頹俗，豈可習為常事？忽而不問四禮，廢冠、婚禮，不親迎乃行鬧房；喪禮用樂，食肉飲酒，入內除服演戲為樂；不祭先祖，而祀外無名之神，此皆俗之通失，化者化此而已。（清・李元春：《（咸豐）咸豐初朝邑縣志》上卷，清咸豐元年刻本）

【曹氏平生不觀優】曹望仙觀某女，字大策。婚之夕，夫與家人有違言，逃出，曹不逮事舅姑。有姒某生三子，家日貧。姒改適，遺三子，惟曹是依。曹亦恃紡績爲生。平生不觀優，不往來親串，麥秋亦不逐村婦拾禾穗。（清·李元春：《（咸豐）咸豐初朝邑縣志》中卷，清咸豐元年刻本）

【韓氏平生不觀優】常學義妻韓氏，年二十七寡，事舅姑出語柔婉，終歲不出門限，人亦未見其觀優。六十歲卒。（清·李元春：《（咸豐）咸豐初朝邑縣志》中卷，清咸豐元年刻本）

【送母觀優鄰村】先君（文學，名上文章之文，下則英才之英）配不肖母張，年正百歲，道光十六年旌例得入《志》，亦當並畧及事跡：先君性豁達，好爲人排解紛難，鄉里重之。素安貧，不謀生產，與吾母皆專以不肖知學爲計。先君意期不肖早達，年五十一竟卒，不能待也。母則但冀不肖學成，不希功名。先君死，家益窘，母日以野荍和麩蒸飯爲食，使不肖肄業潼川書院。即時寄糶布潼市、或售簪珥以助膏火及購書，從不假貸於人。不肖入庠，始漸有生計；鄉薦後，母乃得怡樂。既年高，不肖時導出遊觀。嘗觀優鄰村，年已九十七八，不肖亦近七十，親送饌歌架下。人擁擠不能近。俗呼母爲媽，不肖自遠高呼，不識者哄笑曰：「伊何人？鬚皆白，尚呼媽。」應曰：「予有媽，焉得不呼？」笑者又哄然。（清·李元春：《（咸豐）咸豐初朝邑縣志》中卷，清咸豐元年刻本）

【秩祀】治民、事神，學而仕者，兩事固其大端，事神亦爲民也。子不語神，曰：「敬鬼神而遠之。」又曰：「非其鬼而祭之，諂也。」天地、山川、社稷，五祀莫不有神。人死爲鬼，聰明正直即爲神。古者人、神通，後世未嘗不然，特其通也，非理則邪也，非神也。聖人以神道設教，解此者，言之太高反非實。神之屈伸往來皆實理，其與人感通也，亦然；其能爲禍福也，亦然。佛道家以禍福恐人，天堂地獄、尸解幻化之事，以此愚人，神不應，人亦不信。即所祀之神，可以見人心焉。世所立神祠，一村不知幾處。合天下論，殆難數計。有日增，無日損。多愚民自以意爲，相沿成俗，其來已久。大抵寺觀爲多，有極僭者，庶人而立天帝之廟矣；有無其神而祠祀累世，本邪妄之書，或得之優場。一猴孫，謂之「大聖」，廟宇輝煌，歲醮費金錢無算，不知其謬也。又嘗見村有家貲日益者，遂立財神廟。自廟立，貲竟日衰。

久之，廟爲渭水漂沒，神像僅餘一椽，覆一草笠。忽有倡重修者，工竣演劇，收募虔祭數日，如神復來，眞可笑也。予少作毀天下寺觀議，又作毀天下一切淫祀議，見者咋舌。然此事，前代皆嘗爲之，北魏無論，狄梁公、柴世宗，豈皆不知而作乎？世宗碎銅佛像鑄錢，或諫之，世宗曰：「使佛在，苟利民尚將捨身，況銅像耶？」此雖戲言，正曉俗至論也。《志》於「設官」後列「秩祀」一條，以凡官到任，謁廟拜神，爲先祀，曰「秩」。自祀其可祀者，否則遠之，此固重民事、正人心之一大機矣。（清・李元春：《（咸豐）咸豐初朝邑縣志》朝邑志例一卷，清咸豐元年刻本）

（光緒）富平縣志稿

【設醮演戲之妄】 乾隆初，知縣喬履信因編保甲，遂定爲八十五聯，今遂增至百餘，而堡名亦不同。……國家律典，禁燒香、聚眾之行。若云設醮演戲、建廟念經，可以邀福而免禍，如今年三月天降冰雹，各村堡豈無設醮演戲者乎？豈無建廟念經者乎？與其以有用之錢，妄祀泥形木偶、杳冥不可知之神，何如積穀貯糧，救荒歉於不可必之天乎？夫神道設教，古有明訓，盍禁爾等之不祈報耶？惟神聰明正直，惟德是輔，爾等果能孝順父母、恭敬長上、勤務本業，即是善人，雖拈一炷香、燒半幅紙，神必祐之，豈曾計及於爾享祀之厚薄以爲福報之多寡乎？《傳》曰：「務民之義，敬鬼神而遠之。」又曰：「未能事人，焉能事鬼。」倘爾等不孝不弟、作奸犯科，縱日日設醮演戲、建廟念經，神方降之百殃，又何福之能祈也？本縣爲爾等身家性命起見，不憚諄切告誡，如各約正鄉長有能實心勸化、急於奉行者，報明本縣，定行破格獎勵。倘吾民或有視爲迂闊之談，雖法不必加，然甘心餓殍、自絕生理，本縣亦無如何矣！（清・樊增祥：《（光緒）富平縣志稿》卷四，清光緒十七年刊本）

【劉泰來妻丁氏不觀演劇】 丁氏，劉泰來妻。年十七于歸，甫三載，夫貿易新疆，久無音耗，後聞其死於外。氏恪守婦道，雖門外演劇，竟不一視。有慕其賢者，欲娶而不敢顯言，以言諷之曰：「爾夫客死，將奈何？」氏曰：「以死待之。」知不可搖，謀遂寢。泰來終未歸，氏年七十三卒。（清・樊增祥：《（光緒）富平縣志稿》卷九，清光緒十七年刊本）

（光緒）沔縣志

【演劇賽神廂木出水】又南至鑽洞子，正西爲板橈埡，正東爲陽山。二山相連，水從洞中流，莫能測其深淺。相傳昔有廂木數千，沒入其中，主者演劇賽神，木乃出云。（清·孫銘鐘：《（光緒）沔縣志》卷一，清光緒九年刻本）

（乾隆）雒南縣志

【賓興演劇】賓興：每遇鄉試年，仿古者大比、賓興賢能之義，速諸生之考高等者，以禮餞送，名曰「賓興」。率於七月中旬，白縣令啓召。至日，公堂設宴，學官席左、縣令席右，皆南向；諸生席東西相向；典巡位諸生席末。演劇，像五魁鼓舞。席終，諸生告行。儀門外架橋作月宮狀，飾嫦娥把酒簪花，諸生以序躡橋出，鼓吹、彩旗前引，至萬壽寺前，官僚繼至送行。每生一名，由各保派送盤費銀兩，名曰「驢夫」。自石令瑛贈卷價銀人五錢，驢夫遂免。舉人會試，赴布政司領咨并支盤費銀五兩有奇。嗣於雍正五年通自勻支盤費，每舉人一名，會試銀八兩，在本縣存留項下支給。（清·范啓源：《（乾隆）雒南縣志》第五卷，清乾隆十一年刻本）

【鄉人士女儺歌賽舞】（知府）李果珍（邑人）《茶臼山募疏序（節錄）》：山跨雒之滸，崚嶒獨尊。山之顛，石鍔齒齒，中有臼二三，可受水數升。俗傳以爲有仙人搗茶其上，故名云。……時一老衲棲息其上，則見飄瓦摧垣，金碧蠹敗，思所以重新之，迫余題疏。余雅知山靈孤峭，性厭夫鄉人士女儺歌賽舞，然而年年上巳輻輳、拈瓣而來者寧無一二解人乎？山靈殊不寂寞也。是烏可不聽其修葺焉。爲題其疏。（清·范啓源：《（乾隆）雒南縣志》第十一卷，清乾隆十一年刻本）

甘　肅

（乾隆）甘州府志

【天山雪傳奇所載史實】初，賀錦據甘州，置偽官，並降人守之。踰年，大擁蟻眾往掠。西寧指揮使祁廷諫同子興周拒守，約莊浪土司魯允昌、申中族番目完沖等歃血訂盟，推生員胡璉器爲參軍，定計曰：「賀賊驍勇，我寡彼眾，可智取不可力敵也。」令番人誘入重地，絆以馬索，兼掘陷阱，俟其仆，馘斬之。錦既伏誅，并殺賊數千。嗣賊黨益熾，攻獲廷諫，繫累以去。興周奔長安，乞師進討。我大清兵西略地，英王及總督孟喬芳所至，咸降下之。流賊四潰，遂直抵甘州。……按他志：賀錦爲喬芳所誅。而《天山雪》傳奇又稱番僧沈忠，想係番目申、中二字音訛，亦必由制軍密調助勦者。廷諫以功仍授世襲。詳《西寧志》附記。（清·鍾庚起：《（乾隆）甘州府志》卷三，清乾隆四十四年刊本）

【四月八日商賈扮社火作戲】四月八日，商賈扮社火作戲。（清·鍾庚起：《（乾隆）甘州府志》卷四，清乾隆四十四年刊本）

【轉輪寺戲樓】轉輪寺，城南郭內。乾隆三十七年，知張掖縣王廷贊修建城隍行宮，於佛殿東前並立牌坊，會首續建戲樓。（清·鍾庚起：《（乾隆）甘州府志》卷五，清乾隆四十四年刊本）

【天山雪傳奇載萬峘事】萬峘，甘州人。崇正十六年，流賊賀錦陷城，鏖戰沒於市，賊磔其屍。史載係巡撫林日瑞中軍遊擊，《天山雪》傳奇道其烈。

（清・鍾庚起：《（乾隆）甘州府志》卷九，清乾隆四十四年刊本）

【歐陽某氏天山雪傳奇作逸氏】歐陽某氏，臨洮副將歐陽袞妻。《天山雪》傳奇作逸氏。袞巷戰死，氏投火自焚。（清・鍾庚起：《（乾隆）甘州府志》卷十一，乾隆四十四年刊本）

【蔣琬宴會取張三丰葫蘆演劇】張三丰，名宗，遼東人。洪武中遊甘州，寓張指揮家。十年去，莫知所之。素不修潔，人號張邋遢。初居甘，有老嫗伺其出，竊葫蘆藥一丸啗之，後壽百餘歲。三丰之去也，室中遺中袖一，覆之能已疾疫，剪少許，燒灰服之，能已瘍。天順中，總兵王敬患中滿，服之良愈。又遺葫蘆一。成化初，定西侯蔣琬於宴會取以演劇，即席自碎。俄遂滅跡西門。（清・鍾庚起：《（乾隆）甘州府志》卷十一，乾隆四十四年刊本）

【跋天山雪傳奇八首】（拔貢）郭人麟《跋天山雪傳奇八首》：

（其一）林公勁爽馬公英，千億生靈百二城。夜半天山飛玉滿，血光已映雪光明。

（其二）闖王部下左金王，賀錦又名珍。豈敵金城帝子闔。若使防河埋勁旅，黃巾爭敢渡姑臧？

（其三）西涼戰壘最崢嶸，弱水何曾有弱兵。七覆未教藏峽口，黠番潛引豎降旌。

（其四）文人獻策武彎弓，婦女知方賦小戎。爭奈歐陽占數定，居延灝氣撼蒼穹。

（其五）白眉忠胄嘅無聊，馬廣文義瑞塡譜，即殉節馬總戎令子也。管嶺千魂控九霄。恰喜中丞有小阮，杏林倩女詠桃夭。

（其六）同保危城効匪躬，憫忠祠畔繼孤忠。趙羅怒氣衝井鬼，燬廟偏遺王總戎。王公汝金守城自刎，賊焚其祖綱憫惠祠，全家俱燬，傳竟遺之。

（其七）長刀無計砍長鯨，鴆毒還思倣吉平。與犬與臣神自若，攖凶不寫費醫生。費君國興毒賊被屠，亦佳劇也。

（其八）八聲變徵譜甘州，夥涉橫排西水流。四萬七千攢結草，陰風颯颯擁貔貅。《明史》：賊屠四萬七千人，或云七萬，屍與城平。（清・鍾庚起：《（乾隆）甘州府志》卷十五，清乾隆四十四年刊本）

編者案：趙興勤、趙韡編《清代散見戲曲史料彙編（詩詞卷・初編）》（臺灣

花木蘭文化出版社，2014 年 3 月）、《清代散見戲曲史料彙編（詩詞卷·二編）》（臺
灣花木蘭文化出版社，2015 年 3 月），均未收郭人麟詩作。

（乾隆）合水縣志

【喪葬鼓樂設筵以待賓】喪葬：歿，用服無賻儀，棺木甚劣，間有用
槨者，貧者一板掩形。不久停，近者一七，遠或百日，至遲不過期年，必葬。
不講風水，不用浮屠，不火化。其或非命死者，則建醮以禳之。若殤亡，瘞
後里中有病狂者，或謂其爲祟，輒遷毀其墓，此爲陰陽家所誤。又病則召師
巫擊鼓以降神，亦其陋俗。其可取者持服甚嚴，雖期功，白巾素履不去體。
喪家即有力，不演戲，惟用鼓樂設筵以待賓。賓朋致祭之物，各退一半。（清·
陶奕曾：《（乾隆）合水縣志》下卷，清乾隆二十六年鈔本）

【祈報演劇】祈報：每歲二月二日，城南藥王廟會，遠鄉士女畢集。
其廟去地階二百七八十級，婦女有逐步拜以上者。次日爲文昌會。三月十八
日后土會。四月二十八日城隍會。五月十關帝會。凡會必演劇，賣茶、酒，
席城沽飲，攣胕而啖之，名曰「吃會」。其村中自爲禱祈者，多用影戲。冬
至前後，農功大畢，各庄合會以報賽田祖。雖喧闐雜遝，而酗毆博奕之人無
有焉。（清·陶奕曾：《（乾隆）合水縣志》下卷，清乾隆二十六年鈔本）

寧 夏

（乾隆）寧夏府志

【五月十三日競演劇祀關聖】五月十三日，競演劇，祀關聖。先日，備儀仗迎神前列社火，周遊城中。望日，祀城隍，並於廟陳百貨爲貿易。（清·張金城：《（乾隆）寧夏府志》卷四，清嘉慶刊本）

【義伶周福官】周福官，名尚文，姑蘇人。自少以善歌，徵入故軍門師公家。既而軍門下世，諸公子皆幼，家業中衰。值震劫後，益式微，茅屋析居。諸伶皆散去，尚文舊養於三公子，獨不去，爲總內外家事。公子素好客，雖落魄，座常滿。尚文以俳優所出，資其酒肴未嘗缺。當道知其事，交稱之。每演劇，賚予恒異於他伶。尚文悉以奉其主公子，以故公子夫婦雖老，不困憊。及其歿，殯葬亦多出其力。（清·張金城：《（乾隆）寧夏府志》卷十六，清嘉慶刊本）

【義伶林秉義】林秉義，無錫人，亦軍門師公伶也。諸伶既散，秉義事師氏永潮、永濤二公子。務種蒔，善貨殖。當師氏家破敗而褐衣粗食，內外給足，不使匱乏，秉義之力也。已而，二公子年漸長，宜就傅，修脯且無所出，秉義賣其妾獲二百金，運籌其間，爲二公子力學費十餘年。二公子皆入泮，而永潮尤有文望。後秉義年五十餘卒。（清·張金城：《（乾隆）寧夏府志》卷十六，清嘉慶刊本）

【演戲爲無益之花費】勸農：農民務本，其事最重。田家作苦，自古

云然。寧夏惟賴河渠之利，灌溉常周，雖值暵旱之年，收獲可保。然耕耘之外，歲須疏濬補修；錢粮之外，又有椿柴草束，凡此多黍多稌，孰非民財民力，正宜念勤苦而倍加節儉，不可恃地利而任意奢靡。凡農民氣習，大概愚魯居多，或小氣不忍，釀成人命；或一言不合，興起訟端；或聽奸人調教，致陷官刑；或執拙見謬迷，自戕身命。官粮拖前累後，與其給差役銀錢，何如積少成多，漸清本項社會演戲、念經；與其爲無益花費，何如憐孤恤寡，周給鄉人家中父母。（清·張金城：《（乾隆）寧夏府志》卷二十，清嘉慶刊本）

【百工斂錢演劇】勸工：百工執技，各食其力，或挾藝而受傭，或成器而列肆，無非以己之能利人之用，受人之值養己之家。雖在末微，原可無愧。寧夏一方都會，萬井人煙，資用之物既多，度材之工不少。乃近世人心澆薄，在眾工詐僞偏多。既受僱值，工程無意求堅，徒欲賺錢，器物不期適用，甚者設心不良，貪利無厭。泥水木作，或因口食失意，遂施鎮壓以害人；織柳編蒲，或乘販賣興時，便雜濫惡以欺眾。不知邪法未必有效，冥責已是難逃。奸心一被人知，實貨都且難售。是欲禍人而反以禍已，欲得利而反致失利。既喪自己天良，並貽同儕恥笑。今爲爾工勸：無論所業精粗，所成大小，但宜各安手藝，不可枉用心機。立心不欺，則招來必眾；學藝果精，則賣售必多。此乃作人之正道，即是謀利之遠圖。更宜儉用留餘，勝於向人爭價。每見此地百工，雖小藝謀生，亦齊行作會，斂錢演劇，聚飲爲歡，只顧徵逐之豪，不念錙銖之積，花銷甚易，贏餘甚難。在爾等淡泊謀生，尤宜知所警戒也。（清·張金城：《（乾隆）寧夏府志》卷二十，清嘉慶刊本）

（乾隆）中衛縣志

【喪事演劇】喪用佛事，動鼓樂，士大夫家鮮有禁者。親隣弔之，則不問服制，送帛必遍。每七日，奠客至則宴，以多爲勝。俑送頗尚華飾，或演劇爲觀美。近示之《文公家禮》，始漸知所講求。（清·黃恩錫：《（乾隆）中衛縣志》地理考卷一，清乾隆間刊本）

【獻戲賽神屢朝連夜】國初，此地衣冠惟布素，器用取諸本境土窰；今服多執綺，家用饒南磁矣。向年市肆寥落，諸用則賤；今貨肆豐盈，十倍於前。而人情日以浮薄，日用漸至奢靡。育子弟或重武輕文，貴財賤義，甚且尚巫覡、信緇黃，修醮立會，勉力布施。獻戲賽神，屢朝連夜；遊手聚博，

少長紛集。而婦女亦向夜觀劇。近年雖嚴禁之，其風未盡息也。（清·黃恩錫：
《（乾隆）中衛縣志》地理考卷一，清乾隆間刊本）

臺　灣

（康熙）臺海使槎錄

【臺海歲時演劇之俗】正月元旦，家製紅白米糕以祀神，於四、五鼓時拜賀親友。上元節，未字之女偷折人家花枝竹葉，爲人詬詈，謂異日必得佳婿。平民有毀傷他家墻垣或竊豕槽、雞欄辱及父母，亦謂一年大利。街頭花燈簫鼓，鎭夜喧闐，至廿五六日方罷。十六日，各市廛競鬻酒肉，名曰「頭壓」。自是，月以爲常。臘月既望，踵而行之，名曰「尾壓」。

四月八日，僧眾沿門唱佛曲，人贈以錢米。

五月五日，清晨然稻梗一束，向室內四隅薰之，用楮錢送路旁，名曰「送蚊」。門楣間艾葉、菖蒲兼插禾稗一莖，謂可避蚊蚋。榕一枝，謂老而彌健。彼此以西瓜、肉粽相饋遺。祀神，用諸紅色物。自初五至初七，好事者於海口淺處用錢或布爲標，杉板魚船爭相奪取，勝者鳴鑼爲得彩，上人亦號爲鬬龍舟。午時爲小兒女結五色縷，男繫左腕，女繫右腕，名曰「神鍊」。三月盡、四月朔望、五月初一至初五日，各寺廟及海岸各船鳴鑼擊鼓，名曰「龍船鼓」，謂主一年旺相。

七夕呼爲巧節，家供織女，稱爲七星孃。紙糊綵亭，晚備花粉、香果、酒醴、三牲、鴨蛋七枚、飯七椀，命道士祭獻。畢，則將端陽男女所結絲縷剪斷，同花粉擲於屋上。食螺螄，以爲明目。黃豆煮熟，洋糖拌裹，及龍眼、芋頭相贈貽，名曰「結緣」。

七月十五日，亦爲盂蘭會。數日前，好事者釀金爲首，延僧眾作道場，將會中人生年月日時辰開明緣疏，內陳設餅餌、香櫞、柚子、蕉果、黃梨、

鮮薑，堆盤高二、三尺，并設紙牌、骰子、煙筒等物。至夜分，同羹飯，施餕口，更有放水燈者。頭家爲紙燈千百，晚於海邊親然之。頭家幾人，則各手放第一盞，或捐中番錢一，或減半置於燈內，眾燈齊然，沿海漁船爭相攫取，得者謂一年大順。沿街或三五十家爲一局，張燈結綵，陳設圖畫玩器，鑼鼓喧雜，觀者如堵。二日事畢，命優人演劇以爲樂，謂之「壓醮尾」。月盡方罷。

中秋製月餅，并筆墨紙研、香囊、瓶袋諸物羅列，市廛設置骰子，賭勝奪彩，負則償值。

重陽前後，競放紙鳶如內地。春月是日，儒生有殺犬取其首以祀魁星者，餘肉則生徒聚啖，歡飲竟日。

除夕前數日，以各種生菜沸水泡甕中，以供新歲祭祀之用。餘則待發變後食之，名曰「隔年菜」。除夕，殺黑鴨以祭神，謂其壓除一歲凶事。爲紙虎，口內實以鴨血或猪血、生肉，於門外燒之，以禳除不祥。衣服不衷，袴露衣衫外者曰龍擺尾；襪不繫帶，脫落足面者曰鳳點頭。農夫、輿隸雲履、綢衫，服勞任役，殊不雅觀也。（清・黃叔璥：《（康熙）臺海使槎錄》卷二，清文淵閣四庫全書本）

編者案：上引七月十五日盂蘭會之記載，與清代范咸《（乾隆）重修臺灣府志》（清乾隆十二年刻本）卷十三所引《赤嵌筆談》文字略同。

【媽祖宮前鑼鼓鬧】（武林）郁永河《臺灣竹枝詞》：

（其一）鐵板沙連到七鯤，鯤身激浪海天昏。任教巨舶難輕犯，天險生成鹿耳門。

（其二）雪浪排空小艇橫，紅毛城勢獨崢嶸。渡頭更上牛車坐，沙堅水淺，小艇不能達岸，必藉牛車挽之。日暮還過赤嵌城。

（其三）編竹爲垣取次增，官署皆無垣墙，插竹爲籬。衙齋清暇冷如冰。風聲撼醒三更夢，帳底斜穿遠浦燈。

（其四）耳畔時聞軋軋聲，牛車乘月夜中行。夢回幾度疑吹角，更有床頭蝘蜓鳴。

（其五）蔗田萬頃碧萋萋，一望蘢蔥路欲迷。綑載都來糖廍裏，只留蔗葉飼群犀。

（其六）青蔥大葉似枇杷，臃腫枝頭著白花。看到花心黃欲滴，家家一樹倚籬笆。

（其七）芭蕉幾樹植墻陰，蕉子纍纍冷沁心。不爲臨池堪代紙，因貪結子種成林。

（其八）獨幹凌霄不作枝，垂垂青子任紛披。摘來還共蔞根嚼，贏得唇間盡染脂。

（其九）惡竹參差透碧霄，叢生如棘任風搖。那堪節節都生刺，把臂林間血已漂。

（其十）不是哀梨不是楂，酸香滋味似甜瓜。枇杷不見黃金果，番樣何勞向客誇。

（其十一）肩披鬈髮耳垂璫，粉面朱唇似女郎。梨園子弟垂髻穴耳，傅粉施朱，儼然女子。媽祖宮前鑼鼓鬧，海舶演劇酬願。侏離唱出下南腔。閩以漳泉爲下南。

（其十二）臺灣西向俯汪洋，東望層巒千里長。一片平沙皆沃土，誰爲長慮教耕桑。（清·黃叔璥：《（康熙）臺海使槎錄》卷四，清文淵閣四庫全書本）

編者案：清·文儀《（乾隆）續修臺灣府志》（清乾隆三十九年刻本）卷十二載郁永河小傳，謂：「郁永河，字滄浪，浙江仁和諸生。好遠遊，意興甚豪，遍歷閩嶠。康熙丁丑以採礦來臺，著《稗海紀遊》一書，多摭拾臺中逸事。所賦詩，亦有可傳者。」

【遇描堵】若遇種粟之期，群聚會飲，挽手歌唱，跳躑、旋轉以爲樂，名曰「遇描堵」。（清·黃叔璥：《（康熙）臺海使槎錄》卷五，清文淵閣四庫全書本）

【諸羅山社豐年歌】麻然玲麻什勞林，今逢豐年大收。蠻南無假思毛者，約會社眾。宇烈然嘎沙無嘎，都須釀美酒。宇烈嘮來奴毛沙喝嘻，齊來賽戲。麻什描然麻什什。願明年還似今年。（清·黃叔璥：《（康熙）臺海使槎錄》卷五，清文淵閣四庫全書本）

【醉後歌唱跳舞以爲樂】番男以布八尺圍身，曰「羅翁」。腰以下用四尺圍蔽，或以達戈紋緣領。番婦項帶珠串，曰「麻海譯」。手足腕俱束以銅圈，曰「堵生聲」。遇吉事則衣皆白色，群聚飲啖，醉後歌唱跳舞以爲樂。（清·黃叔璥：《（康熙）臺海使槎錄》卷五，清文淵閣四庫全書本）

【數十人挽手而唱】數十人挽手而唱，歌呼蹋蹄，音頗哀怨。（清·黃

叔璥：《（康熙）臺海使槎錄》卷五，清文淵閣四庫全書本）

【半線社聚飲歌】眞角夫甲文南，_{捕得鹿。}支備辰呵打，_{收得米。}密林嗎流呵嚎，_{做下酒。}保務務其阿肖萬什呵嚎。_{社眾齊來賽戲會飲。}（清・黃叔璥：《（康熙）臺海使槎錄》卷五，清文淵閣四庫全書本）

【大肚社祀祖歌】噢仔噢麻隱嘷什，_{今日過年。}靡呵麻□仔武嘮馬礁乞咿珊。_{都備新酒賽戲祭祖。}思引咿珊车起林，_{想祖上何等英雄。}夜嘮務力咿珊车起林。_{願子孫一如祖上英雄。}（清・黃叔璥：《（康熙）臺海使槎錄》卷六，清文淵閣四庫全書本）

【力力飲酒捕鹿歌】文嘮唭啞奢，_{來賽戲。}丹領唭漫漫，_{種了薑。}排裏唭黎唉。_{去換糯米。}伊弄唭嘮力，_{來釀酒。}麻骨裏唭嘮力，_{釀成好酒。}匏黍其麻因刃臨萬唭嘮力。_{請土官來飲酒。}嫣良唭嘮力，_{酒足後。}毛丙力唭文蘭。_{去捕鹿。}毛里居唭丙力，_{捕鹿回。}文嘮唭啞奢。_{復來賽戲。}（清・黃叔璥：《（康熙）臺海使槎錄》卷七，清文淵閣四庫全書本）

【梨園敝服已蒙茸】清・郁永河《土番竹枝詞二十四首（之二十二）》：梨園敝服已蒙茸，男女無分只尚紅。或曳朱襦或半臂，土官氣象已從容。（清・黃叔璥：《（康熙）臺海使槎錄》卷八，清文淵閣四庫全書本）

【不知歌曲但喃喃】清・黃叔璥《番社雜詠二十四首（之二十二）》：男冠毛羽女鬠鬢，衣極鮮華酒極酣。一度齊咻金一扣，不知歌曲但喃喃。_{賽戲。}（清・黃叔璥：《（康熙）臺海使槎錄》卷八，清文淵閣四庫全書本）

（乾隆）重修臺灣府志

【臺俗尚王醮演戲】俗尚演劇，凡寺廟佛誕，擇數人以上主其事，名曰「頭家」，斂金於境內，演戲以慶，鄉間亦然。臺俗尚王醮，三年一舉，取送瘟之義也。附郭鄉村皆然。境內之人，鳩金造木舟，設瘟王三座，紙爲之。延道士設醮，或二日夜、三日夜不等，總以末日盛設筵席演戲，名曰「請王」。執事儼恪，跪進酒食。既畢，將瘟王置船上，凡百食物、器用財寶，無一不具，送船入水，順流揚帆以去。或泊其岸，則其鄉多屬，必更禳之。每一醮，

動費數百金，省亦近百焉。雖窮鄉僻壤，莫敢吝者。（清・范咸：《（乾隆）重修臺灣府志》卷十三，清乾隆十二年刻本）

　　編者案：清・王瑛曾《（乾隆）重修鳳山縣志》（清乾隆二十九年刊本）卷三、清・文儀《（乾隆）續修臺灣府志》（清乾隆三十九年刻本）卷十三所載與此相同。

　　【中秋演戲】中秋祭當境土地，張燈演戲，與二月二日同春祈而秋報也。是夜，士子遞爲讌飲賞月，製大月餅，名爲中秋餅。朱書元字，擲四紅奪之，取秋闈奪元之兆。山橋野店，歌吹相聞，謂之「社戲」。更有置筆墨紙研、香囊、瓶袋諸物，羅列市廛，賭勝奪彩，負則償值。（清・范咸：《（乾隆）重修臺灣府志》卷十三，清乾隆十二年刻本）

　　【土官多用優人蟒衣】衣飾：各社番皆束髮，未娶者或分梳兩髻於額角；惟此數社，則剪髮至額。戴竹節帽，竹取其裏白反而爲之，高寸許，以紅絲帶纏繞，又以烏絲線縛之。以白螺殼爲方塊，可寸許，名曰「蛤達」，圍於項。或用螺殼，間用瑪瑙珠串束於手。以善走爲雄，麻達編五色篾束腹至胸，以便奔走。穿耳，實以竹圈，圈漸舒則耳漸大，垂至肩，乃實以木板，或嵌以螺錢。娶婦，則去其束箍，摘其耳實。衣名「几轆」，長至腰，以布及達戈紋爲之。下體圍布二幅，亦名遮陰，間有衣鹿皮者。會飲，土官多用優人蟒衣、皀靴、漢人絨帽；番婦衣几轆、圍遮陰，耳穿五孔，飾以米珠名「鶴老卜」，頸掛瑪瑙珠名「璽忽囚耶那」，數十人連手頓足，歌唱爲樂。（清・范咸：《（乾隆）重修臺灣府志》卷十五，清乾隆十二年刻本）

　　【番戲五首】（諸羅令）周鍾瑄《番戲五首》：
　　（其一）蠻姬兩兩鬥新妝，蹀躞花陰學舞娘。珍重一天明月夜，春來底事爲人忙。
　　（其二）不掄檀板不吹笙，一點鉦聲一隊行。氣味何如初中酒，山花翠羽鬢邊橫。
　　（其三）聯翩把袖自歌呼，別樣風流絕世無。番調可知輸白雪，也應不似潑寒胡。
　　（其四）野氣森森欲曙天，維摩新病未成眠。空餘無限羅伽女，亂把天花散舞筵。
　　（其五）一曲蠻歌酒一卮，使君那惜醉淋漓。但令風物關王會，我欲從今學畫師。（清・范咸：《（乾隆）重修臺灣府志》卷二十四，清乾隆十二年刻本）

　　編者案：清・王瑛曾《（乾隆）重修鳳山縣志》（清乾隆二十九年刊本）卷十二下，五首錄其四，「野氣森森欲曙天」一首不錄；清・楊浚《（同治）淡水廳志》（清同治十年刊本）卷十五下，五首亦錄其四，「一曲蠻歌酒一卮」一首不錄。

　　【劇演南腔聲調澀】（戶部員外郎）伊福訥（滿洲人）《即事偶成二律（之二）》：飽啖檳榔未是貧，無分妍醜盡朱唇。頗嫌水族名新婦，新婦，鯑魚名。卻愛山蕉號美人。美人蕉，花名。劇演南腔聲調澀，星移北斗女牛眞。臺分野牛、女。生憎負販猶羅綺，臺俗尚奢，有衣羅綺而負販者。何術民風得大淳。（清・范咸：《（乾隆）重修臺灣府志》卷二十五，清乾隆十二年刻本）

　　【茄藤社觀番戲】清・范咸《茄藤社觀番戲二絕句》：唱曲者皆番婦。
　　（其一）連臂相看笑踏歌，陳詞道是感恩多。劇憐不似弓鞋影，一曲春風奈若何。
　　（其二）妙相天魔學舞成，垂肩瓔珞太憨生。分明即是西番曲，齊唱多羅作梵聲。（清・范咸：《（乾隆）重修臺灣府志》卷二十五，清乾隆十二年刻本）
　　編者案：清・王瑛曾《（乾隆）重修鳳山縣志》（清乾隆二十九年刊本）卷十二下，亦收此詩。另，清・薛紹元《（光緒）臺灣通志》（清原稿本）謂：「范咸，浙江仁和人，雍正癸卯進士，（乾隆）十年任（巡臺御史）。」

（乾隆）重修臺灣縣志

　　【王誕之辰演戲展祭】將軍廟，在澎湖將軍澳。神之姓名事蹟無考，舊有此廟，因以名澳。豈隋開皇中遣虎賁陳稜略地至此，因祀之歟？又有大王廟三，一在八罩嶼，一在龍門港，一在通梁澳，俱莫詳所自始。又《舊志》、《府志》載：邑治東安坊有開山王廟，今圮，長興里有王公廟，俱僞時所建。茲查各坊里社廟以王公大人稱者甚夥，……廟宇大小不一，槩號曰代天府。神像俱雄而毅，或黝或赭，或白而皙，詰其姓名，莫有知者。所傳王誕之辰，必推頭家數人，沿門釀資，演戲展祭。每三年即大斂財，延道流設王醮二、三晝夜，謂之「送瘟」。造木為船，糊紙像三，儀仗儼如王者。盛陳優觴，跪進酒食，名為請王。愚民爭投告牒畢，乃奉各紙像置船中，競貲柴米，凡百器用、兵械、財寶，以紙或綢為之，無一不具。推船入水，順流揚帆而去則已。或迴泊岸側，其鄉必更設醮造船以禳。每費累數百金，少亦不下百金，雖窮村僻壤罔敢吝惜，以為禍福立至。噫，此誣神惑民之甚者也！（清・王必昌：《（乾隆）重修臺灣縣志》卷六，清乾隆十七年刊本）

編者案：清·謝金鑾《(嘉慶) 續修臺灣縣志》(清嘉慶十二年刻配道光三十年刻本) 卷五所載與此略同，本書亦收錄，可參看。

【每歲二月二日八月十五日沿戶鳩資演劇】文廟土地祠。府儒學祀於明倫堂東廊內，縣儒學暫祀於崇聖祠右鄉賢祠內。歲以祭文廟畢舉祭，學官主之。國朝順治元年，定每月朔、望日有司官於文廟行香後，親詣崇聖祠行禮，次詣土地祠，行禮如儀。又文武各衙門左俱有土地祠，朔、望日本衙門行香，祭則本官主之。其居民所祀土主曰福德。祠在東安坊者，六嶺頂、番薯崎、觀音亭邊，諸羅倉邊，嶽帝廟右龍川井；在西定坊者，四南巷口新街尾、海防廳邊佛頭港；在寧南坊者，五打石街、安海街、磚仔橋大南門邊大埔尾；在鎮北坊者，六禾寮港街、總爺街、熟皮寮、赤嵌樓左粗糠崎林投井；在永康里者，二彌陀寺右燒磚嵌。他如大南門外仙草寮、小北門外柴頭港及安平鎮、新豐里、長興里土庫、歸仁北里、舊社街，在在有祠。每歲二月二日、八月十五日，沿戶鳩資演劇，張燈慶讚，亦春祈秋報之意。(清·王必昌：《(乾隆) 重修臺灣縣志》卷六，清乾隆十七年刊本)

【臺灣歲時風土與演劇】正月元旦，家製紅、白米糕以祀神，於五鼓時拜賀親友。越四日，備牲醴禮神。

上元節，多延道士諷經，謂之「誦三界經」。亦有不用道士，而自備饌盒禮神者。是夜，門首各懸花燈，別有善歌曲者數輩爲伍。製燈如飛蓋狀，一人持之前，導行遊市中，絲竹雜奏，謂之「鬧傘」。更有裝故事向人家作歡慶之歌，主人亦厚爲賞賚。大抵數日之間，煙花火樹，在在映帶，簫鼓喧鬧。

十六日，各市廛競餍酒肉，名曰「頭壓」。自是，月以爲常。臘月既望，踵而行之，名曰「尾壓」。

二月二日，各街里社逐戶鳩資演劇，爲當境土地神祇慶壽，名曰「春祈福」。

三月三日，採鼠麴草合米粉爲粿以祀其先，謂之「三月節」。

清明十日前後，各家祀祖掃墳，邀親友同往，輿步壺漿，絡繹郊原。祭畢，藉草啣杯，薄暮乃歸。

五月五日清晨，然稻梗一束，向室內四隅薰之，用楮錢送於路旁，名曰「送蚊」。門楣間懸蒲艾，兼插禾稗一莖，謂可避蚊蚋；榕一枝，謂老而彌健。彼此以西瓜、肉粽相饋遺。好事者於海口淺處用錢或布爲標，三板漁船

爭相奪取，勝者鳴鑼喝采，土人亦號曰鬥龍舟。午時爲小兒女結五色縷，男繫左腕，女繫右腕，名曰「神鍊」。三月盡、四月朔望、五月初一至初五日，各寺廟及海岸各船鳴鑼擊鼓，名曰「龍船鼓」，謂主一年旺相。

六月一日，各家雜紅麴於米粉爲丸，名曰「半年丸」。

七月七日，士子以爲魁星降靈，多備酒餚歡飲，村塾尤盛，又呼爲乞巧節。家供織女，稱曰七星孃。紙糊彩亭，備花粉、香果、酒飯，命道士獻畢，將端陽男女所結絲縷剪斷，同花粉擲於屋上。以黃豆煮熟，洋糖拌裹，及龍眼、芋頭相贈貽，名曰「結緣」。

十五日，作蘭盂會。數日前，好事者釀金爲首，延僧眾作道場，將會中人年月生辰列疏。又搭高樓，陳設餅餌果品牲牢，堆盤二三尺。至夜分同羹飯，施燄口，謂之「普度」。供畢，縱貧民上樓，爭相奪取，每釀事端。比年，官爲禁止搭臺，始於各家門首設供，風俗爲之一靖。更有放水燈者，頭家爲紙燈千百，晚於海邊燃之。頭家數人各手放第一盞，或捐中番錢一，或減半置於燈內，眾燈齊燃，沿海漁船爭相攫取。沿戶或三五十家爲一局，張燈結綵，陳設圖畫玩器，鑼鼓喧雜，觀者如堵。二日事畢，命優人演戲以爲樂，謂之「壓醮尾」，月盡方罷。

中秋，祭當境土地，張燈演戲，與二月二日同，春祈而秋報也。是夜，士子群集，讌飲山橋野店，歌吹相聞。

重陽，爲登高會，童子競放風箏，如鳶、如寶幢、如八卦河洛圖。縛小籐片，能因風作響。唯夜或繫燈其上，官禁之。

冬至，家作米丸，謂之「添歲」，即古所謂亞歲也。門扉器物，各黏一丸，謂之「餉耗」。是日，長幼祀祖賀節，略如元旦。

十二月二十四日，各家掃塵。凡寺廟人家，各備茶果牲醴，印刷幢幡、輿馬、儀從於楮上，焚而送之，名曰「送神」。二十五日，相傳天神下降之日，各家齋沐焚香，莫敢狎褻。

除夕前數日，以各種生菜沸水泡貯甕內，以供新歲祭祀之用，名隔年菜。是日，殺黑鴨祭神，作紙虎，口內實以鴨血或豬血、生肉，於門外燒之，以禳除不祥。（清・王必昌：《（乾隆）重修臺灣縣志》卷十二，清乾隆十七年刊本）

編者案：清・王瑛曾《（乾隆）重修鳳山縣志》（清乾隆二十九年刊本）卷三所載與此相同。

【寺廟神誕演劇慶祝】俗尚演劇，凡寺廟神誕，必擇數人主事，名曰

「頭家」，斂金於境內。演唱又尙王醮，三年一舉，極靡費。詳見「祠宇志」。（清・王必昌：《（乾隆）重修臺灣縣志》卷十二，清乾隆十七年刊本）

（嘉慶）續修臺灣縣志

【城隍廟戲臺】 府城隍廟，在東安坊郡署之右。僞時建，康熙間修。乾隆二十四年，郡守覺羅四明修建兩廊、戲臺，有《記》。四十二年，郡守蔣元樞復修。嘉慶四年，紳士黃拔萃輩鳩眾修。（清・謝金鑾：《（嘉慶）續修臺灣縣志》卷二，清嘉慶十二年刻配道光三十年刻本）

【關帝廟戲臺】 關帝廟，在鎮北坊。僞時建，廟有寧靖王匾。康熙二十九年巡道王效宗始修。五十三年，巡道陳璸重修。五十六年，里人鳩眾改建。乾隆三年，巡道尹士俍倡修。三十一年，署巡道蔣允焄修，增建更衣廳於廟左。四十二年，知府蔣元樞修。五十四年，知府楊廷理修，於廟門外建戲臺焉。（清・謝金鑾：《（嘉慶）續修臺灣縣志》卷二，清嘉慶十二年刻配道光三十年刻本）

【王醮演戲】 開山王廟，在東安坊。舊圮，乾隆年間邑人何燦鳩建。邑又有稱王公廟、大人廟、三老爺廟者，不知何神，或云皆即澎湖將軍，澳之神也。……所傳王誕之辰，必推頭家數人沿門醵資，演戲展祭。每一年即大歛財，延道流設王醮二、三晝夜，謂之「送瘟」。造木爲船，糊紙像三，儀仗儼如王者。盛陳優觴，跪進酒食，名爲請王，愚民爭投告牒。畢，乃奉各紙像置船中，競賚柴米。凡百器用、兵械、財寶，以紙或綢爲之，無一不具，推船入水，順流揚帆而去則已。或洄泊岸側，則其鄉必更設醮造船以禳，每費累數百金，少亦不下百金。雖窮村僻壤，罔敢吝惜，以爲禍福立至。噫！此誣神惑民之甚者也。（清・謝金鑾：《（嘉慶）續修臺灣縣志》卷五，清嘉慶十二年刻配道光三十年刻本）

編者案：清・王必昌《（乾隆）重修臺灣縣志》（清乾隆十七年刊本）卷六所載與此略同，本書亦收錄，可參看。

【穿戴戲場衣帽祭天謁聖】 本年二月二十二日，總督覺羅滿保摺奏，知府王珍居官辦事任性不妥，請旨以汀州府知府高鐸調補，未至。三月間，南路匪類吳外、翁飛虎等十六人在檳榔林唱戲拜把。……十一日祭天謁聖，歲貢林中桂等爲之贊禮，各穿戴戲場衣帽，騎牛，或以紅、綠色綢布裹頭，棹帷被體，多跣足，不嫻拜跪。是日遠近孩童數百聚觀喧笑，忘乎其爲賊也。

（清・謝金鑾：《（嘉慶）續修臺灣縣志》卷五，清嘉慶十二年刻配道光三十年刻本）

編者案：清・王必昌《（乾隆）重修臺灣縣志》（清乾隆十七年刊本）卷十五所載與此略同。

【味嗹唱出下南腔】清・郁永河《臺海竹枝詞八首（之七）》：肩披鬒髮耳垂璫，粉面朱唇似女郎。梨園子弟垂髫穴耳，傅粉施朱，儼然女子。媽祖宮前鑼鼓鬧，味嗹唱出下南腔。閩以漳、泉二郡爲下南。下南腔，亦閩中聲律之一種也。
（清・謝金鑾：《（嘉慶）續修臺灣縣志》卷八，清嘉慶十二年刻配道光三十年刻本）

編者案：清・黃叔璥《（康熙）臺海使槎錄》（清文淵閣四庫全書本）卷四、清・范咸《（乾隆）重修臺灣府志》（清乾隆十二年刻本）卷二十四，皆收此詩。《（康熙）臺海使槎錄》前已引，因《（嘉慶）續修臺灣縣志》所收詩注較詳，故茲引於上。

【禁演夜戲】清・孫霖《赤嵌竹枝詞（之五）》：結緣才過又中元，施食層臺市井喧。三令首除羅漢腳，只教普渡鬧黃昏。臺俗，七夕家供織女，稱七星孃。食螺螄，以爲明目。煮豆拌裹洋糖，同龍眼、芋頭分餉，名曰「結緣」。是夜，士子爲魁星會。中元節，好事作頭家，醵金延僧，施燄口，燃紙燈於海邊，謂之「普度」。是月也，最多羅漢腳，搶孤打降，結黨滋擾。觀察覺羅四公、刺史余公、明府陶公並委員巡查，禁演夜戲。（清・謝金鑾：《（嘉慶）續修臺灣縣志》卷八，清嘉慶十二年刻配道光三十年刻本）

編者案：清・文儀《（乾隆）續修臺灣府志》（清乾隆三十九年刻本）卷二十六亦收此詩。

【花鼓俳優鬧上元】清・鄭大樞《風物吟（之二）》：花鼓俳優鬧上元，優童皆留頂髮，粧扮生旦，演唱夜戲。臺上爭丟目彩，郡人多以錢銀玩物拋之爲快，名曰「花鼓戲」。管弦嘈雜並銷魂。燈如飛蓋歌如沸，製紙燈如飛蓋，簫鼓前導，謂之「鬧傘燈」。半面佳人恰倚門。（清・謝金鑾：《（嘉慶）續修臺灣縣志》卷八，清嘉慶十二年刻配道光三十年刻本）

編者案：清・文儀《（乾隆）續修臺灣府志》（清乾隆三十九年刻本）卷二十六、清・楊浚《（同治）淡水廳志》（清同治十年刊本）卷十五下亦收此詩。

【纏頭三五錯呼么】清・鄭大樞《風物吟（之四）》：海港龍舟奪錦標，端陽，海口或用錢、或用布帛，懸於竹竿爲標，漁船爭取之，爲鬥龍舟之戲。纏頭三五

錯呼么。臺多漳、泉人，怯海風，以黑布包頭，到處鋪席聚賭。若遇勝會，戲場爲尤甚。行看對對番童子，嘴裏彈琴鼻裏簫。番童頭梳兩髻，謂對對。嘴琴以竹爲弓，長四寸，虛其中二寸許，釘以銅片。另繫一小柄，以手爲往復，唇鼓動之。簫長二寸，截竹四空，通小孔於竹節之首，以鼻橫吹之。（清·謝金鑾：《（嘉慶）續修臺灣縣志》卷八，清嘉慶十二年刻配道光三十年刻本）

編者案：清·文儀《（乾隆）續修臺灣府志》（清乾隆三十九年刻本）卷二十六、清·楊浚《（同治）淡水廳志》（清同治十年刊本）卷十五下亦收此詩。

【野橋歌吹音寥寂】清·鄭大樞《風物吟（之八）》：奪采掄元喝四紅，中秋，士子遞爲讌飲，製大肉餅，硃書元字，用骰子擲四紅，取之爲奪元之兆。月明如水海天空。野橋歌吹音寥寂，昔年山橋野店歌吹之聲相聞，謂之「夜戲」。子夜挑燈一枕風。（清·謝金鑾：《（嘉慶）續修臺灣縣志》卷八，清嘉慶十二年刻配道光三十年刻本）

編者案：清·文儀《（乾隆）續修臺灣府志》（清乾隆三十九年刻本）卷二十六、清·楊浚《（同治）淡水廳志》（清同治十年刊本）卷十五下亦收此詩。

【番女妖嬈善雅音】清·薛約《臺灣竹枝詞二十首（之三）》：乾隆丙午、丁未間，臺灣林逆滋事。雖閱邸報傳聞異詞，復檢《臺灣縣志》閱之，因得備稔其風土之異，遂作《臺灣竹枝詞》二十首。越二十年，而家雲廬，出宰斯邑，續修《縣志》。志成，郵歸付梓。余得預校讎之役，因檢原稿附入末卷，不揣固陋，用質纂輯諸公。

番女妖嬈善雅音，私歡貓踏遞情深。幽窗月色涼如水，每到更闌聽嘴琴。嘴琴長六、七寸不等，以絲及木皮之有音者爲絃。（清·謝金鑾：《（嘉慶）續修臺灣縣志》卷八，清嘉慶十二年刻配道光三十年刻本）

【演劇迎神遠近譁】清·薛約《臺灣竹枝詞二十首（之九）》：演劇迎神遠近譁，艷粧處處競登車。阿郎推挽出門去，指點紅塵十里賒。（清·謝金鑾：《（嘉慶）續修臺灣縣志》卷八，清嘉慶十二年刻配道光三十年刻本）

（乾隆）重修鳳山縣志

【王醮畢設享席演戲】民間齋醮祈福，大約不離古儺。近是最愼重者曰王醮。先造一船，曰王船。設王三位，或曰一溫姓、一朱姓、一池姓。安置外，方迎至壇次。齋醮之時，儀仗執事，器物筵品，極誠盡敬。船中百凡

齊備，器物窮工極巧，糜金錢四五百兩，少亦二三百兩。醮畢，設享席演戲，送至水濱，任其飄去。紙船則送至水濱焚之。（清·王瑛曾：《（乾隆）重修鳳山縣志》卷三，清乾隆二十九年刊本）

（道光）彰化縣志

【嶽帝廟演劇】嶽帝廟，在縣治東、協鎮署前，俗訛稱玉帝即嶽帝也。乾隆二十八年間，泉郡士民捐建，嘉慶年間重修。每歲正月初九日祝誕，火燭輝煌，徹宵如晝。廟前築樓一座，演劇十餘日。婦女焚香不絕，觀者如堵。（清·周璽：《（道光）彰化縣志》卷五，清道光十六年刊本）

【威惠王廟演劇】威惠王廟。王姓陳，名元光，唐時人也。自河南光州來閩，開漳有功，敕封威惠聖王。漳人祀之，渡臺，悉奉香火。乾隆二十六年，建廟於縣城西。每年二月十五日，演劇祝壽，燈燭爛若日星，匝月不休。嘉慶十二年重修。一在西門，陳姓合建，曰小聖王廟；一在沙連保社寮。（清·周璽：《（道光）彰化縣志》卷五，清道光十六年刊本）

編者案：清·莊泰弘《（順治）光州志》（清順治十六年刊本）卷九載陳元光小傳，謂：「唐陳元光，光州人，字廷炬，丰姿卓異，博覽經書。年甫十二，領光州鄉薦第一，遂從其父政領將兵五十八姓以戍閩。父薨，代領其眾，任玉鈐衛翊府左郎將。會廣寇諸蠻陳謙、苗自成等攻陷潮陽，守帥不能救，公輕騎平之，詔進嶺南行軍總管。垂拱二十年，上疏請建一州於泉、潮之間，以控嶺表。乞註刺史，以主其事。時宰相侍從裴炎、婁師德等以為非公不可，遂可其請。俾建漳州、漳浦毗邑於綏安地，仍世守刺史，州自別駕、縣自簿尉以下，聽自注用。由是方數千里，無桴鼓之警。未幾，蠻寇潛抵岳山，公往討之，步兵後期，為賊所殞，民哭而祀之。事聞，詔贈官，賜諡忠毅文惠，宋孝宗加封為靈著順應昭烈廣濟王，有司春秋祀之。三十六世孫陳燁來，為光州知州，表揚先德，士民為立廣濟王祠於學之左。」可參看。

【馬舍公廟演劇】馬舍公廟，一在阿密哩，里人公建，道光元年水衝圮；一在大墩街，祀輔順將軍。九月十四日，演劇祝誕，四方輻輳，頗徵靈應。（清·周璽：《（道光）彰化縣志》卷五，清道光十六年刊本）

【玉皇誕辰演劇歡慶】元旦清晨，比屋焚香，衣冠拜神祇祖先，然後

出門，向吉方拜親友，謂之「賀正」。……初九日，傳爲玉皇誕辰，家家慶祝。邑內嶽帝廟，俗訛爲玉皇廟，前後數日，燈綵輝煌，演劇歡慶。城內外士女結隊來觀，每宵達旦。（清・周璽：《（道光）彰化縣志》卷九，清道光十六年刊本）

【鬧元宵】十五日曰上元節。是夕曰元宵，城中多結綵燃燈，絃管歌曲，歡迎達旦，謂之「鬧廳」。（清・周璽：《（道光）彰化縣志》卷九，清道光十六年刊本）

【唱戲曰壓醮】七月初一至三十日，俗尚普度，即佛家盂蘭會也。比邱登壇說法，設食以祭無祀孤魂，曰普施。凡寺廟皆有普施。先期一夜，燃放水燈，絃歌喧雜，火燭輝煌，照耀如晝。街巷聚眾祭祀曰童子普，唱戲曰壓醮。（清・周璽：《（道光）彰化縣志》卷九，清道光十六年刊本）

【中秋村莊皆演戲以祀福神】八月十五日中秋節，士子製月餅，以骰子六枚，擲得四、五紅者奪之，取秋闈奪元之兆。村莊皆演戲以祀福神，做秋報也。仲秋一月，雖山橋野店，歌管相聞。（清・周璽：《（道光）彰化縣志》卷九，清道光十六年刊本）

【遇賽戲袞龍刺繡悉以被體】小錢爲飾，各貫而加諸項，纍纍若瓔絡。喜插花，或以雉尾及鳥羽插髻垂肩，遇賽戲袞龍刺繡，悉以被體，然皆購梨園故衣，鮮稱身者。腰以下以色綢錦緞重疊圍之。另綴綺羅於肩之左右，如結帨，然隨風飄颺，五采奪目。女裝之侈，數倍於男，惟跣足無首飾耳！（清・周璽：《（道光）彰化縣志》卷九，清道光十六年刊本）

【遇賽戲社中老幼男婦盡其服飾所有披裹以出】九、十月收穫畢，賽戲過年，社中老幼男婦，盡其服飾所有，披裹以出。壯番結五色鳥羽爲冠於首，其制不一，或錯落如梅梢，高數尺，闊可十圍，酒漿、菜餌、魚胙、獸肉、鮮磔席地陳設，互相酬酢。酒酣，當場度曲，男女無定數，耦而跳躍，曲喃喃不可曉，無恢諧關目。每一度，齊咻一聲，以鳴金爲起止。薩豉宜琤琤若車鈴聲。腰懸大龜殼，背內向，綴木舌於龜版，跳擲令其自擊，韻如木魚。（清・周璽：《（道光）彰化縣志》卷九，清道光十六年刊本）

【過年賽戲酣歌】過年無定日。或鄰社共相訂期，賽戲酣歌，三、四日乃止。亦有一歲而二、三次者，或八月初、三月初，總以稻熟爲最重。止之

日，盛其衣飾，相率而走於壙，視疾徐爲勝負，曰鬪走。或社眾相詬誶，則以此定其曲直，負者爲曲。（清・周璽：《（道光）彰化縣志》卷九，清道光十六年刊本）

【觀岸里社番踏歌】清・黃清泰《觀岸里社番踏歌》：耳不垂肩不威儀，直竹橫木與撐支。齒不缺角不丰姿，輕錘細鑿爲琢治。番人奇嗜諸類此，黔者爲妍瑣者嬙。獠獠而遊狂狂處，半耕半獵貪娛嬉。冬月獸肥新釀熟，合社飲酒社鬼祠。酒半角技呈百戲，琴用口彈簫鼻吹。雄者作健試身手，雌者流媚誇腰肢。距躍曲踊皆三百，雞冠斷落雅鬟欹。舞罷連臂更踏歌，歌聲詭異雜歡悲。乍聞春林嚹鶯燕，忽然秋塚鳴狐狸。酒缸不空歌不歇，落月已挂西南枝。我撫此景轉歎息，此輩蠢愚忠義知。昔曾隨我砍賊陣，慣打死仗心不移。（清・周璽：《（道光）彰化縣志》卷十二，清道光十六年刊本）

【迎神賽社且高歌】清・陳學聖《車鼓》：歲稔時平樂事多，迎神賽社且高歌。嘵嘵鑼鼓無音節，舉國如狂看火婆。（清・周璽：《（道光）彰化縣志》卷十二，清道光十六年刊本）

（光緒）苗栗縣志

【苗栗歲時演劇】曰歲時風土：既紀《月令》，亦在所必書，亦王政之一端也。苗俗，值正月元旦，早起焚香，衣冠祀祖謁神，向吉方出拜親長師友，曰「賀正」。四日，備牲醴、焚紙馬，曰「接神」。九日，相傳爲玉皇誕，自元旦至上元設席款客，曰「設春酒」，互相酬答。十五日上元節，張燈演劇，放煙火。

二月二日，農工商賈皆祀福神，曰「頭牙」。

三月三日暨清明日，士女持紙錢、備牲醴以祭先塋，曰「掃墓」。或結伴郊遊，猶古之踏青也。二十有三日，爲天后誕，鳩貲演劇。有積款爲媽祖會者，設值年，頭家爐主輪掌之。

五月五日，懸蒲艾、柳枝，黃紙朱書貼之，曰「午時聯」。采苦草浴兒。和雄黃酒飲以辟邪。先期以竹葉裹糯米，曰「堲投」。遺所親，曰「送節」。家製繡囊，實以香香屑，令兒女佩之。

七月七日，士子以魁星是日生，劇飲，曰「魁星會」。十五日，曰中元，市中俗傳，七月延僧登壇施食，以祭無祀之魂。寺廟亦各建醮，兩三日不等。

惟先一夜燃放水燈，各結小燈，編姓爲隊，絃歌喧騰，燭光如晝。陳設相耀，演劇殆無虛夕。例集一所，牲醴饌具，積如山陵，以富舖輪董其事，名曰「三壇四調」。凡一月之間，居民競祭無祀之魂，月盡乃止。

八月中秋節，則月餅相遺，各演劇以祀福神。

冬至日，則作米丸祀先。

十二月十六日，郊戶以牲醴祀福神，曰「尾牙」。二十有四日，備酒菓、紙馬祀神。前一二日掃舍宇。二十有五日，齋戒焚香，曰「天神降」。除夕，煮芥茱一盃置几上，曰「隔年茱」。飯一碗，插以紅草花置案頭，曰「過年飯」。蒸糕曰「年糕」。是夕，張燈祀事，飲酒，放爆竹，曰「辭年」。先期以物相饋，曰「送年」。（清・沈茂蔭：《（光緒）苗栗縣志》卷七，清鈔本）

【苗地遇四時神誕搬演雜劇】曰雜俗：苗地遇四時神誕賽愿，生辰搬演雜劇，耗財無既。又信鬼尚巫，蠻貊之習猶存。有曰菜堂，吃齋拜佛，男女雜居；有爲客師，遇病禳禱曰進錢補運，金鼓喧騰，晝夜不已。有爲乩童，扶輦跳躍，妄示方藥，手持刀劍，披髮剖額，以示神靈。有爲紅姨，託名女佛，採人隱事，類皆乘間取利，信之者牢不可破。（清・沈茂蔭：《（光緒）苗栗縣志》卷七，清鈔本）

【天后宮三月祭祀演戲之費】天后宮，一在縣治南門外苗栗街，距城一里。嘉慶十六年，林璇璣等倡捐建造。光緒十一年，例貢生劉鼎綱等倡捐重修，共一十四間。祀田：謝姓，年收穀肆拾陸石；黃姓，年收穀壹百壹拾石；羅姓，年收穀壹百壹拾石；張姓，年收穀捌拾石；邱姓，年收穀玖拾陸石；陳姓，年收穀壹百肆拾石；李姓，年收穀柒拾石；徐姓，年收穀壹百貳拾肆石；林姓，年收穀四十石；湯姓，年收穀壹百肆拾石；吳姓，年收穀柒拾石；賴姓，年收穀肆拾貳石；劉姓，年收穀陸拾肆石；鄭姓，年收穀叁拾石，俱作三月祭祀演戲之費。（清・沈茂蔭：《（光緒）苗栗縣志》卷十，清鈔本）

（咸豐）續修噶瑪蘭廳志

【文昌帝君誕辰排設戲筵】每年以二月三日文昌帝君誕辰，通屬士庶齊集宮中，排設戲筵，結綵張燈。推一人爲主祭，配以蒼頡神牌，三獻禮畢，即奉蒼頡牌於綵亭。（清・陳淑均：《（咸豐）續修噶瑪蘭廳志》卷五，清咸豐二年續修刻本）

【臺灣天后宮演劇】天后宮，在廳治南，相傳三月二十三日爲天后生辰，演劇最多。先期，書貼戲綵，某縣以剛日、某姓以柔日，蓋漳屬七邑、開蘭十八姓，加以泉、粵二籍及各經紀商民，日演一檯，輪流接月。每自三月朔至四月中旬始止。（清・陳淑均：《（咸豐）續修噶瑪蘭廳志》卷五，清咸豐二年續修刻本）

【上元節每神廟演戲一檯】上元節，每神廟演戲一檯，俗號「打上元」。沿街高結燈彩，至十七八日方罷。元宵前後，人家糊畫龍獅諸燈，長可八九丈，分作十節、八節點放，燈光按節，而持其柄以盡飛舞之態。如龍燈，則前有一盞白圓燈作戲珠狀。獅燈，則前有一盞大紅燈作弄毬狀。華彩鮮明，輕便婉轉，所至人家門首，無不爭放爆竹以作送迎，甚有以錢銀糕品相餽贈，而官署則以銀牌者名曰「掛彩」。（清・陳淑均：《（咸豐）續修噶瑪蘭廳志》卷五，清咸豐二年續修刻本）

【演劇爲當境土地慶壽兼以祈年】二月二日，各街衢里社鳩金演劇，爲當境土地慶壽，兼以祈年。（清・陳淑均：《（咸豐）續修噶瑪蘭廳志》卷五，清咸豐二年續修刻本）

【七月超度演戲一檯名曰壓醮】七月超度，自初一至月終，各里社僉舉首事鳩金，延僧禮懺，塡書榜疏，以紙糊大士一尊，普施盂蘭法。食家供牲醴、時羞、果食，結綵張燈，陳設圖玩，焚化楮鏹，不計其數。先一夕，各首事子弟皆捧一座紙燈，上書姓名舖號，結隊連群，金鼓喧闐，送至溪頭，名曰「放水燈」，即「放焰口」，引餒者以就食也。三日事竣，演戲一檯，名曰「壓醮」。（清・陳淑均：《（咸豐）續修噶瑪蘭廳志》卷五，清咸豐二年續修刻本）

【秋報張燈唱戲祭當境土地】中秋，製糖麪爲月餅，號「中秋餅」。居家祀神，配以香茗。街衢祭當境土地，張燈唱戲，與二月同。彼春祈而此秋報也。（清・陳淑均：《（咸豐）續修噶瑪蘭廳志》卷五，清咸豐二年續修刻本）

【賽戲飲酒】每秋成，會同社之人賽戲飲酒，名曰「做年」，或曰「做田」。其酒用糯米，每日各抓一把，用津液嚼碎入甕，俟隔夜發氣成酒，然後沃以清水，群坐地上，或木瓢、或椰碗汲飲。至醉，則起而歌舞。無錦繡，或著短衣，或祖胸背，跳躍盤旋，如兒戲狀。歌無常曲，就現在景作曼聲，

一人歌，群拍手而和。番婦見漢人至，則酒滿斟以進客。惟盡辭之不飲爲妙，倘前進者飲，後進者辭，遂分榮辱，必有所計較矣。（清・陳淑均：《（咸豐）續修噶瑪蘭廳志》卷五下，清咸豐二年續修刻本）

（同治）淡水廳志

【淡水歲時風土與演劇】日歲時：風土既紀，月令必書，亦王政之一端也。淡則正月元旦焚香，衣冠祀祖謁神，向吉方出拜親長、師友，日賀正。四日，備牲醴、焚紙馬，日接神。九日，相傳爲玉皇誕，多演劇達旦。自元旦至上元，設席款客，日設春酒，互相酬答。十五日，上元節，張燈演劇，放煙火。

二月二日，農工商賈皆祀福神，日頭牙。

三月三日暨清明日，士女持紙錢、備牲醴，以祭先塋，日掃墓。或結伴郊遊，猶古之踏青也。二十有三日，爲天后誕，鳩貲演劇。有積款爲媽祖會者，設值年，頭家爐主輪掌之。

五月五日，懸蒲艾、柳枝，黃紙朱書貼之，日午時聯。采苦草浴兒，和雄黃酒飲以闢邪。先期，以竹葉裏糯米，日糉。投遺所親，日送節。家製繡囊，實以香屑，令兒女佩之。濱海龍舟作競渡戲。

六月十五日，以米粉爲丸祀神，日半年丸。

七月初七日，設牲醴、果品、花粉之屬，夜向簷前祝七娘壽，日乞巧會。士子以魁星是日生，劇飲，日魁星會。十五日，城、莊陳金鼓旗幟，迎神進香，或搬人物。男婦有祈禱者，著紙枷隨之。凡一月之間，家家普渡，即盂蘭會也，不獨中元一日耳。俗傳，七月初一日爲開地獄，三十日爲閉地獄，延僧登壇施食，以祭無祀之魂。寺廟亦各建醮，兩、三日不等。惟先一夜燃放水燈，各給小燈，編姓爲隊，絃歌喧塡，燭光如晝，陳設相耀。演劇殆無虛夕，例集一所，牲醴饌具，積如山陵，植竹高懸，其名日淺。主事持械守護，謂之壓孤。鑼聲鳴，則群起而奪，謂之搶孤，文武官弁必赴所彈壓。復有鳩貲以祭，別稱童于普。祭畢，冉演劇，日壓醮尾。

八月中秋節，則月餅相遺，各演劇以祀福神。

冬至日，則作米丸祀先。

十二月十六日，郊戶以牲醴祀福神，日尾牙。二十有四日，備酒果、紙馬祀神前一、二日，掃舍宇。二十有五日，齋戒焚香，日天神降。除夕，煮

芥菜一盂置几上，曰隔年菜。飯一碗，插以紅草花置案頭，曰過年飯。蒸糕曰年糕。是夕張燈，祀事飲酒、放爆竹，曰辭年。先期以物相饋，曰送年。（清・楊浚：《（同治）淡水廳志》卷十一，清同治十年刊本）

【四時神誕搬演雜劇】曰雜俗：淡地膏沃易生財，亦易用財，凡遇四時神誕、賽願生辰，搬演雜劇，費用無既。又信鬼尚巫，蠻貊之習猶存。有曰菜堂，吃齋拜佛，男女雜居。有爲客師，遇病禳禱，曰「進錢補運」。金鼓喧騰，晝夜不已。有爲乩童，扶輦跳躍，妄示方藥，手執刀劍，披髮剖額，以示神靈。有爲紅姨，託名女佛，探人隱事，類皆乘間取利，信之者牢不可破。最盛者，莫如石碇堡，有符咒殺人者，或幻術而恣淫，或劫財而隕命。以符灰雜於煙茗、檳榔間，食之罔迷弗覺，顛倒至死。其傳授漸廣，九年夏，其魁陳某被雷殛死云。（清・楊浚：《（同治）淡水廳志》卷十一，清同治十年刊本）

（光緒）澎湖廳志稿

【荔鏡傳當禁】澎地演劇，俗名七子班，仍係泉、廈傳來。演唱土音，即俗所傳《荔鏡傳》，皆子虛之事。然此等曲本，最長淫風。男婦聚觀，殊非雅道。是宜示禁，而准其演唱忠孝節義等事，使觀者觸目警心，可歌可泣，於風化不爲無裨也。（清・林豪：《（光緒）澎湖廳志稿》卷八，清抄本）

【元宵裝扮故事】元宵，各家先於十三夜起，門首掛燈，廳中張燈結綵。至十五夜，各家俱備牲醴碗菜，供奉三界。闔家燕飲，鳴鑼擊鼓，極爲熱鬧。間亦有裝扮故事，往別澳遊玩者。（清・林豪：《（光緒）澎湖廳志稿》卷八，清抄本）

【做道場演戲】七月十五日，爲中元節，亦爲盂蘭會。澎人最喜祀鬼祭孤，澳中必推一、二人爲頭家，歛錢做會，延道五人作道場功果，或三晝夜，或一晝夜。每道場至夜必放燄口祭幽。又有「破地獄」、「押鬼門」之名，總謂之「普度」。會中人各書生年月、日時於道士疏內焉。其陳設餅粿、時果諸品，約有數十色，堆在盤中，疊起高三、四尺，誇奇競富。又有豬羊牲醴各色。先將方桌搭起高臺丈餘，置祭品於上，祭畢，任人攘攫搶奪，以爲戲樂。其強有力者每多獲焉。甚至相爭相毆，在臺上跌下有傷人者，實爲惡風。媽宮一澳，兵、民錯處，前廳胡建偉嘗出示嚴禁，並親往阻止，飭令祭品論人

分派，不許仍前攘奪，此風少息。然普度祭孤，例所不禁。惟道場做「破地獄」、「打鬼門」之事，殊可不必耳。道場畢後一、二日，各請戲演唱爲樂，謂之「壓醮尾」，如是者必月盡方止。（清·林豪：《（光緒）澎湖廳志稿》卷八，清抄本）

【大王廟建醮演戲】各澳皆有大王廟，神各有姓，民間崇奉維謹，甚至造王船、設王醮，其說亦自內地傳來。內地所造王船，有所謂福料者，堅緻整肅，旗幟皆綢緞，鮮明奪目。有龍林料者，有半木半紙者，造畢，或擇日付之一炬，謂之「遊天河」。或派數人駕船遊海上，謂之「遊地河」，皆維神所命焉。神各有乩童，或以乩筆指示，比比然也。澎地值豐樂之歲，亦造王船，顧不若內地之堅整也，具體而已，間多以紙爲之，然費已不貲矣。或內地王船偶遊至港船中，虛無一人，自能轉舵入口，下帆下椗，不差分寸。故民間相驚以爲神，曰王船至矣，則舉國若狂，畏敬特甚。聚眾鳩錢，奉其神於該鄉王廟，建醮演戲，設席祀王如請客，然以本廟之神爲主。頭家皆肅衣冠，跪進酒食。祀畢，仍送之遊海。或即焚化，亦維神所命云。竊謂造船送王，亦古者逐疫之意，使遊魂滯魄有所依歸，而不復爲厲也。（清·林豪：《（光緒）澎湖廳志稿》卷八，清抄本）

【澎湖俗尚演劇】俗尚演劇，凡寺廟佛誕，擇數人主其事，名曰「頭家」，歛金於境內，演戲以慶。鄉間亦然。臺俗尚王醮，三年一舉，取送瘟之義也。附郭鄉村皆然。境內之人，鳩金造木舟。設瘟王三座，紙爲之。延道士設醮，二、三日夜不等，總以末日盛設筵席演戲，名曰「請王」。執事嚴恪，跪進酒食。既畢，將瘟王置船上，凡百食物、器用、財寶，無一不具，送船入水，順流揚帆以去。或泊其岸，則其鄉多厲，必更攘之。每一醮，動費數百金，省亦近百。雖窮鄉僻壤，莫敢愆者。《臺灣府志》。（清·林豪：《（光緒）澎湖廳志稿》卷八，清抄本）

【戲曲可爲化民成俗之一助】安溪李文貞公曰：禮樂之興，不必在遠。如今之賽社演劇者，但取古來忠孝故事，曲曲演出，愚民聚觀，不覺悲喜交集有泣下者，是即興禮樂之端也。按臺灣演劇，多尚官音，而澎湖僅有土音。男婦觀聽易曉，惟禁絕邪戲，取其勸善戒惡者演之，藉以感發頑愚之天性，而興起其善善惡惡之良，使忠愛孝弟之心油然而生，未始非化民成俗之一助

云。（清‧林豪：《（光緒）澎湖廳志稿》卷八，清抄本）

【方景雲禁淫戲】方景雲，字振青，別字省齋，瓦硐港下社人。父日升，諸生。景雲少承家學，補弟子員，鄉試薦而不售。家清貧而性耿介，慎取與。與人交必誠必信，爲遠近所推服。有不平事，得一言立解。以故，終景雲之世，北山十三鄉無赴訟者。素以維持風化爲己任，於里中禁淫戲、禁賭、禁盜、禁贅，營兵澳甲不得濫受投詞，不許婦女入廟焚香，至今鄉人猶遵其約。

（清‧林豪：《（光緒）澎湖廳志稿》卷十，清抄本）

【鉦鼓喧嘩鬧九衢】清‧陳廷憲《澎湖雜詠二十首》之十九：鉦鼓喧嘩鬧九衢，一條草篸當氍毹。舳艫亦到江南地，曾聽鈞天廣樂無。聲曲皆泉腔。（清‧林豪：《（光緒）澎湖廳志稿》卷十五，清抄本）

主要參考文獻

（按修纂者姓名筆畫排列）

一、基本文獻類

清・于萬川：《（光緒）鎮海縣志》，清光緒五年刻本。

清・五格：《（乾隆）江都縣志》，清乾隆八年刊光緒七年重刊本。

清・尹繼美：《（同治）黃縣志》，清同治十年刻本。

清・尹繼善：《（乾隆）江南通志》，清文淵閣四庫全書本。

清・文聚奎：《（同治）新喻縣志》，清同治十二年刻本。

清・文儀：《（乾隆）續修臺灣府志》，清乾隆三十九年刻本。

清・方汝翼：《（光緒）增修登州府志》，清光緒刻本。

清・方茂昌：《（光緒）忻州志》，清光緒六年刻本。

清・方家駒：《（光緒）汾陽縣志》，清光緒十年刻本。

清・毛昌善：《（光緒）吳川縣志》，清光緒十四年刊本。

清・王必昌：《（乾隆）重修臺灣縣志》，清乾隆十七年刊本。

清・王好音：《（嘉慶）洪雅縣志》，清嘉慶十八年刻本。

清・王汝惺：《（同治）瀏陽縣志》，清同治十二年刻本。

清・王其淦：《（光緒）武進陽湖縣志》，清光緒五年刻本。

清・王庭楨：《（光緒）施南府志續編》，清光緒十一年刊本。

清・王政：《（道光）滕縣志》，清道光二十六年刻木。

清・王昶：《（嘉慶）直隸太倉州志》，清嘉慶七年刻本。

清・王相：《（康熙）平和縣志》，清光緒重刊本。

清・王祖肅：《（乾隆）武進縣志》，清乾隆刻本。

清・王家坊：《（光緒）榆社縣志》，清光緒七年刊本。

清・王家傑：《（同治）豐城縣志》，清同治十二年刻本。

清・王勛祥：《（光緒）補修徐溝縣志》，清光緒七年刻本。

清・王瑛曾：《（乾隆）重修鳳山縣志》，清乾隆二十九年刊本。

清・王瑞成：《（光緒）寧海縣志》，清光緒二十八年刊本。

清・王榮陛：《（道光）武陟縣志》，清道光九年刊本。

清・王維新：《（同治）義寧州志》，清同治十二年刻本。

清・王鳳：《（乾隆）青城縣志》，清乾隆二十四年刻本。

清・王謙益：《（乾隆）樂陵縣志》，清乾隆二十七年刊本。

清・王贈芳：《（道光）濟南府志》，清道光二十年刻本。

清・史傳遠：《（乾隆）臨潼縣志》，清乾隆四十一年刊本。

清・田明曜：《（光緒）香山縣志》，清光緒刻本。

清・艾紹濂：《（光緒）續修臨晉縣志》，清光緒六年刻本。

清・伍承吉：《（同治）雲和縣志》，清同治三年刊本。

清・呂正音：《（乾隆）湘潭縣志》，清乾隆二十一年刻本。

清・朱大紳：《（光緒）直隸和州志》，清光緒二十七年刊本。

清・朱廷獻：《（康熙）新鄭縣志》，清康熙三十二年刊本。

清・朱偓：《（嘉慶）郴州總志》，清嘉慶二十五年刻本。

清・朱樟：《（雍正）澤州府志》，清雍正十三年刻本。

清・江峰青：《（光緒）重修嘉善縣志》，清光緒十八年刊本。

清・西清：《（嘉慶）黑龍江外記》，清光緒廣雅書局刻本。

清・阮元：《（道光）廣東通志》，清道光二年刻本。

清・何紹章：《（光緒）丹徒縣志》，清光緒五年刊本。

清・何慶釗：《（光緒）宿州志》，清光緒十五年刊本。

清・何慶朝：《（同治）武寧縣志》，清同治九年刻本。

清・何應松：《（道光）休寧縣志》，清道光三年刻本。

清・余麗元：《（光緒）石門縣志》，清光緒五年刊本。

清・吳大猷：《（光緒）四會縣志》，民國十四年刊本。

清・吳大鏞：《（同治）元城縣志》，清同治十一年刊本。

清・吳世熊：《（同治）徐州府志》，清同治十三年刻本。

清・吳坤修：《（光緒）重修安徽通志》，清光緒四年刻本。

清・吳宜燮：《（乾隆）龍溪縣志》，清乾隆二十七年刻本。

清・吳念椿：《（光緒）雲夢縣志略》，清光緒八年刊本。

清・吳輔宏：《（乾隆）大同府志》，清乾隆四十七年重校刻本。

清・宋起鳳：《（康熙）靈邱縣志》，清康熙二十三年刻本。

清・宋載：《（乾隆）大邑縣志》，清乾隆十四年刻本。

清・張懋建：《（乾隆）長泰縣志》，民國二十年重刊本。

清・李元春：《（咸豐）咸豐初朝邑縣志》，清咸豐元年刻本。

清・李文炬：《（光緒）清遠縣志》，清光緒六年刊本。

清・李文耀：《（乾隆）束鹿縣志》，清乾隆二十七年刻本。

清・李亨特：《（乾隆）紹興府志》，清乾隆五十七年刊本。

清・李其昌：《（乾隆）蓮花廳志》，清乾隆二十五年刻本。

清・李祖年：《（光緒）文登縣志》，清光緒二十三年修民國二十二年鉛印本。

清・李師沆：《（光緒）鳳臺縣志》，清光緒十九年刊本。

清・李書吉：《（嘉慶）澄海縣志》，清嘉慶二十年刊本。

清・李桂林：《（嘉慶）羅江縣志》，清嘉慶二十年修同治四年重印本。

清・李培祜：《（光緒）保定府志》，清光緒十二年刻本。

清・李煥揚：《（光緒）直隸絳州志》，清光緒五年刻本。

清・李景嶧：《（嘉慶）溧陽縣志》，清嘉慶十八年修光緒二十二年重刻本。

清・李焜：《（乾隆）蒙自縣志》，清乾隆五十六年抄本。

清・李福泰：《（同治）番禺縣志》，清同治十年刊本。

清・李蒔：《（乾隆）祁陽縣志》，清乾隆三十年刻本。

清・李維鈺：《（光緒）漳州府志》，清光緒三年刻本。

清・馮桂芬：《（同治）蘇州府志》，清光緒九年刊本。

清・李慶祖：《（康熙）良鄉縣志》，清康熙十二年修康熙鈔本。

清・李澐：《（道光）陽江縣志》，清道光二年刊本。

清・李衛：《（雍正）浙江通志》，清文淵閣四庫全書本。

清・李賢書：《（道光）東阿縣志》，清道光九年刊本民國二十三年鉛印本。

清・李翼聖：《（光緒）左雲縣志》，民國間石印本。

清・李鏡蓉：《（光緒）道州志》，清光緒三年刊本。

清・李馨：《（乾隆）郫縣志書》，清乾隆十六年刻本。

清・杜冠英：《（光緒）玉環廳志》，清光緒六年刻本。

清・汪文炳：《（光緒）富陽縣志》，清光緒三十二年刊本。

清・汪祖綏：《（光緒）青浦縣志》，清光緒四年刊本。

清・汪源澤：《（康熙）鄞縣志》，清康熙二十五年刻本。

清・沈世銓：《（光緒）惠民縣志》，清光緒二十五年柳堂校補刻本。

清・沈茂蔭：《（光緒）苗栗縣志》，清鈔本。

清・沈青崖：《（雍正）陝西通志》，清文淵閣四庫全書本。

清・沈家本：《（光緒）重修天津府志》，清光緒二十五年刻本。

清・沈恩華：《（同治）南康縣志》，清同治十一年刻本。

清・沈濤：《瑟榭叢談》，清道光刻本。

清・邱沅：《（宣統）續纂山陽縣志》，民國十年刻本。

清・阿史當阿：《（嘉慶）揚州府志》，清嘉慶十五年刊本。

清・周壬福：《（道光）重修博興縣志》，清道光二十年刊本。

清・周古：《（嘉慶）東臺縣志》，清嘉慶二十二年刊本。

清・周杰：《（同治）景寧縣志》，清同治十二年刻本。

清・周秉彝：《（光緒）臨漳縣志》，清光緒三十年刻本。

清・周恒：《（光緒）潮陽縣志》，清光緒十年刊本。

清・周炳麟：《（光緒）餘姚縣志》，清光緒二十五年刻本。

清・周璽：《（道光）彰化縣志》，清道光十六年刊本。

清・周淦：《（光緒）靈寶縣志》，清光緒二年刊本。

清・周凱：《（道光）廈門志》，清道光十九年刊本。

清・周植瀛：《（光緒）東光縣志》，清光緒十四刻本。

清・周溶：《（同治）祁門縣志》，清同治十二年刊本。

清・周碩勳：《（乾隆）潮州府志》，清光緒十九年重刊本。

清・孟毓蘭：《（道光）重修寶應縣志》，清道光二十年刻本。

清・宗源瀚：《（同治）湖州府志》，清同治十三年刊本。

清・林星章：《（道光）新會縣志》，清道光二十一年刻本。

清・林豪：《（光緒）澎湖廳志稿》，清抄本。

清・范咸：《（乾隆）重修臺灣府志》，清乾隆十二年刻本。

清・范啓源：《（乾隆）雒南縣志》，清乾隆十一年刻本。

清・金志節：《（乾隆）口北三廳志》，清乾隆二十三年刊本。

清・金福曾：《（光緒）吳江縣續志》，清光緒五年刻本。

清・金福曾：《（光緒）南匯縣志》，民國十六年重印本。

清・金福增：《（同治）河曲縣志》，清同治十一年刻本。

清・長順：《（光緒）吉林通志》，清光緒十七年刻本。

清・侯紹瀛：《（光緒）睢寧縣志稿》，清光緒十二年刊本。

清·保忠：《（道光）重修平度州志》，清道光二十九年刻本。

清·姚延福：《（光緒）臨朐縣志》，清光緒十年刊本。

清·姚念楊：《（同治）益陽縣志》，清同治十三年刻本。

清·姚循義：《（乾隆）南靖縣志》，清乾隆八年刻本。

清·姚詩德：《（光緒）巴陵縣志》，清光緒十七年岳州府四縣本。

清·姚鴻杰：《（光緒）豐縣志》，清光緒二十年刊本。

清·胡文銓：《（乾隆）廣德直隸州志》，清乾隆五十九年刊本。

清·胡延：《（光緒）絳縣志》，清光緒二十五年刻本。

清·胡壽海：《（光緒）遂昌縣志》，清光緒二十二年刊本。

清·茹金：《（道光）壺關縣志》，清道光十四年刻本。

清·郝玉麟：《（乾隆）福建通志》，清文淵閣四庫全書本。

清·倪文蔚：《（光緒）荊州府志》，清光緒六年刊本。

清·凌紱曾：《（光緒）肥城縣志》，清光緒十七年刻本。

清·凌壽柏：《（光緒）新修菏澤縣志》，清光緒十一年刻本。

清·唐古特：《（嘉慶）沅江縣志》，清嘉慶十五年刻本。

清·唐仲冕：《（嘉慶）海州直隸州志》，清嘉慶十六年刊本。

清·唐煦春：《（光緒）上虞縣志》，清光緒十七年刊本。

清·唐榮邦：《（同治）鄞縣志》，清同治十二年刊本。

清·孫家鐸：《（同治）高安縣志》，清同治十年刻本。

清·孫雄：《道咸同光四朝詩史》，清宣統二年刻本。

清·孫義：《（道光）永安縣續志》，民國二十九年鉛印本。

清·孫銘鐘：《（光緒）沔縣志》，清光緒九年刻本。

清·徐三俊：《（光緒）遼州志》，民國十八年補版重印本。

清·徐元梅：《（嘉慶）山陰縣志》，民國二十五年紹興縣修志委員會校刊鉛印本。

清·徐光第：《（咸豐）淅川廳志》，清咸豐十年刊本。

清·徐宗幹：《（道光）濟寧直隸州志》，清咸豐九年刻本。

清·徐品山：《（嘉慶）介休縣志》，清嘉慶二十四年刊本。

清·徐景熹：《（乾隆）福州府志》，清乾隆十九年刊本。

清·殷禮：《（同治）湖口縣志》，清同治九年刻本。

清·秦達章：《（光緒）霍山縣志》，清光緒三十一年刊本。

清·翁美祜：《（光緒）浦城縣志》，清光緒二十六年刊本。

清·袁廷俊：《（光緒）藍田縣志》，清光緒元年刊本。

清・袁泳錫：《（同治）連州志》，清同治九年刻本。

清・郭汝誠：《（咸豐）順德縣志》，清咸豐刊本。

清・郭起元：《（乾隆）盱眙縣志》，清乾隆十二年刊本。

清・陳方瀛：《（光緒）川沙廳志》，清光緒五年刊本。

清・陳汝咸：《（康熙）漳浦縣志》，民國十七年翻印本。

清・陳志培：《（同治）鄱陽縣志》，清同治十年刻本。

清・陳振藻：《（乾隆）銅山志》，清鈔本。

清・陳常鏵：《（光緒）分水縣志》，清光緒三十二年刊本。

清・陳淑均：《（咸豐）續修噶瑪蘭廳志》，清咸豐二年續修刻本。

清・陳澍南：《（光緒）咸寧縣志》，清光緒八年刊本。

清・陳謀：《（乾隆）彰明志略》，清乾隆二十八年刻本。

清・陳莫纕：《（乾隆）吳江縣志》，清乾隆修民國年間石印本。

清・陶奕曾：《（乾隆）合水縣志》，清乾隆二十六年鈔本。

清・陶塽：《（光緒）恭城縣志》，清光緒十五年刊本。

清・陸繼萼：《（乾隆）登封縣志》，清乾隆五十二年刊本。

清・馬呈圖：《（宣統）高要縣志》，民國二十七年重刊本。

清・馬家鼎：《（光緒）壽陽縣志》，清光緒八年刊本。

清・馬鑑：《（光緒）榮河縣志》，清光緒七年刊本。

清・高士䲭：《（康熙）常熟縣志》，清康熙二十六年刻本。

清・高大成：《（同治）嘉禾縣志》，清同治二年刻本。

清・高塘：《（乾隆）臨汾縣志》，清乾隆四十四年刻本。

清・高龍光：《（乾隆）鎮江府志》，清乾隆十五年增刻本。

清・婁一均：《（康熙）鄒縣志》，清康熙五十四年刊本。

清・屠英：《（道光）肇慶府志》，清光緒二年重刊本。

清・崇謙：《（宣統）楚雄縣志》，清宣統二年鈔本。

清・崔允昭：《（道光）直隸霍州志》，清道光六年刻本。

清・崔長清：《（光緒）神池縣志》，清鈔本。

清・崔啓元：《（康熙）文安縣志》，清康熙十二年刻本。

清・康基淵：《（乾隆）嵩縣志》，清乾隆三十二年刊本。

清・張世英：《（光緒）武功縣續志》，清光緒十四年刻本。

清・張主敬：《（光緒）定興縣志》，清光緒十六年刊本。

清・張吉安：《（嘉慶）餘杭縣志》，民國八年重刊本。

清·張希京:《（光緒）曲江縣志》，清光緒元年刊本。

清·張松孫:《（乾隆）安岳縣志》，清乾隆五十一年刻本。

清·張金城:《（乾隆）寧夏府志》，清嘉慶刊本。

清·張厚郿:《（嘉慶）新田縣志》，清嘉慶十七年刊本民國二十九年翻印本。

清·張海:《（乾隆）當塗縣志》，清乾隆十五年刊本。

清·張海:《（乾隆）霍邱縣志》，清乾隆三十九年刊本。

清·張培仁:《（同治）平江縣志》，清同治十三年刻本。

清·張紹棠:《（光緒）續纂句容縣志》，清光緒刊本。

清·張景垣:《（同治）安仁縣志》，清同治八年刻本。

清·張道超:《（道光）伊陽縣志》，清道光十八年刊本。

清·張營堠:《（嘉慶）武義縣志》，清宣統二年石印本。

清·曹秉仁:《（雍正）寧波府志》，清雍正十一年刻乾隆六年補刻本。

清·曹德贊:《（道光）繁昌縣志》，清道光六年增修民國二十六年鉛字重印本。

清·曹憲:《（光緒）汾西縣志》，清光緒七年刻本。

清·曹襲先:《（乾隆）句容縣志》，清乾隆修光緒重刊本。

清·梁永康:《（道光）冠縣志》，清道光十年修民國二十三年補刊本。

清·梁啓讓:《（嘉慶）蕪湖縣志》，清嘉慶十二年重修民國二年重印本。

清·梁善長:《（乾隆）白水縣志》，民國十四年重印本。

清·梁棟:《（乾隆）含山縣志》，清乾隆十三年刊本。

清·梁鼎芬:《（宣統）番禺縣續志》，民國二十年重印本。

清·梁蒲貴:《（光緒）寶山縣志》，清光緒八年刻本。

清·盛贊熙:《（光緒）利津縣志》，清光緒九年刻本。

清·章廷珪:《（雍正）平陽府志》，清乾隆元年刻本。

清·章焞:《（康熙）龍門縣志》，清康熙刻本。

清·符兆鵬:《（同治）太湖縣志》，清同治十一年刊本。

清·符鴻:《（道光）來安縣志》，清道光刻本。

清·許治:《（乾隆）元和縣志》，清乾隆二十六年刻本。

清·許瑤光:《（光緒）嘉興府志》，清光緒五年刊本。

清·許應鑅:《（光緒）撫州府志》，清光緒二年刊本。

清·許應鑅:《（同治）南昌府志》，清同治十二年刻本。

清·隆慶:《（道光）永州府志》，清道光八年刊本。

清·鹿學典:《（光緒）浮山縣志》，清光緒六年刻本。

清·黃宅中：《（道光）寶慶府志》，清道光二十七年修民國二十三年重印本。

清·黃叔璥：《（康熙）臺海使槎錄》，清文淵閣四庫全書本。

清·黃恩錫：《（乾隆）中衛縣志》，清乾隆間刊本。

清·黃維翰：《（道光）鉅野縣志》，清道光二十六年續修刻本。

清·黃維瓚：《（同治）武岡州志》，清同治十二年刻本。

清·黃德溥：《（同治）贛縣志》，清同治十一年刻本。

清·傅觀光：《（光緒）溧水縣志》，清光緒九年刊本。

清·勞必達：《（雍正）昭文縣志》，清雍正九年刻本。

清·勞輔芝：《（同治）阜平縣志》，清同治十三年刻本。

清·博潤：《（光緒）松江府續志》，清光緒九年刊本。

清·嵇有慶：《（光緒）零陵縣志》，清光緒修民國補刊本。

清·彭君榖：《（同治）新會縣續志》，清同治九年刻本。

清·彭洵：《（光緒）麟遊縣新志草》，清光緒九年刻本。

清·彭循堯：《（宣統）臨安縣志》，清宣統二年刊本。

清·彭潤章：《（同治）麗水縣志》，清同治十三年刊本。

清·曾國藩：《（光緒）江西通志》，清光緒七年刻本。

清·游法珠：《（道光）信豐縣志續編》，清同治六年補刻本。

清·游智開：《（光緒）樂亭縣志》，清光緒三年刊本。

清·疏筤：《（道光）武康縣志》，清道光九年刊本。

清·程兼善：《（光緒）於潛縣志》，民國二年石印本。

清·程維雍：《（光緒）高陵縣續志》，清光緒十年刻本。

清·童範儼：《（同治）臨川縣志》，清同治九年刻本。

清·舒其紳：《（乾隆）西安府志》，清乾隆刊本。

清·萬有正：《（乾隆）馬巷廳志》，清光緒補刊本。

清·萬發元：《（光緒）永明縣志》，清光緒三十三年刻本。

清·董用威：《（咸豐）邳州志》，清光緒二十一年重刻本。

清·董萼榮：《（同治）樂平縣志》，清同治九年刻本。

清·董樞：《（乾隆）續修河西縣志》，清乾隆五十三年刻本。

清·董鵬翱：《（嘉慶）禹城縣志》，清嘉慶十三年刻本。

清·賀澍恩：《（光緒）渾源州續志》，清光緒七年刻本。

清·鄒景文：《（同治）臨武縣志》，清同治增刻本。

清·鄒漢勛：《（咸豐）興義府志》，清咸豐四年刻本。

清・鈕方圖：《（咸豐）鄧川州志》，清咸豐四年刊本。

清・項珂：《（同治）萬年縣志》，清同治十年刊本。

清・楊延亮：《（道光）趙城縣志》，清道光七年刻本。

清・楊廷烈：《（同治）房縣志》，清同治四年刊本。

清・楊廷望：《（康熙）上蔡縣志》，清康熙二十九年刊本。

清・楊宜崙：《（嘉慶）高郵州志》，清道光二十五年范鳳諧等重校刊本。

清・楊栢年：《（乾隆）石城縣志》，清乾隆四十六年刻本之鈔本。

清・楊泰亨：《（光緒）慈谿縣志》，清光緒二十五年刻本。

清・楊浚：《（同治）淡水廳志》，清同治十年刊本。

清・楊開第：《（光緒）重修華亭縣志》，清光緒四年刊本。

清・楊儀：《（乾隆）盩厔縣志》，清乾隆五十八年補刻本。

清・厲秀芳：《（道光）武城縣志續編》，清道光二十一年刻本。

清・廖大聞：《（道光）續修桐城縣志》，清道光七年修十四年刻本。

清・熊兆麟：《（道光）大荔縣志》，清道光三十年刻本。

清・熊象階：《（嘉慶）濬縣志》，清嘉慶六年刊本。

清・熊載陛：《（嘉慶）舒城縣志》，清嘉慶十一年刻本。

清・臧應桐：《（乾隆）咸陽縣志》，清乾隆十六年刻本。

清・蔡呈韶：《（嘉慶）臨桂縣志》，清嘉慶七年修光緒六年補刊本。

清・蔣方增：《（道光）瑞金縣志》，清道光二年刻本。

清・蔣啟勛：《（同治）續纂江寧府志》，清光緒六年刊本。

清・裴大中：《（光緒）無錫金匱縣志》，清光緒七年刊本。

清・趙定邦：《（同治）長興縣志》，清同治修光緒增補本。

清・趙英祚：《（光緒）泗水縣志》，清光緒十八年刻本。

清・趙英祚：《（光緒）魚臺縣志》，清光緒十五年刻本。

清・趙勤：《（同治）攸縣志》，清同治十年刻本。

清・鄧仁垣：《（同治）會理州志》，清同治九年刊本。

清・鄭交泰：《（乾隆）望江縣志》，清乾隆三十三年刊本。

清・鄭澐：《（乾隆）杭州府志》，清乾隆刻本。

清・鄭燡林：《（同治）遠安縣志》，清同治五年刊本。

清・鄭葵：《（宣統）南海縣志》，清宣統二年刊本。

清・劉長庚：《（嘉慶）漢州志》，清嘉慶十七年刊本。

清・劉崇照：《（光緒）鹽城縣志》，清光緒二十一年刻本。

清・劉統：《（乾隆）任邱縣志》，清乾隆二十七年刊本。

清・劉榮：《（光緒）廣昌縣志》，清光緒元年刊本。

清・劉德昌：《（康熙）商邱縣志》，民國二十一年石印本。

清・劉鴻逵：《（光緒）平陸縣續志》，清光緒六年刻本。

清・樊增祥：《（光緒）富平縣志稿》，清光緒十七年刊本。

清・潘紹詒：《（光緒）處州府志》，清光緒三年刊本。

清・潘鎔：《（嘉慶）蕭縣志》，清嘉慶刊本。

清・嵇有慶：《（同治）續修慈利縣志》，清同治八年刊本。

清・聯印：《（光緒）霑化縣志》，民國二十年手鈔稿本。

清・戰效曾：《（乾隆）海寧州志》，清乾隆修道光重刊本。

清・盧思誠：《（光緒）江陰縣志》，清光緒四年刻本。

清・盧蔚猷：《（光緒）海陽縣志》，清光緒二十六年刊本。

清・蕭玉春：《（同治）永新縣志》，清同治十三年刻本。

清・薛乘時：《（乾隆）黃梅縣志》，清乾隆五十四年刻本。

清・薛凝度：《（嘉慶）雲霄廳志》，民國鉛字重印本。

清・賴昌期：《（光緒）平定州志》，清光緒八年刻本。

清・賴昌期：《（同治）陽城縣志》，清同治十三年刊本。

清・錫德：《（同治）饒州府志》，清同治十一年刻本。

清・龍汝霖：《（同治）高平縣志》，清同治六年刻本。

清・儲元昇：《（乾隆）東明縣志》，清乾隆二十一年刊本。

清・應寶時：《（同治）上海縣志》，清同治十一年刊本。

清・戴絅孫：《（道光）昆明縣志》，清光緒二十七年刊本。

清・戴肇辰：《（光緒）廣州府志》，清光緒五年刊本。

清・謝延庚：《（光緒）六合縣志》，清光緒十年刻本。

清・謝延庚：《（光緒）江都縣續志》，清光緒九年刊本。

清・謝金鑾：《（嘉慶）續修臺灣縣志》，清嘉慶十二年刻配道光三十年刻本。

清・謝應起：《（光緒）宜陽縣志》，清光緒七年刊本。

清・鍾庚起：《（乾隆）甘州府志》，乾隆四十四年刊本。

清・鍾桐山：《（光緒）光化縣志》，民國二十二年重印本。

清・鍾桐山：《（光緒）武昌縣志》，清光緒十一年刊本。

清・韓佩金：《（光緒）重修奉賢縣志》，清光緒四年刊本。

清・魏峴：《（康熙）錢塘縣志》，清康熙刊本。

清・魏瀛:《(同治)贛州府志》,清同治十二年刻本。

清・聶光鑾:《(同治)宜昌府志》,清同治刊本。

清・雙全:《(同治)廣豐縣志》,清同治十一年刻本。

清・顏希深:《(乾隆)泰安府志》,清乾隆二十五年刻本。

清・顏壽芝:《(同治)雩都縣志》,清同治十三年刻本。

清・嚴辰:《(光緒)桐鄉縣志》,清光緒十三年刊本。

清・嚴思忠:《(同治)嵊縣志》,清同治九年刻本。

清・繳繼祖:《(嘉慶)龍山縣志》,清嘉慶二十三年刻本。

清・羅愫:《(乾隆)烏程縣志》,清乾隆十一年刻本。

清・羅瀛美:《(光緒)浪穹縣志略》,清光緒二十八年修民國元年重刊本。

清・蘇玉:《(光緒)唐山縣志》,清光緒七年刻本。

清・關培鈞:《(同治)新化縣志》,清同治十一年刊本。

清・饒應祺:《(光緒)同州府續志》,清光緒七年刊本。

清・黨金衡:《(道光)東陽縣志》,民國三年東陽商務石印公司石印本。

清・顧聲雷:《(乾隆)興平縣志》,清光緒二年刻本。

清・龔寶琦:《(光緒)金山縣志》,清光緒四年刊本。

二、研究、著述類

江慶柏編撰:《清代人物生卒年表》,人民文學出版社,2005 年。

李靈年、楊忠主編:《清人別集總目》,安徽教育出版社,2000 年。

張慧劍:《明清江蘇文人年表》,人民文學出版社,2008 年。

楊廷福、楊同甫編:《清人室名別稱字號索引:增補本》,上海古籍出版社,
　　2001 年。

趙興勤、趙韡編:《清代散見戲曲史料彙編(詩詞卷・初編)》,臺灣花木蘭
　　文化出版社,2014 年。

趙興勤、趙韡編:《清代散見戲曲史料彙編(詩詞卷・二編)》,臺灣花木蘭
　　文化出版社,2015 年。

趙興勤:《中國早期戲曲生成史論》,北京大學出版社,2015 年。

鄧之誠:《清詩紀事初編》,上海古籍出版社,1984 年。

錢仲聯主編:《中國文學家大辭典・清代卷》,中華書局,1996 年。

錢仲聯主編:《清詩紀事》,江蘇古籍出版社,1987、1989 年。

後　記

　　《清代散見戲曲史料彙編》，即將推出第三輯「方志卷・初編」（之前兩輯為「詩詞卷・初編」、「詩詞卷・二編」）。每當推出一輯，我內心總是會湧動起一種難以名狀的欣慰。這一欣慰，就來自於編纂過程中的不斷求索、不斷發現、不斷進取、不斷收穫。「史料彙編」前兩輯問世前後，我先後參加了「中國戲劇史國際學術研討會暨中國古代戲曲學會 2014 年年會」（2014 年 4 月，中山大學）、「中國古代小說、戲曲文獻與數字化國際學術研討會」（2014 年 9 月，日本東京大東文化大學）、「2014 年中國文學傳播與接受國際學術研討會」（2014 年 9 月，武漢大學）、「第六屆國際南戲學術研討會」（2014 年 10 月，溫州大學），所提交的論文，每每與清代散見戲曲史料的搜集、整理、編纂、研究有關。想不到，發言過後，竟引起不少學界同行的熱切關注。他們紛紛詢問我編纂計劃、收錄範圍、工作進度、出版日程等相關問題，當聽聞整個學術工程完工將突破千萬字時，驚訝之餘總忘不了叮囑我勞逸結合，保重身體。學界同仁的殷殷關切之情，令我十分感動。

　　這一現象說明，人們的學術研究，越來越趨於理性。興奮點從種種西方理論的引進與拼貼，逐漸轉向史料的發掘與發現，意欲通過對既有文獻的系統梳理，令其為我所用，使之在當下文化構建中起到應有的作用。這或許就是國學大師黃侃所說的「發明之學」吧。

　　這類史料，大都散見於各類古籍中，「東鱗西爪，不易尋覓」。然而，當我們把它們搜羅到一起，將各種事實一一揭舉出來，作一綜合研究時，往往有意外之收穫。正如梁啓超在《中國歷史研究法》中所說：「大抵史料之為物，往往有單舉一事，覺其無足輕重；及彙集同類之若干事此而觀之，則一時代

之狀況可以跳活表現。」再說，戲曲藝術是在多種伎藝的碰撞、交融中逐漸成長起來的，「戲曲不是單獨發生，單獨存在，而是與各方面都有關係。假使對於社會狀況的變遷，其它文學的風尚，尚未瞭解，即不能批評戲曲。」（梁啓超《中國歷史研究法補編》）戲曲研究是一項綜合性工程。所以，在資料的搜羅上，就不能僅僅著眼於戲曲本身，還應顧及與之相關、相類的其它藝術因素。只有築牢、築闊戲曲研究之基，才能構建起堅實的戲曲史框架。

　　搜集史料、整理史料，乃是從事學術研究的起點。失去了它，就失去了起樓架屋的基礎。倘若不在文獻上下功夫，而僅憑拍腦袋口出狂言以欺人，即便腦門拍得腫脹起來，仍無法令人信服。恰如古人所言：「無基而厚墉，雖高必顛。」（清・袁枚《與弟香亭書》）當然，僅有材料的堆積還遠遠不夠，還當探究事之所以然，對材料作進一步辨析、考訂，「必提其要，則閱事不容不詳；必鉤其玄，則思理不容不精」（清・李光地《摘韓子讀書訣課子弟》，《榕村集》卷二一）。詳細佔有材料，只是研究的基礎，而搜尋出史料之精要並剖析其價值之所在，才是研究的目的。所以，材料搜訪、梳理的過程，也是本人不斷學習、以求寸進的治學途徑。我就是在不斷搜集材料、不斷思考與探索中，逐漸修正、完善著自己的觀點，使研究有所提高與深化。宋人秦少游曾在一首詩中寫道：「揮汗讀書不已，人皆怪我何求。我豈更求榮達，日長聊以銷憂。」（宋・秦觀《寧浦書事六首》之一，《淮海集》卷一一）然對於我而言，生活安定而有規律，每日筆耕之外，閒步園林，含飴弄孫，安享天倫，又何「憂」之有？故末一句不妨改作「日長姑且讀書」，以博一哂。古人稱：「見人嘉言善行，則敬慕而紀錄之；見人好文字勝己者，則借來熟看，或傳錄之而咨問之，思與之齊而後已，不拘長少，惟善是取。」（宋・朱熹《晦庵續集》卷八）爲人、爲學，理當如此。

　　治學四十餘年，我始終認爲，人才的培養與學問的拓展是相輔相成的。長年身處教學第一線，使我愈發意識到肩上擔子的分量，對如何引領年輕人健康成長有了更清晰的思考。而學術研究的不懈推進，又使得教學內容漸次深化。守護並研究、傳承、發展民族文化，是每一位讀書人應有的責任。而文化，又是凝聚人心、增強合力、建構和諧並進而實現民族強盛的重要支撐力。所以，潛心問學，手不釋卷，已成爲我生活的常態，是我數十年教讀生涯中不可分割的一部分。多年來，不管教學事務再繁忙，我都堅持留出一些時間用來讀書、寫作，且每每在不同研究領域同時開展工作。回顧近五年，

僅著作就有《理學思潮與世情小說》（2010）、《元遺山研究》（2011）、《趙翼評傳》（上、下冊典藏本）（2011）、《話說〈封神演義〉》（2012）、《趙翼年譜長編》（全五冊）（2013）、《趙翼研究資料彙編》（上、下冊）（2013）、《古典文學作品鑑賞集》（2013）、《清代散見戲曲史料彙編（詩詞卷・初編）》（全三冊）（2014）、《清代散見戲曲史料彙編（詩詞卷・二編）》（上、下冊）（2015）、《趙興勤〈金瓶梅〉研究精選集》（2015）、《中國早期戲曲生成史論》（2015）等十餘部先後問世，其中不乏百餘萬字的大部頭。還有《莊一拂〈古典戲曲存目彙考〉補正》、《民國時期戲曲研究學譜》、《兩漢伎藝發展史論》以及《清代散見戲曲史料彙編》的後續幾編等，也將在未來幾年問世。

　　「好學者以書卷自養」（清・段玉裁《張湧齋侍讀八十壽序》，《經韻樓集》卷八），誠哉斯言！「君子以學問爲本」（宋・方實孫《淙山讀周易》卷一），「讀書大是人生福」（清・陳用光《題喬鷟洲宜園讀書圖》，《太乙舟詩集》卷一二），在讀書中不斷發現問題、解決問題，所帶來的精神上的愉悅感和滿足感，是物質上的擁有所無法比擬的！

趙興勤

二〇一五年九月一日

古彭城鳳凰山東麓倚雲閣